선과 성서

GADOWAKI GAKICHI
ZEN AND BIBLE
© Chuncusha, Tokyo 1977

Translated by Augustine Y. KIM
© Benedict Press, Waegwan, Korea 1985

선과 성서
1985년 5월 초판 | 2012년 4월 8쇄
옮긴이 · 김윤주 | 펴낸이 · 이형우
ⓒ 분도출판사
등록 · 1962년 5월 7일 라15호
718-806 경북 칠곡군 왜관읍 왜관리 134의 1
왜관 본사 · 전화 054-970-2400 · 팩스 054-971-0179
서울 지사 · 전화 02-2266-3605 · 팩스 02-2271-3605
www.bundobook.co.kr
ISBN 89-419-8512-9 03230
값 7,500원

가도와키 가키치

선과 성서
한 가톨릭 사제의 참선 체험

김윤주 옮김

분도출판사

禅と聖書

門脇佳吉

머 리 말

수년 전 내가 중세 독일의 신비사상가 마이스터 에크하르트를 연구하기 위해 독일에 유학하고 있었을 때의 일입니다. 저명한 가톨릭 신학자 라찡거 교수(현재 추기경)의 초청을 받아, 교수가 지도하는 박사학위 과정의 학생들에게 "선禪과 그리스도교"에 관해 강연한 적이 있었습니다. 그때 나는 토마스 아퀴나스의 사상과 대비하면서 선을 설명하였지만, 나의 독일어가 시원찮은데도 불구하고 학생들도 교수도 대단한 흥미를 가지고 들어주었습니다. 이 세미나는 일년에 한 번 학년말에 열리고, 모두 호텔에서 일박하면서 여러 시간 토론하는 모임이었습니다. 세미나가 끝날 무렵 라찡거 교수는 이런 말씀을 하였습니다. "만약 선禪 사상과 성서의 사상을 비교할 수 있다면 얼마나 흥미로운 일이겠소. 사실 그럴 수만 있다면 동서東西 사상의 교류를 위해서도, 또한 그리스도교와 선의 대화를 위해서도 큰 기여를 하게 될 것입니다." 이 말씀은 묘하게 내 마음에 걸려 신경이 쓰였지만, 그 당시는 성서와 선 사상이 어떤 점에서 어떻게 유사한지 도무지 어림할 수 없었기 때문에, 그후 오랫동안 잊어버리고 있었습니다.

공안公案이란 말할 것도 없이 임제선臨濟禪에서의 문답입니다. 대승불교의 전통 속에서 중국인 특유의 실천적 지혜가 창출해 낸 선적 기략禪的機略이라 할 수 있을 것입니다. 한편 성서는 약 2천 년 전에 엮어진 그리스도교의 성전聖典입니다. 거기에는 예수 그리스도가 이스라엘 백성 가운데서 선포한 구원의 복음이 수록되어 있습니다. 양자는 각각 성립 과정도 다르고 사상적 배경도 다릅니다. 불교는 삼라만상 모든 것이 불성佛性을 갖추고 있다고 믿습니다. 그리스도교는 그리스도가 계시한 삼위일체의 하느님을 믿고, 천지 만물은 이 하느님에 의해 창조된 것이라고 설파합니다. 한쪽은 순환적 역사관을 가지고 있고, 다른 쪽은 직선적인 구원사관을 가지고 있습니다. 그밖에도 양자의 서로 다른 점은 수두룩합니다. 공안과 성서는 이렇듯 어느 모로 보나 다르기 때문에, 양자간에 본질적인 유사성이 있다고는 꿈에도 생각할 수 없는 것으로 여겨집니다. 나도 오랫동안 그렇게 여겨왔고, 수년 전부터 본격적으로 참선參禪을 하게 되면서도 처음에는 이런 생각에 변함이 없었습니다. 그런데 이게 어찌 된 일일까요. 독일에서 귀국한 뒤, 전에 시작했던 선의 수행에 다시 몰두하여 정진하면서 어느 정도 선 체험을 쌓아가다 보니 기묘한 사실을 깨닫기 시작했습니다. 외관상 그렇게도 판이해 보이던 공안과 성서 사이에 본질적인 점에서 기묘한 유사성이 있는 것을 발견하게 된 것입니다.

  이 체험은 당초 눈에 띄지 않는 양상으로 나타났습니다. 그래서 나 자신도 그것을 뚜렷이 자각하지 못했을 정도였습니다. 좌선坐禪을 시작했을 무렵엔 우선 성서를 평온한 마음으로 읽고 그 깊은 의미를 음미할 수 있게 되었습니다. 나는 이런 경험을 하면서도 처음엔, 왜 좌선에 의해 성서의 의미를 더 잘 깨치게 되는지를 알 수 없었습니다. 그러나 이런 일이 되풀이되는 가운데 자신의 체험을 반성하면서 다음과 같은 심리적 이유에 생각이 미쳤습니다. 그것은, 좌선에 의해 마음이 평온해지면, 성서의 영적 의미가 마음의 심층에까지 스며들 수 있으리라는 점입니다. 성서를 봉독하는 데에 좌선의 이와 같은 심리적 효과는 확실히 있다고 생각합니다. 그러나 진짜 이유는 아직 숨겨져 있었습니다. 당시는 공안과 성서가 내적으로 유사하다고는 꿈에도 생각하지 못했기 때문입니다. 그후 자주 선의 접심接心(혹은 攝心: 일정 기간의 집중적 참선 수련)에 참가하고 귀가하면 재미가 날 정도로 성서를 잘 깨치게 되고, 이제까지 난해하여 도무지 종잡을 수 없었던 성구聖句도 마치 눈에서 비늘이 떨어지듯 뚜렷이 이해할 수 있게 되었습니다. 이런 경험이 계속 쌓여가자, 성서와 공안 사이에도 공통점이 있다는 것을 깨닫게 되었던 것입니다.

  이 책에서는 먼저 내가 어떤 경위로 선과 만나게 되었는지를 기술하겠습니다. 나는 참선하게 된 후로 선에서 참으로 많은 것들을 배웠습니다. 심신의 철저한 정화, 깊은 관상觀想에 몰입하는 방법, 기도와 일상생활의 융합 등 이루 다 손꼽을 수 없을 정도입니다. 그 가운데서도 "공안과 성서"의 유사점을 이해하기 위해, 또한 선과 그리스도교의 수행상修行上의 공통점을 이해하기 위해 알아둘 필요가 있는 것을 네 가지 정도 들어보았습니다. 이것이 본서의 제1부 "선에서 배우다"입니다. 이 제1부에서도 수시로 성서의 구절과 공안을 예거하여 양자의 공통점을 다루고 있습니다.

본서의 중심 테마는 "공안과 성서의 체독體讀"이기 때문에, 이 제목을 붙인 제2부는 이 책의 한가운데에 배열되었습니다. 그러나 "공안과 성서"에 관해 여기서만 서술하고 있는 것은 아닙니다. 제1부에서도 제3부에서도 거론하고 있습니다. 비록 주제나 관점은 다르더라도 이 책의 어느 대목에서나 "공안과 성서"라는 테마가 항상 주조음主調音이 되어 흐르고 있습니다. 그뿐 아니라, 제2부에서 자세히 설명한 바와같이, 공안과 성서를 머리만으로 읽지 않고 "몸" 전체로 읽는 것이 이 책의 주안점입니다. 그래서 니찌렌상인日蓮上人의 "색독"色讀이란 표현을 약간 현대식으로 고쳐, 본서의 표제를 『공안과 성서의 체독』이라 했던 것입니다(일본어 표제에서는 "신독"身讀).

나는 공교公教(= 가톨릭) 교리를 공부함으로써 그리스도교를 알게 되었습니다. 이 교리는 그리스도교 입문을 위해 필요한 것이지만, 그것만으로는 그리스도교를 깊이 이해할 수 없습니다. 그리스도교의 진수를 깊이 알고 또 그것을 나 자신이 실천에 옮기기 위해서는 아무래도 "영성수련"靈性修練이라고 불리는 이냐시오의 수행을 따르지 않으면 안되었습니다. 그런데 참선을 하게 되면서, 선의 접심接心과 이 영성수련이 서로 매우 비슷하다는 것을 발견하기에 이르렀습니다. 더구나 참선에서 많은 것을 배움으로써 나의 이냐시오적 영성수련에 새로운 활력을 불어넣을 수 있었다고 생각합니다. 이 책의 제3부 "영성수련과 접심"은 나의 이런 체험에서 씌어진 것입니다.

이 책을 엮어내기까지 나는 많은 인사들의 두터운 은혜를 입었습니다. 그중에서도 특히 오오모리 소오겐大森曹玄 스님의 깊은 은혜는 여기에 붓으로 이루 다 적을 수 없을 정도입니다. 그밖에도 야마다 고오운山田耕雲 스님,

고故 시로즈게 게이잔白水敬山 스님, 이도하라 엔노오系原圓應 스님, 또한 사또오 고오소오佐藤孝崇 화상和尙을 위시하여 선 수행에서의 수많은 선배님들과 동지들, 그리고 에노미야 라쌀Enomiya Lassalle 신부님과 아루페Arrupe 신부님을 비롯하여, 나를 그리스도교로 인도해 주신 허다한 선생님들과 선배님들에게 진심으로 감사를 드립니다. 또한 이 책의 출판을 쾌히 도맡아 주신 춘추사春秋社 회장 간다 류우이찌神田龍一 씨, 동사 편집장 하야시 미끼오林幹雄 씨, 실무를 맡아주신 편집부의 에바라 료오지江原良治 씨에게 충심으로 감사의 말씀을 드립니다.

1977년 4월 8일
가도와키 가키치門脇佳吉

차 례

머리말 ··· 5

제1부
선禪에서 배우다

1. **선禪과의 해후**邂逅 ································· 16
   가톨릭 신부가 왜 참선을 하는가 ················ 16
   예수회의 수련기 ································ 18
   제2차 바티칸 공의회의 변혁 ······················ 20
2. **"몸으로" 배우다** ································· 24
   수행修行 — 동양의 전통 ·························· 24
   "몸"의 현상학現象學 ······························ 26
   공안公案 "구지수지"俱胝竪指 ······················ 28
   조신調身・조식調息・조심調心 ····················· 30
3. **종교적 회심**回心 ································· 34
   제악막작諸惡莫作 ································ 34
   원죄의 가르침 ·································· 36
   회개(메타노이아) ································ 37
   본원本源으로 돌아가다 ··························· 39
   나그넷길을 가도 집을 떠나지 않는다 ············· 41
4. **"몸"의 정화** ···································· 43
   "몸"은 정신의 도구가 아니다 ····················· 43
   서양적 수행의 결함 ······························ 45

습기習氣의 뿌리깊음 ································· 47
　　　온 몸을 눈으로(通身眼) 만들다 ····················· 48
5. **참된 배움이란 무엇인가** ································· 51
　　　배움이란 ································· 51
　　　학문과 신앙의 불균형 ································· 52
　　　스키 이론 ································· 54
　　　공안 "백장야호"百丈野狐 ································· 55
　　　불교 교리 ― 인연因緣과 공성空性 ····················· 56
　　　풍류스럽지 못한 것도 풍류스러운 것 ················ 57
　　　성령의 입김 부는 대로 ································· 59

제2부
공안公案과 성서聖書

1. **침묵은 말한다** ································· 62
　　　간음한 여자 앞에서 ································· 62
　　　침묵은 말한다 ································· 64
　　　"몸"이 말한다 ································· 64
　　　다시 "구지수지"俱胝竪指 ································· 66
　　　침묵을 지키신 예수의 "몸의 말씀" ·················· 67
2. **정문일침**頂門一針 ································· 69
　　　낙타와 바늘귀 ································· 69
　　　당장 상대방의 입장에 서다 ······················· 71
　　　찰처拶處의 "문맥" ································· 72
　　　"바라보시고" ································· 73
　　　정문일침 ································· 74
　　　어째서 아연실색하였는가? ······················· 75
　　　죽이고 살리다 ································· 77

3. **한 송이 꽃이 피니 천하가 봄이로다** ·················· 80
   개체와 전체의 역동적인 변증법 ···················· 80
   신학적 지식이 눈을 가린다 ······················· 81
   조주趙州의 기묘한 답 ··························· 83
   모든 것을 살린다 ······························ 85
   한 송이 꽃이 피니 천하가 봄이로다 ················· 86
   예수의 십자가와 모든 사람의 부활 ················· 87
4. **무심無心과 어린이의 마음 (1)** ····················· 89
   "어린이의 마음은 무無다" ························ 89
   머리로 아는 것과 뱃속으로 아는 것 ················· 91
   깨달음에 이르는 심리 과정 ······················· 94
   원심력과 구심력이 균형을 이루어 영靈이 된다 ········ 96
   거울과 같이 ································· 99
5. **무심無心과 어린이의 마음 (2)** ···················· 100
   예수께서 분개하시다 ··························· 100
   종교가의 노여움 ······························ 101
   슬기롭고 똑똑한 사람들과 어린이 ·················· 103
   모든 것을 버리고 ······························ 105
   이냐시오의 영성靈性 ··························· 107
   이원상대관二元相對觀을 초월하여 ················· 109
   양자의 차이점 ································ 111
6. **언구言句의 묘妙** ······························ 113
   운문雲門의 간시궐乾屎橛 ······················· 113
   숨통을 끊다 ································· 114
   설명할 수 없는 것으로의 접근 ···················· 115
   복되어라, 가난한 사람들! ······················· 117
   하느님의 말씀은 쌍날칼 ························ 119

참된 행복을 향해 ………………………………… 120
　　　맨몸 맨손의 강점 …………………………………… 121
7. **사람이 죽을 때의 모습은 살아온 모습과 같다** ……… 123
　　　정법안장正法眼藏은 공안이다 ……………………… 123
　　　죽을 때의 모습은 살아온 모습과 같다 …………… 124
　　　현세는 천국으로 가는 터널인가 …………………… 125
　　　삶도 죽음도 다 하느님의 생명이다 ………………… 126
　　　"보시오"의 의미 ……………………………………… 127
　　　황홀한 사람 — 로스 주교의 카리스마적 "모습" …… 129
8. **종교 경전을 "몸"으로 읽다** ……………………………… 132
　　　불조佛祖의 다사로운 신심身心 ……………………… 132
　　　옛 거울에 마음을 비추어보다 — 신심의 체험 …… 133
　　　"이는 내 몸입니다" …………………………………… 135
　　　"여러분의 원수들을 사랑하시오" …………………… 136
　　　니찌렌 상인日蓮上人의 "체독"體讀에서 배우다 …… 138
9. **새로운 성서 해석학을 향해** …………………………… 141
　　　새로운 성서 해석학을 향해 ………………………… 141
　　　공안과 성서의 유사성 ……………………………… 143
　　　우리의 몸은 성령의 거처 …………………………… 145

제3부
영성수련과 접심接心

1. **대사일번**大死一番 **절후소생**絶後蘇生 ………………… 150
　　　『영성수련』의 기원 …………………………………… 150
　　　자애심自愛心을 끊다 — 첫째 유사점 ……………… 152
　　　정수靜修와 침묵 — 둘째 유사점 …………………… 154
　　　큰 죽음(大死)과 큰 삶(大活)의 역동성 — 셋째 유사점 …… 155

영성수련의 첫째 주간 ················· 155
2. **의연한 기사적 정신을 가지고** ············· 158
　　　영성수련의 둘째 주간 ················· 158
　　　이냐시오의 기사적 정신 ················ 160
　　　입실 참선(독참) — 사람과 사람의 인격적 만남 ······ 161
　　　중생 제도의 서원과 행지도환行持道環 ········· 163
3. **"어리석은 자"의 초논리**超論理 ············· 165
　　　세 부류 사람들의 심리 ················ 165
　　　주님이신 하느님 — 상대적인 것을 초월하신 분 ····· 167
　　　겸손의 세 단계 — "어리석은 자"의 길 ········· 169
　　　"어리석은 자"의 초논리 ················ 171
　　　어리석은 자 조주趙州의 모습 ············· 172
　　　다이또 국사大燈國師의 착어著語 — 실전조죄失錢遭罪 ··· 174
4. **십자가의 신비에 다가서다** ············· 176
　　　영성수련의 셋째 주간 ················· 176
　　　공안 "마대사불안" 참구 ················ 177
　　　생사를 초탈超脫하다 ·················· 178
　　　생사 해탈의 세 단계 ·················· 180
　　　예수의 십자가 ····················· 181
　　　십자가 이해의 세 단계 ················ 182
5. **발밑을 비추어 살피라**(照顧脚下) ············ 185
　　　생명을 주는 지혜 ··················· 185
　　　발밑을 비추어 살피다 ················· 186
　　　식사는 사활死活의 현장이다 ············· 189
　　　절제와 "보는 눈" ···················· 190
　　　정견正見의 현성現成 ················· 192
　　　자기자신을 다스림 ·················· 194

13

6. **십자가 곧 부활** ··· 196
　　영성수련의 넷째 주간 ··· 196
　　남전南泉의 "처절한" 모습 ····································· 197
　　아버지이신 하느님의 "처절함" ······························ 199
　　스승과 제자가 훌륭히 호흡을 맞추다 ···················· 202
　　십자가 곧 부활 ·· 204

제1부

선(禪)에서 배우다

1. 선禪과의 해후邂逅

가톨릭 신부가 왜 참선을 하는가

나는 사람들로부터 자주 이런 질문을 받습니다. "자네는 가톨릭 신부인 주제에 어째서 좌선을 하는가?" 다른 사람들의 눈에는 내가 괴짜로 보이는 것 같습니다. 그런데 당사자인 나 자신은 어떤 유별난 일을 하고 있다는 의식은 없습니다. 속에서 우러나오는 내적인 부추김에 따라 마땅히 해야 할 일을 하고 있을 따름이며, 자연스러운 귀결로서 이렇게 된 것이라고 느끼고 있기 때문입니다. 그러기에 앞에서 말한 그런 질문을 받으면 답변이 궁해집니다. 그럴듯한 이유가 없어서 대답을 못하는 것이 아니라, 오히려 이유가 너무 많아서 어떻게 대답해야 진실을 똑바로 알릴 수 있을는지 모르기 때문에 말문이 막히는 것입니다. 어쩌다 문득 생각이 떠올라 시작한 일도 그 동기를 간단명료하게 밝히기는 어렵습니다. 하물며 내 참선의 경우처럼 오랜 세월 "연륜 따라 익어온" 것이라면 더욱더 그 이유를 딱 꼬집어서 지적하기는 어렵습니다. 나와 선과의 해후에는 긴 내력이 있습니다. 이 만남의 편력을 이야기함으로써 앞의 질문에 대해 얼마만큼이라도 답변할 수 있을는지 모릅니다. 일찍이 내가 받은 선적禪的인 학교교육과 또한 그리스도교적 수행修行이 성숙하여 참선에 이르게 된 과정을 돌이켜보는 것도 무의미하지는 않을 것입니다.

나와 선禪과의 만남은 중학교 재학중에 시작되었습니다. 내가 그리스도교의 세례를 받은 것은 구제舊制 대학의 3학년 때였으니까, 선과의 만남이 그리스도교와의 만남보다 훨씬 일렀던 셈입니다. 내가 입학한 시즈오까靜岡 현립縣立 미쯔게見付 중학은 인격교육으로 유명했습니다. 이 중학에는 선 수행을 하고 있었던 선생님들이 여러 분 계셨기 때문에, 나는 5년간의 재학

중 선에서 유형무형의 영향을 받으며, 부지불식간에 선 정신에 의거한 교육과정을 밟았던 것입니다. 유명한 오자끼尾崎 교장을 비롯하여 5학년 담임이었던 니시西 선생 등 훌륭한 인격자들이 모여 있었습니다. 이 두 분의 선생으로부터 나는 인생의 방향을 결정지을 만큼 깊은 감화를 받았습니다. 교장선생은 여러 선생들과 더불어 직접 학생들과 함께 근로작업을 하는 등 솔선수범하면서 우리 학생들의 신심을 도야케 했습니다. 엄동설한에도 교내외에서 외투와 장갑을 착용하지 못하게 하고 교내에서는 양말도 신지 못하게 했을 정도로 질실강건質實剛健을 표방하는 교육이었습니다. 또한 담임선생의 인솔하에 선찰禪刹에 가서 합숙하며 수일간의 수련회에 참가한 일도 몇 차례 있었습니다. 그때의 상쾌했던 인상이 지금도 내 마음에 아로새겨져 있습니다. 그러한 중학교 교육이 나의 인격 형성에 결정적인 역할을 하였음은 두말할 나위도 없습니다. 그보다 더 중요한 것은, 내가 중학교 시절에 받은 그런 인격교육이 결국 나를 그리스도교로 인도하게 되고 마침내는 선 수행을 하도록 부추기게 된 사실입니다.

그후 인연이 있어 그리스도 신자가 되었고, 대학을 졸업하고 3년 뒤에는 예수회라는 가톨릭 수도회에 입회하였습니다. 가톨릭의 수도생활은 선과 마찬가지로 오랜 전통을 가지고 가톨릭 교회의 영적 기초로서의 역할을 해왔습니다. 이 수도회는 수행을 통해 하느님과 깊이 일치하고 인류를 구원하려는 뜨거운 염원을 가진 이들의 동지적 모임입니다. 그들은 청빈, 정결, 순종의 세 가지 서원誓願을 하고 공동생활을 영위하며 하느님의 영광과 인류에의 봉사를 위해 일생을 바칩니다. 나는 이런 가톨릭 수도회의 하나인 예수회에 입회하여 2년간의 수련기를 보내게 되었는데, 중학교 때 받은 선적禪的 교육이 가톨릭에서의 수련에 큰 도움이 되었습니다. 그와 동시에 선의 승당僧堂생활과 가톨릭의 수도생활이 아주 비슷하다는 사실을 깨달았습니다. 내가 체험을 통해 알게 된 유사점을 몇 가지 적어보겠습니다.

선의 승당에 입문하려면 먼저 승당 입구에서 이틀 동안 기다려야 하고(庭詰 = 니와즈메), 그 다음에는 자신의 성실함을 증명하기 위해 3일 내지 5일간 혼자서 좌선을 해야 하는 등(日過詰 = 단가즈메), 엄격한 시험을 거쳐야 하지만, 가톨릭 수도회에 입회하는 데도 엄격한 자격 심사가 있습니다. 나는 세례를 받은 뒤 곧 묵상회(피정)에 참가하여 예수회에 들어가기로 결심하였습니다. 그러나 즉시 입회가 허락되지 않고 3년 동안 기다려야 했습니다. 그동안 매달 지도신부를 찾아가 자신의 신앙 체험을 보고하면서 영적 지도를 받았습니다. 2년간은 젊은 신학생들 틈에 끼여 어려운 라틴어를 공부하지 않으면 안되었습니다. 기억력이 나쁜 나에게는 어학이 무엇보다도 짐스러운 것이어서 참으로 고된 두 해였습니다.

예수회의 수련기

그런데 입회하여 수련기에 접어들고 보니 여러 점에서 선의 승당생활과 비슷한 데에 놀랐습니다. 매일 아침 다섯시에 기상하여 옥외에서 체조를 하고 세수를 한 뒤 한 시간 동안 묵상을 하고, 그후 미사에 참례하고 감사 기도를 드리면 다시 한 시간이 지납니다. 일곱시 반에 아침식사를 하고, 식사 후 30분 동안 청소를 합니다. 조금 쉬고 한 시간 동안 수련장의 강화 講話를 듣습니다. 이 일과를 조금 바꾸어 다섯시가 아니라 네시에 기상하고, 묵상 대신 좌선을 하고, 미사 대신 아침 독경을 하고, 수련장의 강화 대신 사승師僧의 제창提唱(= 說法)을 듣는다면, 예수회의 수련기 일과는 그대로 선의 승당생활 일과로 변모할 수 있다고 해도 과언이 아닙니다.

오후에는 한두 시간 작업을 하였는데, 대개 뜰의 풀을 뽑거나 돌층계를 만들거나 도랑을 파고 혹은 하수구를 치우거나 목도를 메어 흙을 나르는 등, 선문禪門에서의 작업과 똑같습니다. 하루종일 뜨거운 뙤약볕 속에서 언덕길의 콘크리트 계단을 수백 미터나 닦은 적이 있는데 그것은 두 주간이나 계속된 상당히 벅찬 중노동이었습니다. 그때 나는 중학교 시절의 근로봉사를 회상하면서 별로 고되다는 생각도 하지 않고 열심히 일을 할 수 있었습니다. 하루의 일과는 30분 또는 한 시간 단위로 빈틈없이 짜여져 종소리를 따라 공동으로 행동하며, 침묵을 지키는 것도 선문과 같습니다.

선승禪僧의 탁발托鉢처럼 개들이 짖어대는 가운데 가가호호를 돌아다니며 구걸을 한 일도 있습니다. 어떤 사람은 나癩 병원에서 한달 동안 환자들을 위해 봉사하고, 또 어떤 사람은 시내 공장에서 직공들과 함께 시커멓게 기름때투성이가 되어 노동을 하는 것도 수련기의 중요한 과업 중 하나였습니다. 또 한 가지 중요한 수행은 8일간과 1개월간의 묵상회(피정)입니다. 이것이 또 선의 접심接心과 매우 흡사하다는 것은 이미 앞에서 언급하였습니다. 여기에 관해서는 본서의 제3부에서 자세히 설명하겠습니다. 그밖에도 수련기는 선 수행과 유사한 점들이 많지만 여기서는 생략하고 다음 이야기로 넘어갑니다.

　나는 2년간의 수련기를 마치고 다시 3년 동안 철학을 공부한 뒤 새로 설립된 히로시마廣島 학원에서 교편을 잡게 되었습니다. 그때의 일입니다. 나로서는 잊을 수 없는 중요한 사건이 있었던 것입니다. 학부형 가운데 현청縣廳의 노동국장으로 재직하고 있는 분이 있었는데, 그분은 닷따 에이잔立田英山 스님 밑에서 선을 배우고 이미 초관初關을 투과한 분이었습니다. 그분의 훌륭한 인품에 매료되어 나는 다시 선에 대해 관심을 기울이게 되었습니다. 바로 그 무렵에 에노미야(일본명: 愛宮) 라쌀Enomiya Lassalle 신부가 히로시마 원폭 평화 기념 대성당에서 "선과 그리스도교"란 제목으로 강연을 하게 된 것을 알았습니다. 나는 곧 그 학부형과 함께 이 강연을 들으러 갔습니다.

　라쌀 신부는 독일 태생으로 일본에 귀화한 예수회 회원입니다. 히로시마에 원자탄이 투하되었을 때 낙하 지점에서 멀지 않은 곳에 있었는데, 기적적으로 살아남은 분입니다. 전후에 세계 평화를 염원하여, 전세계를 순회하면서 정재淨財를 모아 히로시마 중심지에 원폭 평화 기념 대성당을 건립하였습니다. 더구나 그분은 일찍부터 선의 명상방법에 주목하여 당시 이미 10년 이상이나 참선 경험을 쌓고 있었습니다. 강연회장에는 많은 청중이 모여 있었습니다. 단상에 선 라쌀 신부는 유창한 일본어로 먼저 자신의 참선 경험을 이야기하였습니다. 그 다음에 좌선이 자신의 그리스도교적 기도를 얼마나 심화시켰는가를 조리있게 설명하였습니다. 그 이야기는 그분 자신의 체험에서 나온 것이기 때문에 설득력이 있었습니다. 나는 강연을 들으면서 깊이 감동하여 마음속 밑바닥에서 강한 내적 충동이 솟구치는 것을 느꼈습니다. 나는 오래전부터 하느님과의 일치를 바라는 억제 불능의 소망을 품어왔으므로, 선이 이런 소망을 실현시켜 주지는 않을까 하고 은밀히 예감하고 있었는지도 모릅니다. 라쌀 신부의 체험담은 이런 예감이 단지 예감만으로 그치지는 않는다는 것을 말해주었습니다. 나는 마음속으로 남몰래 다짐하였습니다. "장차 언젠가 기회가 주어진다면 반드시 선 수행을 본격적으로 해보자"고.

그후 나는 4년간의 신학 연찬研鑽을 위해 상경하였습니다. 나는 곧 사이따마현埼玉縣 노비도메野火止에 있는 헤이린사平林寺를 방문하여 시로즈게 게이잔白水敬山 스님에게 지도를 청했습니다. 당시 가톨릭 교회는 오늘날처럼 다른 종교에 대하여 너그럽지 않았기 때문에, 신학생이었던 나는 유감스럽게도 접심接心에는 참여할 수 없었습니다. 그러나 나는 자주 헤이린사를 방문하여 게이잔 스님의 강화를 경청하였습니다. 현재의 주지스님인 이도하라 엔노오糸原圓應 스님이 당시 부사료副司寮로 계시어, 좌선의 구체적인 방법을 나에게 친절히 가르쳐 주었습니다. 비록 접심에는 참여할 수 없었지만, 나는 수도원에서 혼자 개인적으로 좌선을 시작했습니다. 매일 아침 한 시간의 묵상을 하는 데 좌선을 이용했던 것입니다. 그리스도교의 보통 기도는 상상력이나 이성을 활용하기 때문에 선적 방법을 처음 이용하였을 때는 위화감을 느꼈습니다. 다리를 틀고 앉아서 기도하는 것이 어쩐지 자꾸 불경스럽게 여겨졌습니다. 그러나 좌선에 숙달함에 따라 그것이 그리스도교의 기도와 잘 조화된다는 것을 발견하게 되었습니다. 나는 그후 십 수년간, 외국에서 생활했을 때를 제외하고, 언제나 좌선 형식으로 그리스도교적 묵상을 해왔습니다.

제2차 바티칸 공의회의 변혁

나는 1962년, 신학 공부와 10개월간의 제3 수련기를 마치고 로마로 유학을 갔습니다. 때마침 로마에서는 제2차 바티칸 공의회가 바야흐로 열리려 하고 있었습니다. 나는 이 역사적 공의회를 가까이에서 직접 보고 들을 수 있는 행운을 만난 것입니다. 이 공의회는 가톨릭 교회의 2천 년 역사에서 새 시대를 여는 획기적인 사건이었습니다. 가톨릭 교회는 이 공의회를 통해 아주 새로운 방향으로 전환했습니다. 다른 종교들에 대한 태도를 바꾼 것도 그 한 가지입니다. 그때까지는 그리스도교 이외의 종교는 이교異敎요 그릇된 종교라는 생각이 교회 내에서 우세했습니다. 이것이 공의회로 말미암아 완전히 새로운 생각으로 바뀌었습니다. 원래 그리스도교 신앙에 의하면 모든 사람은 그리스도 안에 같은 형제요, 한 아버지이신 하느님을 받드는 가족입니다. 이 신앙을 깊게 하고 그 심오한 의미를 깨닫는다면, 그리스도 신자가 이제까지 다른 종교를 그렇게 업신여겨 온 것을 당연히 부끄러워해야 합니다. 바로 여기서 다른 종교들과의 대화라는 자세가 비롯하게 된 것입니다. 우리가 믿는 아버지이신 하느님께서는 전인류의 일치와 구원을 원하시므로 우리가 다른 종교와 협력하고 대화하기를 바라고 계실 것이 틀림없습니다. 더군다나 하느님 아버지께서는 모든 사람 안에서 활동하고 계시니, 필시 그리스도교 이외의 종교에서도 활동하고 계실 것입니다. 그렇다면 다른 종교에도 위대한 가치가 있을 것이 확실합니다. 사실 이렇게 생각한다면, 다른 종교가 오랜 세월에 걸쳐 전승하며 발전시켜 온 정신적 유산에는 우리 그리스도인들도 마땅히 배울 만한 훌륭한 값어치가 있다고 말하지 않을 수 없습니다.

이미 앞에서 말한 바와같이 나는 남몰래 언젠가는 참선을 하리라는 결의를 품어왔기 때문에, 제2차 바티칸 공의회의 이런 "대화 자세"는 나를 크게 고무하고 격려하였습니다. 그와 동시에, 내가 라쌀 신부의 강연을 들었을 때 마음속 깊은 데서 솟구친 내적 충동이 바르고 순수했으며 결코 잘못된 것이 아님을 알게 되었습니다.

나는 1965년에 귀국하였지만 좀처럼 참선할 기회는 오지 않고 헛되이 수년의 세월이 흘렀습니다. 그러나 마침내 때가 무르익어 대망의 기회가 왔습니다. 라쌀 신부가 (동경의 서쪽에 있는) 오꾸다마奧多摩의 아끼가와秋川

에 신명굴神冥窟이라는 가톨릭 선당禪堂을 세웠기 때문입니다. 나는 곧 거기서 열린 접심接心에 참가하였습니다. 접심의 직일直日(선방의 좌선을 지도·감독하는 사람) 역을 맡은 S씨는 동경대학에서 수학한 적이 있고, 임제종 계통의 승당에서 수년간 생활한 분이었습니다. 이분이 당내(선방)를 감독해 주었기 때문에 알찬 접심이 되었습니다.

나는 이 접심에 참가하여 겨우 선의 문턱에 들어선 데 지나지 않았지만 나로서는 잊을 수 없는 경험이었습니다. 이 경험을 글로 적어 다른 잡지에 실었던 문장 가운데서 S씨와의 대화 부분만을 다음에 옮겨보겠습니다.

S씨와 나는 접심의 마지막 날 느긋이 이야기를 나눌 수 있었다. 여러 가지 이야기가 오고가던 중 그는 문득 진지한 표정이 되어 어조를 바꾸면서 이렇게 말했다. "저는 지난번 접심 때부터 이것은 대단히 중요한 일이라는 느낌이 들기 시작했습니다." 그의 말씨는 마치 그의 가슴속 깊이 숨겨져 있었던 것을 토해내는 것 같았다. 나는 그의 어조가 세찬 데 놀라 잠시 어리둥절해졌다. 이야기하는 말씨나 빛나는 눈빛으로 미루어, 그의 마음속에 중대한 무엇이 떠오르고 있다는 것은 알겠지만, 구체적으로 그것이 무엇인지 도무지 짐작이 가지 않았기 때문이다. 궁금해하는 내 얼굴을 보자 그는 조용히 말하기 시작했다. 그의 이야기를 요약하면 다음과 같다.

"여기 신명굴에서는 이미 대여섯 차례의 접심이 열렸다. 또 일요일마다 열리는 좌선 모임에는 일반 사람들도 모여든다. 그런데 접심의 경우 이상하게도 가톨릭의 평신도나 수도자들이 많다. 더구나 한번 참여하고 나면 상당한 애로를 무릅쓰고 몇 번이고 찾아오는 경우가 흔히 있다. 그들 가운데 접심 때마다 나라奈良에서 달려오는 간호사 한 분이 있는데 이분은 접심에 참가하기 위해 미리 며칠씩 야근을 하고 가까스로 수일간의 휴가를 얻어 야간 특급열차로 상경한다. 미시마三島의 류우따꾸사龍澤寺에서 접심이 있을 때마다 에도江戶에서 말을 타고 달려가곤 했던 야마오까 뎃슈우山岡鐵舟 선생의 이름을 따서 이 신명굴에서는 그 여인을 여자 뎃슈우라는 애칭으로 부르고 있을 정도다. 어쨌든 가톨릭 신자들이 그렇게 열심히 참선하는 것은 다름아니라 이제까지 찾다찾다 못 찾고 단념했던 것을 바로 여기서 찾을 수 있었기 때문이다. 그것뿐이라면 그렇게 놀랄 일은 아닐는지도 모른다. 그런데 최근에 와서 그 이상의 것이 있다는 것을 깨닫기 시작했다. 어떻게 표현해야 좋을지 알 수 없지만, 가톨릭 신자의 영혼 안에 깃들여 있는 가장 심오한 무엇이 선적 명상과 서로 완전히 조응照應하고, 거기서 뭔가 헤아릴 길 없는 신비로운 것이 우러나오고 있다는 확신이라 할까. 아무튼 믿을 만한 어떤 예감에 사로잡혀 있는 느낌이다"『세이끼』(世紀) 1971년 9월호).

S씨의 이런 예감이 옳았다는 것을 나는 후에 나 자신의 경험을 통해 알게 되었습니다. 그 일부가 이 책 안에 서술되어 있을 것입니다. 또한 나는 5년 전부터 수녀님들을 위해 선적 묵상회(피정)를 지도해 왔는데, 비단 나 개인뿐 아니라 많은 사람들이 연쇄반응처럼 그와 같은 경험을 하게 되는 것을 보았습니다. 그후 나는 다행히 여러 사승師僧(머리말에 그 芳名을 적었음)의 지도를 받게 되었습니다. 그분들과의 만남은 하나같이 귀중한 만남이었으며 뭐라 형언할 수가 없었습니다. 지면 관계로 거기에 관해 이야기할 수 없는 것이 유감입니다.

2. "몸으로" 배우다

구지수지俱胝堅指(無門關. 三)
오른눈이 걸려넘어지게 하거든 빼어 던지시오(마태 5.29)

수행修行 — 동양의 전통

　내가 선에서 배운 것은 허다하지만 그중에서도 가장 빼어난 한 가지는 종교생활에서의 "몸"의 중요성을 깨달은 점입니다. 과거에 그리스도교에서는 기도에서나 회개에서나 혹은 성서를 읽는 경우에도 "몸"을 거의 중요시하지 않았던 것 같습니다. 선禪은 이와 대조적입니다. 도오겐道元 선사禪師가 "단좌端坐 참선을 정문正門으로 삼는다"(辨道話)라고 말한 것처럼 "몸"으로 참구參究하는 것이 선의 기본입니다. 다시 말해서 제일 먼저 바른 자세로 단좌하고 그 다음에 호흡을 조절하고 마음을 조절하니, 이것은 "몸에서 마음으로" 나아가는 길입니다. "몸" 전체로써 수행하는 방법이라 할 수 있습니다.

　이와는 달리 서양에서 발달한 그리스도교에서는 그 반대의 방향을 취했던 것 같습니다. 우선 이성理性으로 생각하고 판단하고 무엇을 하려는 원의를 가지고 그 다음에야 몸으로 실행하는 방법 — 이것이 서양식입니다. 이것은 "이성에서 몸으로" 나아가는 길이라 할 수 있습니다.

　선과 서양의 그리스도교를 이와같이 특징짓는 것은 지나치게 단순화하는 흠이 있기는 하지만, 대체로 그렇게 말해도 무방하지 않을까 생각합니다. 그리스도교의 중심사상은 "몸"과 깊이 연관되어 있습니다. 더구나 여러 면에서 "몸"을 중히 여기고 있는 것도 사실입니다. 그러나 그리스도교가 서양에서 발전해 오는 동안 "몸"에 관해 충분히 성찰하지 않고 따라서 "몸에서 마음으로"의 길이 깊은 종교적 체험을 하게 하는 가장 탁월한 방도라는 것을 발견하지 못했다고 말할 수 있습니다. 그리스도교는 그리스 사상의 강력한 영향 아래 이성주의로 치우쳐 주로 "이성에서 몸으로"의 길을 걸어왔던 것입니다. 따라서 육신의 단련을 통해 정신을 도야하고 완성에 이르는 수행修行(梵語의 caryā) 사상이 거의 없었다고 해도 과언이 아닙니다.

이에 반해 동양에서는 육신의 단련에 의한 수행방법이 괄목할 발전을 거듭해 왔습니다. 인도의 요가를 비롯하여 원시불교의 선정禪定, 천태종天台宗의 지관止觀, 밀교密敎의 삼밀三密(= 身密, 口密, 意密), 정토종淨土宗과 진종眞宗의 염불 … 등이 다 수행caryā입니다. 한편 선은 무려 4,5천 년 전으로 거슬러올라가는 고대의 요가 전통에서 기원하여, 인도로부터 중국을 거쳐 일본으로 전래되는 과정에서 최고로 세련된 신심학도身心學道를 창출하였습니다. 어떤 의미에서 그것은 동양문화의 정수라고 해도 과언이 아닙니다. 나는 좌선에 익숙해질수록 이 점을 더욱더 깊이 실감하였습니다. 참선이 인간을 얼마나 놀랍게 변혁시키는지를 나 자신의 몸으로 직접 체험하고 있기 때문입니다. 예를 들면 내가 좌선을 배우기 시작했을 무렵 무문 화상無門和尙의 다음 말씀이 나에게는 마치 먼 꿈나라 같은 세계에나 어울리는 말처럼 여겨졌습니다.

驀然打發하면 驚天動地호대 如奪得關將軍大刀入手하여 逢佛殺佛하고 逢祖殺祖하여 於生死竿頭에 得大自在하고 向六道四生中하여 遊戲三昧하리라(無門關, 第一則).
(역: 맥연타발하면 경천동지하리라. 관운 장군의 대도를 탈취하여 입수함과 같아서 불佛을 만나면 불을 살殺하고 조사祖師를 만나면 조사를 살하여 생사 간두에 있어서 대자재를 얻어 육도사생중 유희삼매하리라.)

그런데 선도禪道에 정진하는 가운데, 이 글에 표현된 경지가 나에게도 그리 먼 것은 아니라고 생각하게 되었으니 이상합니다. "대자재大自在를 얻었다"고는 말할 수 없겠지만, 죽음에 직면해도 바둥거리지 않고 견딜 수 있게 되었다고 생각합니다. 짧은 시일에 나 자신이 변했음은 확실하고, 그렇게 변화한 데에 스스로도 놀라고 있습니다.

그러면 어째서 선도에는 이토록 놀라운 힘이 숨겨져 있을까? 좌선은 지극히 단순합니다. 몸을 바르게 하여 단정하게 앉아서 숨을 고르게 하고 마음을 고르게 할 뿐입니다. 그런데도 어떻게 인간을 이토록 변화시킬 수 있을까? 참으로 불가사의합니다. 그러나 실은 인간의 본래 면목本來面目(= 마음의 本性)은 "굉장한 힘"을 지니고 있습니다. 그런데 다만 사람이 본디 스스로 타고난 이 엄청난 힘을 개발하는 방법을 모르고 있는 것입니다. 선도는 확실히 이 힘을 꽃피게 하는 가장 탁월한 방법이라고 나는 생각합니다. 그 비결은 온 "몸"으로 부닥쳐 혼신의 힘을 내는 데 있습니다. 이 비결을 얼마만큼이라도 밝히기 위하여 "몸"의 현상학에 관하여 이야기해 보겠습니다.

"몸"의 현상학現象學

"몸"에 관한 현대의 현상학도 선의 입장과 마찬가지로 신심일여身心一如의 관점에서 출발하고 있습니다. 이 현상학에 의하면 "몸"은 마음과 육신의 통일체인 총체적 인간을 가리킵니다.

인간이 몸을 가지고 있는 것은 아닙니다. 인간이란 "영혼이 생명을 불어넣은 몸"이라는 의미에서 "몸" 그 자체입니다. 그러므로 인간은 "몸"이라고 말하는 표현이 정확한 것입니다. 성서의 소마*soma*(= 몸)란 말은 명백히 총체적 인간을 가리키는 말이 아니겠습니까. 우리가 눈으로 창밖의 아름다운 풍경을 바라볼 때에, 그 풍경을 보고 있는 것은 눈도 아니고 영혼도 아니고 우리 몸 전체입니다. 이런 경우 "내"가 풍경을 바라보고 있다고 말한다면, 이 "나"는 흔히 의식의 중심인 나, 즉 정신이라고 무의식적으로 해석되고 있습니다. 이것은 현실을 슬쩍 바꾸어놓는 미묘한 "오해"입니다. 사실 풍경을 보고 있는 "나"는 단지 정신만도 아니고 신체만도 아니며, 영혼과 육신의 통일체인 나 전체인 셈입니다. 그중에서도 풍경을 바라볼 때에 주요 역할을 하는 것은 "보는 눈"이기 때문에, 바라보고 있는 것은 내 몸이라고 말하는 것이 더 정확할 것입니다. 보는 일뿐 아니라 일상생활의 모든 행위에 대해서도 같은 말을 할 수 있습니다. 듣다, 말하다, 걷다, 먹다, 잠자다, 글을 쓰다, 읽다 등의 행위의 주역은 우리 정신이 아니라 우리 몸일 것입니다.

"이야기한다"는 현상을 좀더 깊이 고찰해 봅시다. 내가 누구하고 이야기할 때, 서로 마주 대하고 있는 것은 나와 그 사람의 정신이나 마음이 아닐 것입니다. 오히려 내 몸과 그 사람의 몸이 함께 이야기를 나누고 있는 것입니다. 그 사람의 몸이 내 말에 귀를 기울이고 그 입을 열어 나에게 말을 건네옵니다. 그는 이렇게 나와 상대하는 동시에 또한 다른 사람들과 세계와 하느님에 대해서도 이야기를 하고 있습니다. 여기서 특별히 독자의 주의를 환기시키고 싶은 점이 있습니다. 성의를 가지고 상대방 쪽으로 몸과 얼굴을 돌려 그 이야기에 진지하게 귀를 기울일 때, 그 사람의 몸은 입으로 말을 하지 않더라도, 이미 "이야기를 하고" 있다는 사실입니다.

사실 사람의 이야기는 처음부터 말에만 의존하는 것이 아닙니다. 우선 몸 전체가 이야기를 합니다. 이 "몸의 이야기"(언어)가 있어야 비로소 말에 의한 구두 대화가 나누어질 수 있습니다. 여기서 "몸의 이야기"란 몸짓이나 손짓을 가리키지 않고 그러한 제스처 없이도 있을 수 있는 "이야기"를 가리킵니다. 하이데거Heidegger는 현존재現存在(= 나)가 현존하는 한 그것은 "이야기"(Rede)라고 말하고 있습니다. 그는 현존재의 육체적 성격을 깊이 고찰하지는 않았지만, 현존재를 인간 전체의 의미로 이해하고 있음이 분명합니다. 앞에서 말한 바와같이 나는 몸인즉 인간 전체라고 해석하고 있으므로, 몸이 있다면 그것은 이미 이야기를 하고 있다는 말입니다. 내 생각에, 이것은 하이데거의 본뜻을 바르게 이해하고 그 사상을 한걸음 더 발전시킨 소론所論으로 여겨지는데, 독자의 생각은 어떻습니까?

어쨌든 내가 아무 일도 하지 않고 있어도, 내 몸은 이미 이야기를 하고 있음이 확실합니다. 이 "이야기"는 다른 사람들과 세계 그리고 하느님과 어떤 연관이 있습니다. 더욱이 내 몸에서 나오는 행동이나 말 하나하나는 이 "몸의 이야기"로 말미암아 그 방향과 의미가 부여됩니다. 만약 이 "몸의 이야기"가 없다면, 아무리 웅변조로 유창하게 이야기하더라도 실은 아무것도 "이야기하지" 않고 있는 것입니다. 예를 들면 자기 본심을 털어놓지 않으리라고 결심한 사람은 그 본심을 숨기기 위해 수다를 떨지 모르지만, 실제로는 아무런 이야기도 하지 않고 있는 것과 같습니다.

내 몸의 일거수 일투족은 몸을 변용시키며 점차 생동하는 "모습"이 되게 합니다. 그렇게 이루어진 "모습"은 몸의 "이야기"(언어)를 똑똑히 발음하는 분절화分節化로서 그 "이야기"를 더 명료하게 표현합니다. 인격은 갖가지 행위를 통해 형성되는 만큼 사람의 삶 전체는 그 몸의 "모습"에 더욱 선명하게 각인되어 뚜렷이 드러나게 됩니다. 그러기에 어떤 사람의 "모습"은 그 사람의 인격을 "이야기하고" 있다고 말할 수 있는 것입니다.

공안公案 "구지수지"俱胝竪指

내가 이 "몸의 이야기"에 관해 많은 것을 배운 공안이 있습니다. 그것은 "구지수지"란 공안입니다.

> 俱胝和尙이 凡有詰問하면 唯擧一指러니 後有童子가 因外人問하되 和尙說何法要오하니 童子亦竪指頭라. 胝聞하고 遂以刀斷其指하다. 童子負痛號哭而去어늘 胝復召之하니 童子廻首할새 胝却竪起指하니 童子忽然領悟니라. … 後略(無門關. 第三則).

구지 스님은 천룡天龍 스님의 지도로 크게 깨친(大悟徹底) 후, 사람이 찾아와서 선의 오의奧義나 불법佛法의 묘체妙諦를 물어도, 다만 손가락 하나를 들어 보이며 그런 모든 질문에 답할 뿐이었다고 합니다. 구지 스님 밑에서 수행을 하고 있던 동자가 하나 있었습니다. 어느 날 스님이 없는 사이에 사람이 와서 그 동자에게 "스님께서는 어떤 법요를 설하던고" 하고 물었습니다. 동자는 스님의 흉내를 내어 손가락 하나를 들어보였습니다. 후에 구지 스님은 그런 이야기를 듣고 즉시 동자를 불렀습니다. 일의 자초지종을 듣고는, 동자가 손가락을 하나 들었을 때 예리한 칼로 그 손가락을 싹둑 잘라버렸습니다. 동자는 아픔을 못이겨 울부짖으면서 달아납니다. 그때였습니다. 구지 스님은 동자를 불러세웠습니다. 동자가 이쪽으로 뒤돌아보자 스님은 손가락을 들어보였습니다. 그 순간 동자는 홀연히 깨쳤습니다.

앞에서 말한 바와같이 어떤 사람의 "모습"은 그의 인격을 "말해"줍니다. 구지 스님처럼 크게 깨쳐 번뇌와 의혹이 다 없어진 사람의 "몸"은 볼 줄 아는 이가 보면 분명히 그 사람의 고결한 경지를 이야기해 줍니다. 구지 스님은 선의 오의에 관해 질문을 받았을 때 틀림없이 전심전력 열과 성을 다해 대답했을 것입니다. 그렇지만 그 답은 천만 뜻밖에도 손가락 하나를 들어보이는 것뿐이었으니, 질문한 사람들은 깜짝 놀랐을 것입니다. 구지 스님은 이렇게 손가락을 세워보임으로써 자신의 본래 면목本來面目을 완전히 드러내보였습니다. 만약 질문한 사람이 볼 줄 아는 눈을 가지고 있었다면, 이런 뜻밖의 놀라운 행위에 숨김없이 드러난 구지 스님 본래 면목을 알아보았을 것입니다. 그러나 반대로 그런 안목이 없는 사람에게는 이 구지 스님의 제스처가 전혀 이해할 수 없는 행동으로 여겨질 것이 틀림없습니다.

그런데 여기서 중요한 점은 구지 스님이 손가락을 세운 행위와 동자의 흉내와의 차이입니다. 구지 스님의 경우에는 그 활달한 자유자재의 경지를 그대로 드러내고 있지만, 동자의 경우에는 문자 그대로 "흉내"에 지나지 않았습니다. 또 한 가지 유의해야 할 것은 구지 스님이 동자를 매우 거칠게 다룬 교정矯正 수완입니다. 여기서 "눈물을 흘리며 마속馬謖의 목을 벤" 구지 스님의 자비를 간과하지 않으면 안됩니다.

동자는 손가락을 잘리자 그 심한 고통을 견딜 수 없어 힘껏 울부짖었을 것입니다. 원문에는 "부통호곡"負痛號哭이라고 했습니다. 혼신의 힘으로 마음껏 통곡한 것입니다. 그때문에 자기를 잊어버렸습니다. 이를테면 그의 몸도 마음도 고통 자체가 되어버린 것입니다. 사람이 어떤 일에 완전히 몰입했을 때는 그 사람 안에서 잠자고 있던 "본래 면목"이 말없이 나타나는 것입니다. 구지 스님은 이 절호의 기회를 놓치지 않았습니다. 그 순간 동자를 불러세우고 손가락 하나를 쑥 세워보였습니다. 동자는 계란 껍질에서 튀어나오려는 병아리와 같은 심경이었을 것입니다. 구지 스님의 몸과 마음의 모든 정기를 기울여 세운 손가락으로 말미암아 동자는 자신의 껍질을 깨고 자유의 천지로 튀어나올 수 있었습니다. 이야말로 바로 줄탁동시啐啄同時의 사건입니다(닭이 달걀을 안아 까는 경우, 병아리가 막 껍질을 깨고 밖으로 나오려 안에서 쪼는 것을 줄, 암탉이 밖에서 쪼는 것을 탁이라 하고, 이 두 가지 일이 동시에 행해진다는 말. 사제간의 마음이 어느 기회를 맞아 접합한다는 뜻 ― 역자 주).

이렇게 생각하면 구지 스님 같은 위대한 인물은 온갖 말로 설교하는 것보다 "몸" 전체로써 더 많은 것을 "이야기한다"는 것을 알 수 있습니다.

조신調身 · 조식調息 · 조심調心

이제까지 고찰해 온 바에 따라, 신체를 통해 마음을 단련하는 수행이라는 것이 어떤 것인지 독자는 얼마만큼 이해할 수 있을 것입니다. 예컨대 몸을 바르게 하여 단정하게 앉아보십시오. 그러면 몸을 바로잡는다는 것은 단지 신체의 자세를 바로잡을 뿐 아니라 몸 전체, 곧 인간 전체를 바로잡는 일임을 알 수 있습니다. 몸을 바로잡고도 마음이 바로잡히지 않는 이는 이상한 사람입니다. 의연한 자세로 정좌하면 마음도 의연해집니다. 반대로 늘쩍지근하게 앉으면 마음도 늘쩍지근해집니다.

호흡에 관해서도 같은 말을 할 수 있습니다. 숨을 고르게 하는 것은 마음을 고르게 하는 것이기도 합니다. 천천히 단전丹田으로 호흡하면 마음도 느긋하게 평온해집니다. 이와 동시에 선에서 행하는 조심법調心法을 따르면 마음이 집중되고 통일됩니다. 마음을 고르게 하는 방법은 여러 가지 있지만 무자 공안無字公案의 경우를 소개하겠습니다. 이것은 숨을 내쉴 때 속으로 "무우!" 하고 외기만 하면 되는 간단한 방법입니다. 그러나 중요한 것은 이 한 가지 일에 온 마음을 기울여 완전히 몰입하는 일입니다. "있는 기력을 다해, 마치 '무우!'로써 항문을 내뚫고 방석을 내뚫고 지구의 저쪽까지 내뚫을 것 같은 기세로 하라"고 나의 스승 오오모리 소오겐大森曹玄 스님은 가르쳤습니다. 이 말에서도 알 수 있는 바와같이 몸과 마음의 모든 힘이 총체적으로 동원되어야 합니다. 자세, 호흡, 마음의 온갖 활동, 기력은 말할 것도 없고, 마음의 가장 깊은 데에 뿌리를 박은 대신근大信根과 일대 용맹심도 통틀어 모아져야 합니다. 여기서, 말하는 김에 지적하고 싶은 것은, 신앙이 중요한 역할을 한다는 사실입니다. 선에 있어서 대신근이란 자기가 부처의 생명으로 말미암아 살고 있다는 믿음입니다. 우리 그리스도인의 경우에는 하느님의 생명으로 말미암아 살고 있을 뿐 아니라, 한 하느님의 성삼위聖三位가 우리 안에 살고 있다는 신앙을 가지고 있습니다. 따라서 그리스도인이 좌선을 할 때는 이 신앙에 투철하지 않으면 안됩니다. 이 신앙이 굳세면 굳셀수록 더욱 마음이 집중되고 쉽게 아집에서 벗어날 수 있습니다. 이와같이 좌선에는 자세나 호흡의 조절 같은 신체의 움직임은 말할 것도 없고 마음의 온갖 활동과 심지어 무의식적인 모든 힘도 총동원됩니다. 이렇듯 심신의 모든 능력이 한 덩어리로 뭉치어 오직 하나의 과녁 "무우!"로 온통 집중되기 때문에, 엄청난 힘이 폭발적으로 솟아나오는 것이 당연합니다. 이렇게 되면 몸과 숨과 마음이 혼연일체가 되어 인간의 본래 면목이 약여躍如하고 그것을 스스로 자각할 수 있습니다.

이상의 설명으로 좌선이 모든 사람에게 원래 갖추어져 있는 엄청난 힘을 개발하는 매우 탁월한 방법이라는 것을 알 수 있으리라 생각됩니다.

그런데 내가 앞의 공안 "구지수지"를 투과했을 때 성서에 있는 예수의 준엄한 다음 말씀이 생각났습니다.

> 오른눈이 걸려넘어지게 하거든 빼어 던지시오. 지체가 하나 없어지더라도 온 몸이 지옥에 던져지지 않는 것이 이롭습니다. 오른손이 걸려넘어지게 하거든 찍어 던지시오. 지체 하나가 없어지더라도 온 몸이 지옥으로 들어가지 않는 것이 이롭습니다.(마태 5.29-30).

이 성구에는 잔혹하게 여겨질 정도의 예수의 엄격함이 드러나고 있습니다. 그러나 그 모진 말씀 뒤에 가없는 자비가 감추어져 있는 사실도 간과해서는 안됩니다.

이 성구는 보통 다음과 같이 해석되고 있습니다. 예수께서는 죄를 범한 사람이 게헨나(지옥)에 떨어져 얼마나 참혹한 고통을 당하는지 잘 알고 계시다. 그래서 그렇게 되기보다는 손 하나 둘을 잃는 편이 더 낫지 않을까 하고 설교하셨다는 것이다. 이렇게 해석하는 것이 틀린 것은 아니겠지만, 예수님 말씀의 깊은 뜻에는 미치지 못하는 것 같습니다. 이 해석에 의하면 예수께서는 단지 사람들의 합리적인 타산에 호소하여, 어느 쪽이 손해이고 어느 쪽이 이득인가 생각해 보라고 이야기하고 있는 데 지나지 않습니다. 만약 그렇다면 단지 이류나 삼류 정도의 평범한 종교가의 설교가 되어버리지 않을까요.

나는 오히려 예수의 이 준엄한 말씀 안에 그분의 사랑이 맥맥히 흐르고 있다고 생각합니다. 사랑은 타산을 초월합니다. 구지 화상은 타산적으로 생각하여 동자의 손가락을 잘라버렸겠습니까? 아니면 지극한 자비심에서 임기응변의 순간적 기략機略으로 잘라버렸겠습니까? 답은 명백합니다. 여기서 간과해서는 안될 것은, 구지 화상이 동자의 손가락을 잘랐을 때, 그와 동자는 대립된 별개의 존재가 아니었다는 사실입니다. 동자의 손가락은 동시에 그의 손가락이었습니다. 선의 깨달음이란 만물의 근원이 같다는 데 눈뜨고, 자기자신과 모든 것이 하나라는 것을 "몸"으로 감득感得하는 것이기 때문입니다. 구지 화상은 동자의 손가락을 자르면서 자기자신의 손가락을 잘랐던 것입니다.

예수의 경우도 가장 고차적인 의미에서 같은 말을 할 수 있다고 생각합니다. 예수께서는 "당신의 눈이 당신을 넘어지게 하거든 그것을 빼어 던져 버리시오" 하고 말씀하셨을 때 분명히 "당신"과 그분 자신을 몇 개의 존재로 생각하지 않으셨을 것입니다. "당신의 눈"은 곧 예수의 눈이었습니다. "당신의 눈을 뺀다"는 것은 예수의 눈을 뺀다는 말입니다. 왜냐하면 사랑은 모든 사람을 결합시키고, 결코 어떤 일도 자기와 무관한 남의 일이라고 생각할 수 없게 만들기 때문입니다.

중세의 독일 사람으로 그리스도교 신비사상가였던 마이스터 에크하르트 Meister Eckhart의 다음 설교를 읽어보면, 그런 점을 더 잘 이해할 수 있을 것입니다. 에크하르트는 아주 인상깊은 비유로 사랑의 신비를 설명하고 있습니다.

어떤 귀족 청년이 절세의 미인과 결혼하여 그지없이 행복한 생활을 하고 있었다. 그런 두 사람에게 돌연 불행이 덮쳤다. 젊고 아름다운 부인이 실명한 것이다. 부인은 비탄에 잠겨 마침내 절망의 늪에 빠지고 말았다. 특히 남편의 마음이 자신에게서 멀어져가는 것은 아닐까 두려워, 세상을 비관하고 차라리 죽어버리고 싶은 심정이었다. 부인의 이런 괴로움을 보고 있던 남편은 허리에 차고 있던 칼을 느닷없이 뽑아 자신의 두 눈을 도려내고는 부인에게 말했다. "여보, 그렇게 슬퍼하지 마오. 나는 절대로 당신을 저버리지 않아요. 당신에 대한 나의 사랑은 평생 변하지 않는다오. 그 증거로 내 이 눈을 도려냈어요. 당신처럼 나도 이젠 아무것도 볼 수 없어요."

예수께서는 이런 사랑의 정신을 누구보다도 많이 지니신 분이라고 말할 수 있습니다. 아니, 예수께서는 그런 사랑의 근원이었다고 말하는 것이 더 낫겠습니다. 그것을 가장 뚜렷이 나타낸 것이 그분의 십자가상의 죽음입니다. 예수께서 전인류를 구하시기 위해 십자가에 달려 죽으신 "모습"은 그분의 무한한 사랑을 이야기해 줍니다. "몸의 이야기"를 배운 그리스도인은 십자가에 달려 죽으신 그분의 "몸"이 우리에게 무엇을 말해주는지 얼마만큼이라도 이해할 수 있어야겠습니다. 나는 공안 "구지수지"를 투과했을 때, 십자가에 못박히신 예수의 "몸의 이야기"를 더 깊이 "알아들을 수 있는 귀"를 받은 것처럼 여겨졌습니다.

3. 종교적 회심回心

> 제악막작諸惡莫作으로 들리는 것,
> 그것이 불佛의 정법正法이다(道元)
> 회개하고 복음을 믿으시오(마르 1,15)

제악막작諸惡莫作

내가 선禪에서 배운 또 한 가지는 조신調身·조식調息·조심調心에 의한 "몸"의 철저한 정화입니다. 선에 관해 서적에서만 배운 사람은 흔히 오해하여, 선에서는 죄를 문제삼지 않고 정화나 개심改心은 무시한다고 생각합니다. 이런 사람들은 내가 선에서 철저한 정화를 배웠다고 말하면 틀림없이 놀랄 것입니다. 그러나 진지하게 참선 구도하는 사람에게 있어 "제악막작"(어떤 악도 행하지 말라)은 당연한 것이며, 오히려 그것은 수행의 첫걸음이기도 합니다.

도오겐 선사는 정법안장正法眼藏의 "제악막작"이라는 장에서 다음과 같이 설법하고 있습니다.

> 불佛의 최고의 지혜를 선지식善知識(불도를 깨치어 덕이 높은 스님)에게 들어 배우기도 하고 때로는 경전을 읽어 배우기도 하지만, 처음에는 그저 제악막작으로 들린다. 제악막작으로 들리지 않는다면 불의 정법正法이 아니라 마설魔說이다. 제악막작으로 들리는 것이 곧 불의 정법임을 알아야 한다. 제악을 하지 말라 함은 범부凡夫가 스스로 사색하여 그렇게 생각하는 것이 아니다. 불의 지혜에 관한 설교를 들을 때 당연히 그래야 하는 것으로 들린다. 그렇게 들리는 것이 곧 최고의 지혜를 말로써 표현한 것이다. 그러므로 그것은 이미 지

혜의 말씀이다. 그것을 듣고 그 힘에 이끌리어 제악막작을 원하고, 제악막작을 실험해 가고, 어느덧 제악을 하지 않게 되는 데에 수행의 힘이 홀연 현성現成한다. 이렇게 수행한 사람은 비록 제악을 하기 쉬운 처지에서 살지라도, 혹은 제악을 하는 친구들과 사귀어도 결코 제악을 하지 않는다.

도오겐 선사의 이 말씀을 읽어보면, 선종禪宗이 죄를 범하지 않으려고 수행함은 의심할 여지가 없습니다. 뛰어난 선자禪者는 수행이 완숙하면 "수행의 힘이 홀연 현성하고", 결코 제악을 할 수 없을 만큼 정화되는 것입니다.

확실히 선종에서는 죄의식이 배제됩니다. 한편 그리스도교에서는 모든 인간이 죄인이라고 가르칩니다. 그러니까 표면상으로는 양자의 견해가 완전히 상반되는 것처럼 보입니다. 어떤 사람은 이 표면상의 차이를 근거로 선과 그리스도교는 근본적으로 다르다는 결론을 내리고 있습니다. 또한 어떤 그리스도인은 선자가 죄의식을 무시한다는 말을 듣고 선을 악마의 가르침이라고 합니다. 한편 어떤 선자는 죄의식에 시달리는 그리스도 신자를 보고 그리스도교를 사도邪道라고 합니다. 양자의 의견이 다 지나친 오해라고 말하지 않을 수 없습니다. 이런 오해의 근본 원인은 전체를 살피는 눈이 없는 데 있습니다. 그것은 코끼리의 다리 일부만 보고 코끼리 전체로 착각하여 코끼리의 실체를 감각적으로 판단하는 것과 같습니다. 사물을 바르게 보기 위해서는 통찰력이 있는 안목이 필요하다는 것을 나의 스승 오오모리 소오겐 스님은 일상 끊임없이 강조하였습니다. 하물며 인간의 궁극 진원眞源을 참구參究하는 종교를 알려면 아주 높은 안목이 필요한 것은 말할 나위도 없습니다. 그 안목이란 우선 전체를 훑어보고, 그 다음에 부분들을 살피고, 부분에서 다시 전체로 돌아와서 전체와 부분과의 관계, 또한 각 부분 사이의 관계를 한목에 직관적으로 파악할 수 있는 힘을 가리킵니다. 특히 주의해야 할 것은 이런 안목이 머리의 지적 훈련만으로는 얻어질 수 없다는 사실입니다. 그것은 심신의 모든 힘을 기울여 수행하고 전인적全人的으로 정화되어야 비로소 얻어지는 지혜입니다.

선도 그리스도교도 허다한 선현先賢들이 단련에 단련을 거듭하며 계승해 왔다는 점을 잊어서는 안될 것입니다. 수박 겉핥기의 어설픈 지식으로 경솔하게 비판을 해서는 안되는 까닭이 여기에 있습니다. 선도 그리스도교도 참으로 이해하려면 그 종교의 창시자와 조사祖師들이 걸은 고수苦修의 길을 스스로 걸음으로써 전체를 파악하는 "안목"을 얻는 외에 다른 길은 없을 것입니다.

원죄의 가르침

그런데 그리스도교가 원죄의 교의敎義로 가르치고자 하는 바를 사실상 선禪에서도 인정하고 그것을 수행의 출발점으로 삼고 있습니다. 이 책에서 나의 의도는 교의를 비교하는 것이 아니라, 두 종교에서 내가 체험한 바를 정리하고 검토하는 데 있으므로, 여기서 교의상의 비교는 하지 않겠습니다. 그러나 수행의 기초를 이루는 사상에 관해 약간 설명하고자 합니다.

그리스도교와 선 양쪽이 다 인정하고 수행의 출발점으로 삼고 있는 것은 불교용어로 말하면 번뇌무진煩惱無盡이라는 인간의 현실입니다. 이것을 그리스도교 용어로 말하면 원죄의 결과로서 칠죄종七罪宗, 즉 교오, 인색, 색욕, 탐욕, 분노, 질투, 해태懈怠 등 일곱 가지 죄원罪源이 우리 마음속 깊이 깃들여 있다는 현실입니다. 이 현실은 우리 자신의 경험으로 알고 있는 것이며, 선이나 그리스도교나 그 현실로부터의 해방을 목표로 하고 있습니다 (덧붙여 말하면 그리스도교의 이른바 원죄는 인간의 경험으로는 알 수 없는 것입니다. 다만 하느님의 계시를 통해 알 따름입니다. 사람이 경험적으로 알 수 있는 것은 원죄의 결과뿐입니다. 칠죄종 = 죄원, 병, 전쟁, 죽음 등이 그렇습니다).

그런데 그리스도교에서는 이 번뇌가 인간이 그 근원에서 이탈한 결과라고 말합니다. 인간은 만물의 근원이신 하느님께 거역함으로써 원래 갖추었어야 했던 본모습과 스스로 배치背馳하게 되었을 뿐 아니라, 자기와 다른 이들과의 사이, 그리고 자기와 세계와의 사이에도 균열이 생겼다는 것입니다. 불교에서는 번뇌의 기원이 무명無明에 있다고 합니다. 즉, 인간이 그 본래 면목本來面目(= 佛性)을 상실한 데서 기인한다는 것입니다. 인간은 이 무명으로 말미암아 본래의 자기를 등지게 되었을 뿐 아니라, 모든 사물을 이원론적으로 대립시켜 생각하여, 주관과 객관, 선과 악, 유有와 무無 등으로 판별하면서 미혹에 빠지고 번뇌에 시달린다고 합니다.

그리스도교와 선종의 가르침은 대단히 이질적이지만 근본 구조에 있어서는 상응한다고 볼 수 없을까요? 나는 양자간에 중요한 두 가지 유사점이 있다고 생각합니다.

첫째로, 번뇌의 기원이 자기 본원本源으로부터의 이탈에 있고, 이 이탈은 인간 본래의 모습을 등진 타락이라는 점에서 양자의 견해는 일치합니다. 다만 인간의 본원이 어디에 있느냐 하는 문제에 있어서는 양자의 의견이 갈라집니다. 또한 그 이탈이 인간 편의 중대한 범죄에 기인하느냐 그렇지 않느냐 하는 점에서도 미묘한 차이가 있을 것입니다. 그러나 여기서는 그런 차이점보다 유사점이 더 중요합니다. 나는 앞에서 말한 대로 선 수행에서 배운 바를 고찰하고 있습니다. 수행의 관점에서 보면 앞의 유사점은 결정적인 의미를 가지고 있습니다. 왜냐하면 양자는 번뇌의 기원에 관해 비슷한 생각을 가지고 있기에, 다음에 설명하는 바와같이, 번뇌로부터 해탈하는 방법 — 바꾸어 말하면 정화의 길 — 도 결국 같기 때문입니다.

둘째로 유사한 점은 양자가 이 타락으로 말미암아 자기와 타인과의 대립, 자기와 세계와의 대립 — 불교적으로 말하면 이원 대립二元對立 — 이 생긴다고 보고 있는 점입니다.

회개(메타노이아)

이렇게 번뇌의 기원에 관하여 그리스도교와 불교는 비슷한 사상을 가지고 있지만, 그보다 더 흥미롭고 뜻깊은 것은 번뇌로부터 해탈하는 방법에 있어서도 양자는 구조상 비슷한 사상을 가지고 있는 것입니다.

그리스도교에서는 정화를 위해 제일 먼저 해야 할 일이 회심回心(= 메타노이아)입니다. 이 메타노이아*metanoia*란 말은 그리스어로서 보통 "회개"라고 번역되고 있지만 더 깊은 의미가 있습니다. 구약성서에서는 단지 "죄로부터 벗어나는 개심改心"을 주로 역설하고 있습니다. 이 경우에도 하느님 아버지의 자비로운 품으로 돌아가는 것이 궁극적으로 요구됩니다. 그러나 구약에서는 과거에 자기가 저지른 죄로부터 도망하는 데 역점을 두고 있습니다. 이에 반해 신약성서의 메타노이아는 적극적으로 앞을 향한다는 의미를 띠고 있습니다. 예수께서는 전도활동을 시작하셨을 때 제일 먼저 다음과 같이 말씀하셨습니다.

　　　예수께서는 갈릴래아로 가서 하느님의 복음을 선포하셨다. "때가 차서 하느님 나라가 다가왔습니다. 회개하고(메타노에이떼) 복음을 믿으시오"(마르 1.14-15).

여기서 역설되고 있는 "회개"는 문맥에서 명백히 알 수 있듯이, "복음을 믿는다"는 전향적 자세를 가리키고 있습니다. 회개해야 하는 이유는 과거에 죄를 범했기 때문이 아닙니다. 마태오 복음서에 의하면, 예수께서는 전도를 시작하시며 "회개하시오. 하늘나라가 다가왔기 '때문' 입니다"라고 말씀하셨습니다. 여기서는 회개해야 하는 이유가 뚜렷이 "하늘나라가 다가왔기 때문"이라고 확언되고 있습니다. 물론 이 회개에는 죄에 대한 통회痛悔도 포함되겠지만, 중요한 역점은 하느님 나라를 지향하는 전인적全人的 방향전환에 있습니다. 비록 죄를 범하지 않았다 할지라도 인간은 이런 의미에서 전면적인 회심을 하지 않으면 안됩니다. 회심이란 자기 과거의 죄를 뉘우친다는 조그마한 일이 아니라, "하느님 나라"라는 완전히 새로운 현실을 향해 스스로 몰두하여 새로운 삶의 길을 창조해 간다는 것입니다.

　이런 관점에서 보면 그리스도 신자가 그 정화에 있어서 제일 먼저 목표로 삼아야 할 일은, 일반적으로 생각되고 있듯이, 자기가 범한 죄의 통회가 아니라, 우리 인간의 본원本源이신 하느님을 향해 마음도 몸도 완전히 방향전환을 하는 것임을 알 수 있습니다. 번뇌가 만물의 본원인 하느님으로부터 이탈한 데서 기원했으니, 번뇌로부터 완전히 해방되려면 당연히 그 본원으로 돌아가야 할 것입니다.

정화에서 요구되는 제2 단계는 다른 사람 및 세계와의 화해입니다. 이 제2 단계는 정화의 제1 단계의 당연한 결과로 요구되는 것입니다. 예수의 산상설교에는 다음과 같은 말씀이 있는데 거기에 이 정화의 제1 단계와 제2 단계의 관계가 명확히 드러나고 있습니다.

"이웃을 사랑하고 원수를 미워하라"고 말씀하신 것을 여러분은 들었습니다. 그러나 나는 말합니다. 원수를 사랑하고, 박해하는 사람들을 위해 기도하시오. 그래야 하늘에 계신 여러분 아버지의 아들이 됩니다. 그분은 악한 사람에게나 선한 사람에게나 해를 떠오르게 하시고, 의로운 사람에게나 의롭지 못한 사람에게나 비를 내려주십니다(마태 5.43-45).

본원本源으로 돌아가다

당시의 유대인들은 으레 이웃은 사랑하고 원수는 미워해야 한다고 생각하고 있었지만, 예수께서는 "원수를 사랑하라"고 말씀하셨습니다. 원수와 이웃을 차별하지 말고 사랑해야 하는 이유는 만물의 본원이신 하늘의 아버지께서 악인이나 선인이나 아무런 차별도 하지 않고 사랑하시기 때문입니다. 우리는 모두 그 하늘에 계신 아버지의 자녀들이니, 서로 대립하여 적대해서는 안됩니다. 인간이 회심하여 자신의 본원이신 성부께로 돌아가 하느님의 참된 자녀가 된다면, 다른 사람들과의 대립, 다른 모든 사물과의 대립도 자연히 사라질 것입니다. 그러니까 정화의 제2 단계는 명백히 제1 단계의 당연한 귀결로 요구된다고 할 것입니다.

선종에서는 정화라는 말이 사용되지 않지만, 거기에 상응하는 용어로서 해탈이라는 말이 있습니다. 그러면 선에서는 어떻게 해탈이 이루어질까요. 흥미롭게도 선에서의 해탈은 그리스도교의 정화와 같이 두 단계의 과정을 거쳐 수행됩니다. 우선 첫째로, 온 마음 온 몸으로 무자無字를 참구하여 본래 면목에 눈뜨는 것입니다. 그것은 무명을 타파하여 자기의 본원으로 돌아가는 것이라 할 수 있습니다. 그것은 만물의 뿌리가 같다는 깨달음이지만, 이 견성見性만으로는 자기가 타인이나 세상 사물과 아직 대립된 상태에 있으니, 이원상대관二元相對觀에서 벗어난 것은 아닙니다. 그러므로 해탈의 제2 단계는 이 이원상대관을 모든 국면에서 타파해 나가는 수행입니다.

해탈의 제1 단계는 법신法身(= Dharmakāya) 공안 — 법성法性의 평등 무차별한 묘리妙理(眞如)를 꿰뚫어보는 데 도움을 주는 공안 — 을 투과함으로써 이수됩니다. 제2 단계는 (차별계 = 현상계의 복잡한 인연생기因緣生起를 다루는) 기관機關, (조사祖師들의 난해한 말씀들의 심오한 뜻을 터득하고 그것을 자신의 언어로 표현하는) 언전言詮, (투과하기가 가장 어려운) 난투難透, (직접 궁극적인 것을 가리키는) 향상向上 등의 공안으로 수행됩니다. 그러나 이 제2 단계는 언제나 제1 단계를 심화시키면서 실행된다는 것을 잊어서는 안됩니다. 그래서 선법에 통달한 사승師僧은 법신 공안을 제2 단계의 여러 공안과 뒤섞어서 수행자에게 주고 그로 하여금 거듭 자기 본원으로 돌아가게 함으로써 정화의 제1 단계를 심화시켜 나갑니다. 또한 기관, 언전, 난투, 향상 등 제2 단계의 공안도 근본적으로는 본연本然의 자기로 더욱 깊이 되돌아가야만 해결될 수 있기 때문에, 해탈의 제2 단계는 제1 단계로부터 자연스럽게 흘러나오는 것입니다.

이렇게 본다면 정화의 수행은 선에서나 그리스도교에서나 근본적으로 같은 구조를 가지고 있다는 것을 알 수 있습니다. 그런데 서양에서 발전한 그리스도교는, 앞에서 말한 바와같이, 일반적으로 "이성理性에서 몸으로"의 길을 택합니다. 정화의 방법도 같은 길을 더듬고 있습니다. 이에 반해 선은 "몸에서 마음으로"의 길을 택합니다. 이 길이 전자의 이상주의적 방법보다 낫다는 것은 실제로 두 길을 다 수행해 본 사람이라면 곧 알 수 있습니다. 내가 선에서 철저한 정화의 방법을 어떻게 배웠는가 하는 그 경위와 그리고 신심학도身心學道가 왜 탁월한가에 관한 내 나름의 이론적 체계화는 뒤로 미룹니다.

나그넷길을 가도 집을 떠나지 않는다

  앞에서 인용한 예수의 말씀을 다시 한번 읽어보고 그리스도교적 정화의 궁극적 목표를 성찰해 보고자 합니다. 그러면 예수께서 우리 그리스도인들에게 어떤 정화를 바라셨는지 알게 될 것입니다.

     예수께서는 갈릴래아로 가서 하느님의 복음을 선포하셨다. "때가 차서 하느님 나라가 다가왔습니다. 회개하고 복음을 믿으시오"(마르 1,14-15).

  머리를 써서 이성적으로 이 메시지의 의미를 납득하기만 해서는 이 성구를 완전히 이해했다고 말할 수는 없습니다. 참으로 이 성구를 읽고 이해한다는 것은 예수의 그 부르심을 전체 인격으로 귀담아듣고 따른다는 것입니다. 그러기 위해서는 우선 그 부르심이 예수의 생명을 건 피맺힌 호소라는 것을 우리의 "몸"으로 깨닫지 않으면 안됩니다. 그리고 하느님 나라에 자신의 모든 것을 바쳐 헌신하고 온 마음 온 몸으로 그 나라 안에서 살지 않는다면 예수의 초대에 완전히 응답했다고는 말할 수 없습니다. 이때 바울로가 말한 "내 안에 사는 죄"(로마 7,20)가 마음 밑바닥에 여전히 깃들이고 있다면, 우리는 정말 온 몸으로 하느님 나라에 들어갔다고는 할 수 없습니다.

  예수께서 그 전도생활의 시초부터 실제로 이런 근본적인 회심을 사람들에게 바라셨는가 하는 문제에 대해서는 의견이 엇갈리고 있습니다. 그분이 모든 사람에게 이런 회심을 기대하시지는 않았다고 생각하는 사람도 있습니다. 그러나 예수께서 참으로 간절히 바라셨고 또 그때문에 십자가상의 죽음도 불사하셨던 그 회심이란 바로 전인적인 회심, 곧 철저한 회개였다는 것은 부정할 수 없는 사실이라고 나는 생각합니다. 그렇다면 이 성구에서 그분이 궁극적으로 사람들에게 요구하시는 것이 믿음(入信)이라는 해석은 피상적인 성서 이해라고 부르지 않을 수 없습니다. 예수께서 참으로 바라신 것은 철저한 회개였다고 풀이해야 깊은 성서 해석이라 할 수 있습니다. 그러나 이렇게 해석만 해서는 아직 진실로 성서를 읽었다고는 할 수 없습니다. 앞에서 말한 바와같이 정말 온 "몸"의 실천 궁행으로 철저한 회개를 하고 하느님 나라에 완전히 몰입하여 그것을 즐거운 "나의 집"으로 삼지 않는다면 성서 봉독은 아직 미완未完의 단계에 있다고 해야 할 것입니다.

선에서는 "나그넷길을 가도 집을 떠나지 않는다"는 유명한 가르침이 있습니다. 인생은 나그네 생활입니다. 그런 의미에서 사람은 언제나 어디로 향해 가는 도상에 있습니다. 그러니 본연의 자기 속의 본래 면목을 깨달은 사람은 결코 자기 집을 떠나지는 않습니다. 나그넷길을 가더라도 언제나 자기 집에 있는 듯한 마음의 평화를 누릴 수 있습니다. 이 선어禪語는 그런 깨달음의 경지를 기린 명구입니다.

우리 그리스도인도 자기가 이미 하느님 나라에 들어가 있다는 사실을 "몸" 전체로써 깨닫는다면, 하느님 나라의 완성을 향해 가는 여로 도상에 있으면서도 언제나 자신의 그리운 집에서 살고 있는 듯한 경지에 도달할 것입니다. 그 "집"은 자비로운 천상의 아버지께서 우리와 함께 살고 계시는 집입니다. 그렇다면 예수께서 선포하신 "복음"은 그 참뜻인즉 하느님 나라가 바로 우리의 "집"이라는 소식이 아닐까요?

4. "몸"의 정화

번뇌와 원죄의 뿌리깊은 질김성을 초월하여

"몸"은 정신의 도구가 아니다

  앞장에서는 내가 선에서 배운 "몸"의 철저한 정화에 관해 이야기하였습니다. 선과 그리스도교가 정화나 회심의 몇 가지 점에서는 이론상으로 큰 차이가 있음에도 불구하고, 근본 구조에 있어서는 매우 유사하다는 것을 설명했습니다. 여기서는 좀더 구체적으로 어떤 점에서 선도(禪道)가 "몸"의 정화에 유익한가를 말해보겠습니다.
  이미 앞에서 말한 바와같이 이제까지 그리스도교에서의 수행은 "이성에서 몸으로"의 길을 택해 왔습니다. 정화의 방법도 예외는 아니었습니다. 옳지 못한 욕정을 이성과 의지력으로 극복하려고 노력합니다. 다시 말해서 자기 반성으로 이기심과 자기중심주의를 깨닫고 그것을 의지에 의해 뜯어고치려고 노력하는 것입니다. 이때 보충 수단으로서 육체적 고행이나 절제를 하여 정화에 도움이 되게 하는 수도 있지만, 그것은 어디까지나 보충적인 수단이지 "몸" 전체를 진지하게 고려하고 있는 것은 아닙니다. 여기서 수단과 길(道)의 중요한 구별에 관해 독자의 주의를 환기시키고 싶습니다.
  수단이란 목적을 달성하는 데 효과적이면 좋은 것으로 생각되고, 그렇지 않은 경우에는 나쁜 것으로 생각됩니다. 수단은 그 자체 아무런 가치도 없습니다. 목적과 관련해서 그 가부(可否)의 가치가 결정됩니다. 현대생활은 실용주의적이고 공리주의적인 사고방식에 의해 영위되고 있기 때문에, 수단과 목적의 관계가 일상생활에서 중요한 역할을 하고 있습니다. 그러나 이런 사고방식으로 인간의 근본적인 문제는 결코 해결할 수 없습니다. 비근

한 예로 부모와 자녀, 형제자매, 친구들, 혹은 스승과 제자 사이의 관계는 목적과 수단이라는 공리적인 사고로 고찰될 수 없고 처리될 수도 없습니다. 더군다나 종교들간의 여러 가지 문제를 그와 같은 개념으로 해결할 수는 없습니다. 마찬가지로 인간의 육신이 영혼(정신)의 수단으로 생각되어서는 안됩니다. 그리스의 아리스토텔레스조차 육신을 영혼의 수단으로 생각하지 않았습니다. 육신과 영혼은 함께 인간을 형성하는 "원리"이며, 이 두 원리는 실체적으로 일치하여 인간 전체를 이루고 있다고 말할 수 있을 만큼 분리하기 어려운 것이라고 그는 생각했습니다. 육신은 영혼과 나란히 인간의 본질을 형성하는 원리입니다. 더구나 그리스도교에서는 육신을 경시하지 않고 있으니, 육신을 수단으로 생각하는 것은 그리스도교의 본뜻이 아닙니다. 그런데 부지불식간에 영혼의 우위를 강조하다 보니, 육신을 수단으로 생각하는 오류가 가끔 그리스도교 사상에 스며드는 경우도 있었습니다. 특히 근대 합리주의의 사고에 물들면서 종교까지도 목적을 위한 공리적인 수단으로 이용하는 사람들도 있습니다.

    이런 현상은 결코 서양에서만 일어나고 있는 것이 아닙니다. 일본에서도 똑같은 일이 뻔뻔스럽게 자행되고 있습니다. 신흥종교에서 세속적 이익이나 질병의 치유를 효과적인 포교 수단으로 이용하고 있는 것은 그 전형적 예입니다. 또한 기업의 경영 관리에서 좌선(坐禪)을 종업원들의 정신 안정을 위한 심리학적 수단으로 장려하고 있는 것도 같은 예입니다. 좌선은 결코 하나의 수단이 아닙니다. 좌선을 깨달음에 도달하기 위한 수단으로 생각하는 것은 선의 타락의 첫걸음이라 해도 과언이 아닙니다. 도오겐 선사가 말하고 있듯이 "단좌(端坐) 참선을 정문(正門)으로" 삼지 않으면 안됩니다. 문은 수단이 아닙니다. 그것은 집에 딸려 있으면서 바깥세상과 집안을 연결합니다. 그러므로 좌선을 수단이라 부를 것이 아니라 길이라 불러야 합니다. 더욱이 이 길은 목표에 이르는 노정인 동시에, 그 목표가 한걸음 한걸음 실현되는 현장이기도 합니다. 앞에서 말한 육체적 고행이나 절제, 그밖에 탁발이나 노동 등 종교적 수행에 관해서도 같은 말을 해야 할 것입니다.

서양적 수행의 결함

"이성에서 몸으로"라는 그리스도교의 수행방법에 있어서도 본래 육신이 수단으로 생각되고 있는 것은 아닙니다. 그렇지만 이성이 주도적 역할을 하다 보니, 육신을 수단으로 간주하거나 혹은 "몸"의 중요성을 무시하기 쉬운 것입니다. 예컨대, 과거에 그리스도 신자가 옳지 못한 욕정이나 신앙에 대한 회의로 고민하다가 영적 지도신부를 찾아가서 그 해결책을 물으면, 대체로 다음과 같은 답을 듣는 것이 통례였습니다.

"당신은 시련에 부닥치고 있는 것입니다. 지금이야말로 깊은 신앙심을 불러일으켜, 모진 시련을 겪을 때도 하느님은 결코 당신을 저버리지 않으신다는 것을 마음속으로 굳게 믿고 견디어 내십시오. 강한 의지만 있으면 욕정이나 불신앙에 굴복하지는 않을 것입니다."

이런 조언은 틀린 것이 아니고, 또한 강한 정신력을 가진 사람들에게는 아마 효과도 있을 것입니다. 그러나 별로 의지가 굳세지 못한 사람은 대개 그 조언대로 실행할 수가 없습니다. 더구나 이런 조언은 사람의 마음과 몸이 밀접한 상관관계에 있다는 사실을 무시하고 그저 일종의 정신론으로 흐르고 있습니다.

사실 인간의 번뇌는 마음속 깊이 깃들이고 있어서 이성이나 의지력만으로는 뿌리뽑을 수 없습니다. 이 사실을 세 가지 측면에서 고찰해 보고자 합니다.

첫째로, 우리의 신체는 단지 이성이나 의지력만으로 마음대로 다스릴 수는 없습니다. 욕정과 별로 관계가 없는 스포츠의 경우를 생각해 보면 이 사실이 명백해집니다. 스키를 타본 적이 있는 사람은 책에서 크리스차니아 회전이나 웨델른 기술을 배워 아무리 그것을 몸에 익히려고 노력해도 마음대로 되지 않아서 신물이 나게 좌절감을 맛보았을 것입니다. 더구나 육체와 깊이 연계되어 있는 욕정을 이성이나 의지력으로 다스린다는 것은 얼마나 어려운 일인지 모릅니다. 그럴 수 있다고 생각하는 것은 오만한 사고입니다.

둘째로, 프로이트의 무의식관無意識觀이나 융의 집단적 무의식이 명확히 증명하고 있듯이, 우리의 정념情念이라는 것은 이성이나 의지의 의식적인 활동으로 다스릴 수는 없습니다. 정념의 콤플렉스는 마음의 심층에 파묻혀 있어서, 보통의 이성적인 자기반성으로는 알 수가 없습니다. 그런 콤플렉스를 없애려면 정신분석 요법을 받는다 해도 대단한 인내가 요구되며, 적어도 수년간 병원의 진료실을 정기적으로 찾아야 겨우 고칠 수 있는 것입니다.

또한 셋째로 악습, 곧 사악한 습성이 문제입니다. 이런 습성은 아무래도 이성이나 의지만으로는 바로잡아 고칠 수가 없습니다. 그 좋은 예를 야마오까 뎃슈우의 경우에 볼 수 있습니다. 뎃슈우는 널리 알려진 대로 검술과 서예의 명인이며 동시에 선의 대가이기도 했습니다. 그는 42세 때 동산 오위洞山五位 법문 중 넷째인 겸중지兼中至에 관한 조산 대사曹山大師의 다음 송頌에 들어 있는 공안을 참구參究하기 시작했습니다.

> 두 칼날이 맞부딪쳤을 때는
> 물러설 필요가 없다.
> 뛰어난 검객은
> 마치 불 속에서 피어나는 연꽃 같고,
> 이런 사람은 자기 안에 스스로
> 충천하는 기氣를 지닌다.

3년 뒤에 뎃슈우는 마침내 이 공안을 투과하여 크게 깨달았습니다. 그 직후에 쓴 "용호"龍虎라는 묵적墨蹟이 남아 있는데, 이것과 그 전에 쓴 것을 비교해 보면 "아주 일변했다"고 하겠습니다. 오오모리 소오겐 스님의 말에 의하면, "마치 하늘을 찌를 듯한 기백, 어떠한 것도 범접치 못하게 하는 맹호처럼 넘치는 박력, 하늘을 나는 용처럼 약동하는 선線, 선명하고 유현幽玄한 묵색墨色"이 있다고 합니다(「서예와 선」, 춘추사, 94쪽). 그러기에 뎃슈우는 저 메이지 유신明治維新의 혼란 속에서 여러 차례 생사 관두의 위태로운 고비를 넘기며 에도 성江戶城 무혈 개성開城의 대업을 이룰 수 있었던 것입니다. 그런 뎃슈우조차 미망迷妄의 습기習氣가 남아 있어 이원상대二元相對의 관념에 시달렸다고 합니다. 그런데 마흔아홉 살 때의 봄, 뜰의 화초를 보고 마침내 "생사의 근본을 절단截斷할 수 있었던 것입니다". 그동안 검劍과 선禪을 통해 정신적으로나 육체적으로나 득도得道하는 데 4년이 걸린 셈입니다. 야마오까 뎃슈우 같은 큰 인물도 그렇게 오랜 시일이 걸렸다면, 우리 범인이야 더 말할 필요도 없습니다. 오랜 세월 우리 마음속에 쌓여온 콤플렉스의 잔재는 일조 일석에 제거될 수 없는 것입니다.

습기習氣의 뿌리깊음

선도禪道를 바르게 알기 위해 이 습기 — 망혹의 습성 — 의 문제를 좀더 자세히 논구하고자 합니다. 습기의 뿌리가 깊은 것은 두 가지 원인에서 연유한다고 생각합니다. 사악한 습성은 단지 마음에만 관련이 있는 것이 아니라, "몸" 전체에 배어 있는 것입니다. 이것은 심리학적 용어로 무의식 혹은 집단적 무의식이라고 불리고 있는 것과 관계가 있을 뿐 아니라, 훨씬 더 깊고 더 넓은 범위에 퍼져 있습니다. 나는 이것을 "몸" 전체에 배어 있다고 표현한 것입니다. 앞장에서 말한 바와같이 "몸"은 육체성에 입각해서 살핀 인간 전체를 나타냅니다. 몸은 의식과 무의식을 함께 휩싸고 또한 그것을 초월하는 모든 것을 포괄하고 있습니다. 불교의 "팔식"八識(眼識·耳識·鼻識·舌識·身識·意識·分別識·藏識), 또는 그리스도교의 "근원악"은 물론이요, 개인의 선악의 소행을 넘어선 차원의 업業(karma), 또는 원죄의 영향 등을 "몸"은 총체적으로 내포하고 있습니다. 종교적으로 깊이 생각해 보면, 습기는 이 모든 것과 관련이 있으므로 이성이나 의지의 힘으로는 도저히 억누를 수 없는 것입니다. 그것은 "몸" 전체와 관련이 있기 때문에, 바로 "몸" 전체를 정화하는 데 몰두하지 않는다면 해결할 수 없음이 분명합니다.

습기의 뿌리가 깊은 둘째 원인은, 번뇌가 육체 또는 육체적 욕망의 왜곡일 뿐 아니라, 이성이나 의지 그 자체의 왜곡이기도 하다는 데 있습니다.

예를 들면 이기주의는 모든 사물이나 다른 사람들을 자기 이익을 위해 이용하는 태도라고 보는 것이 일반적인 통념입니다. 그러나 그것뿐이 아닙니다. 이성이나 의지의 활동 그 자체가 이기주의로 기울어지고 있기 때문에 아무리 자기반성을 할지라도 그것을 깨닫기가 어려운 것입니다. 선에서 "자기 똥 냄새는 알아채지 못한다"(碧巖錄, 第七七則)고 말하는 소이가 여기에 있습니다. 견성見性한 뒤 자기는 이미 견성했다는 망상을 안고 이른바 증상만增上慢(최상의 교법이나 깨달음을 얻지 못하고서도 얻었다고 생각하며 스스로 잘난 체하는 교만)에 빠지기 쉬운 것도 이때문입니다. 불교에서 모든 번뇌의 근원을 무명無明이라고 하는 것도 이런 사실을 가리켜 말하고 있을 것입니다. 가장 밝다고 생각하고 있는 이성의 빛 속에 어둠의 맹점이 있는 것입니다. 이것이 무명입니다. 이성이나 의지의 힘만으로는 거기서 결코 벗어날 수 없음은 불을 보는 것보다 더 명백합니다. 이성이나 의지로 무명에서 벗어나려고 애를 쓰면 쓸수록 이기주의는 더욱 강해지고 자기로부터 헤어날 수 없게 되기 때문입니다.

그러면 어떻게 해야 할까요? 대사일번大死一番, 즉 한번 죽었다 다시 살아남으로써 자기 깨달음의 경지를 높이고, 이성도 의지도 초월한 고차적인 지혜에 도달하는 외에 다른 방도는 없습니다. 여기서 대사일번이란 관념적으로 자아를 포기하는 죽음을 뜻하지는 않습니다. 그것은 온 몸 온 마음으로 죽어 자기를 철저히 끊어버리고 완전히 새로운 생명으로 태어나는 것입니다. 그때 비로소 드높은 차원이 열리고 고원한 지혜와 활달한 대자재大自在의 경지에 도달할 수 있습니다. 이것이야말로 참선의 목표가 아니고 무엇이겠습니까?

온 몸을 눈(通身眼)으로 만들다

앞장에서 좌선에 의해 "몸"이 바로잡히고, 또한 "몸"에 숨겨진 엄청난 에너지가 개발된다는 것을 상세히 기술하였습니다. 자세, 호흡, 기력을 동원하고 마음의 가장 깊은 심층에 미치는 대신근大信根, 대의단大疑團, 대용맹심大勇猛心(= 大慎志)까지도 동원하여 "몸" 전체의 대사大死를 목표로 합니다.

마침내 대사의 경지에 이르러 활연대오豁然大悟할 때, 자신의 본래 면목을 깨닫고, 만물과 근본이 같은 자기의 본성을 자각하게 됩니다. 이것이야말로 이성과 의지를 초월한 반야般若의 지혜 — 법의 실다운 이치에 부합한 최상의 지혜 — 입니다. 이 지혜로 "몸"이 조명되고 질서 세워지고 통합될 때 비로소 "자기와 타자의 신심身心으로부터 탈락해" 나갈 수 있습니다. 이 경지에 이르면 습기는 완전히 소멸하게 됩니다.

그러나 습기는 앞에서 말한 두 가지 이유에서 "몸" 전체에 깊이 배어 있기 때문에, 한번의 견성 체험만으로는 이 "몸" 전체의 악습을 깡그리 제거할 수도 없고 무명의 뿌리를 뽑아버릴 수도 없습니다. 또한 비록 한번의 견성으로 마음의 눈이 열린다 할지라도 그 안광眼光이 미약해서 "몸" 전체에 미칠 수도 없고, 마음속 깊은 데 있는 무명의 어둠을 조명할 수도 없습니다. 이러한 조명을 철저히 해내려면 전심전력 참선에 몰두하는 것이 효과적인 방법이라는 것은 이제까지의 "몸"에 관한 설명으로 명백하게 밝혀졌으리라 생각합니다. 이제 독자는 습기로부터 해탈하는 데 좌선과 기관機關, 난투難透 등의 공안 공부가 얼마나 효과적인지 어느 정도 이해할 수 있을 것입니다. 요컨대 앞에서 말한 대로 미망의 습성이 뿌리깊은 이유는 욕정이 육체와 긴밀히 연계되어 있기 때문이요, 또한 무의식이나 업(karma)이 "몸"과 밀접히 결합되어 있기 때문입니다. 좌선에서는 사람의 모든 정신적·육체적 기능이 "몸"의 가장 깊은 심층에까지 미치는 대신근과 용맹심을 동원하는 오직 하나의 행위에 집중되므로, "몸" 전체가 깨치어 견성하게 됩니다. 그러니까 "몸" 전체에 견성안見性眼을 미치어 "온 몸이 하나의 눈(通身眼)이 되게" 하는 데 좌선이 얼마나 효과적인가는 더이상 설명할 필요가 없을 것입니다. 동시에 "몸" 전체가 하나의 눈이 되는 데 공안 공부가 중요한 역할을 하는 것은, 앞에서 말한 대로 "몸" 전체가 화두話頭(= 公案)와 완전히 하나가 되어버릴 때 그것은 절로 풀리기 때문입니다.

화두와 하나가 된다는 것은 예컨대 "마대사 불안"馬大師不安(碧巖錄, 第三則)의 경우 죽음에 직면하고 있는 마조馬祖 자신이 되어버린다는 뜻입니다. "몸"

전체로써 참으로 죽지 않는다면 이 화두의 답을 얻을 수 없습니다. 만약 임종하는 마조의 입장이 될 수 있다면 틀림없이 대사일번大死一番할 수 있을 것이니, 거기서 드높은 지혜와 고상하고 활달한 자유자재의 경지가 절로 생겨날 것입니다. 이것은 곧 "몸" 전체가 점차 하나의 눈이 되어가는 것이 아니겠습니까? 좀더 부연해 말하자면, 좌선에서는 몸과 마음이 안정되고 모든 상념이 끊어지며 영육靈肉간의 전존재가 집중되고 통일됩니다. 그러면 이제까지의 얕고 좁은 의식상태에서 벗어나 더 높고 더 넓은 깨달음의 경지로 오르게 됩니다. 거기서 시원스러운 자유의 천지가 열리고 지혜는 드높고 드넓은 시야를 가지게 됩니다. 바로 이때 공안은 절로 풀리고, 동시에 지혜는 자각적이고 투철하고 확고부동한 것이 됩니다. 신플라톤파 철학의 원리에 의하면 능력이 높으면 높을수록 그 통제력도 더 광범위하게 더 철저히 미친다고 합니다. 따라서 그런 높은 경지의 지혜는 "몸"의 구석구석까지 통합하여 질서를 세울 수 있게 됩니다. 그리고 마침내 몸 전체가 눈(通身眼)이 되는 것입니다. 다시 말해서 "몸" 전체에서 지혜의 빛이 발하여 세상을 비추어 밝히는 것입니다. 이것이야말로 선이 목표로 하는 "몸"의 철저한 정화라고 나는 생각합니다.

5. 참된 배움이란 무엇인가

백장야호百丈野狐(無門關, 二)
영원한 생명(1요한 1,2)

배움이란

　나는 선에서 많은 것을 배웠습니다. 너무 많아서 일일이 열거할 수 없을 정도입니다. 이제까지 몇 장에 걸쳐 그 주요점만 간추려 말했습니다. 내가 선에서 배운 것을 이 장에서 한 가지만 더 말하겠습니다.
　도대체 배운다는 것은 무엇을 의미할까요? 본론으로 들어가기 전에 이 문제를 약간 생각해 봅시다. 일반적으로 배운다는 것은 이제까지 몰랐던 것에 관해 어떤 스승한테서 가르침을 받는다는 뜻으로 생각되고 있습니다. 이것을 학습이라든가 지식 획득이라고 말하고 있습니다. 현대의 사회생활에서 가장 중요시되고 있는 "정보" 같은 것은 그 대표적인 예입니다.
　그러나 배운다는 것에는 더 중요한 국면이 있습니다. 서양에서는 플라톤의 상기설想起說이 그것을 명백히 밝히고 있습니다. 상기설에 의하면 배운다는 것은 실은 잊었던 것을 상기해 내는 것이라고 합니다. 플라톤은 인간의 혼이 불사불멸하는 것이니 그 안에 모든 지식의 씨를 간직하고 있다고 생각했습니다. 그러니까 어떤 의미에서 혼은 모든 것을 함축적으로 알고 있다고 말할 수 있습니다. "만약 사람이 용기를 가지고 꾸준히 탐구해 나간다면, 어떤 한 가지 일을 상기해 내고, 그것이 계기가 되어 저절로 다른 모든 것을 깨닫게 된다는 것도 충분히 있을 수 있는" 일입니다. 선의 참학參學도 기본적 성격에 있어서는 이 상기설과 비슷합니다. 선에서는 중생이 본래 불佛이며 이 사실을 깨닫기만 하면 된다고 가르칩니다. 그러니까 자기가 본래 불이라는 사실을 깨닫는 것이 선에서의 배움입니다. 이런 점에서는 플라톤의 설과 비슷합니다. 그러나 선에서의 배움은 상기설과 근본적으로 다른 점도 있습니다. 플라톤의 설에서는 아는 것을 생각해 낼 수 있는 지력知力을 이용하여 지식을 얻는 것이 문제이지만, 선에서는 "대사일번, 절후소생絶後蘇生(한번 죽고 완전히 새로 살아남)"을 하지 않으면 안됩니다. 전인적인 전환(회개)을 통해 비로소 자각되는 "참된 자기"가 문제입니다. 선에서의 이런 배움의 구체적인 길은 좌선에 의한 신심학도身心學道, 곧 몸과 마음을 온통 바쳐 구도求道에 정진하는 것입니다.

내가 선에서 배운 것은 우선 학구적인 것이 아닙니다. 나는 선에서 많은 것을 배웠지만 그 공통적인 근본 성격을 요약한다면 신심학도에 의한 "참된 자기"의 자각이라 할 수 있습니다. 나는 신학을 공부하던 시절에 학문적 지식과 종교적 체험의 불균형으로 고민하였습니다. 이 문제를 해결하는 방법을 선에서 배운 것입니다. 먼저 그 경험을 말해 보겠습니다.

내가 배운 가톨릭 신학이란, 알기 쉽게 말하면 성서에서 이야기하고 있는 "사건들"에 관한 학문이라고 할 수 있습니다. 그 근간은 성서에 기록된 하느님의 계시 "사건"입니다. 이 "사건"을 그리스 사상과 근대사상에 의거해 학문적으로 해명한 것이 가톨릭 신학입니다. 그리스 사상, 특히 아리스토텔레스의 철학은 주지주의적이고 추상적이니, 그것을 근거로 발전하게 된 신학도 주지주의적이고 추상적인 성격을 띠게 된 것은 당연합니다. 그 결과 신학은 성서의 "사건들"에서 점점 멀어졌고, 그때문에 생생한 그리스도교적 체험과는 단절된 추상론으로 기울어지는 경향이 생겼습니다. 바로 여기서 나의 고민이 싹튼 것입니다.

학문과 신앙의 불균형

나는 구제舊制 대학을 졸업하고 3년 뒤에 가톨릭의 예수회라는 수도회에 입회하였습니다. 2년간의 수련기를 거쳤는데, 그동안 나는 선의 승당생활과 같은 점이 많은 영적 수행에 전념하였습니다. 그후 3년간 철학을 배우고 1년 동안 모 중학교에서 교편을 잡은 다음, 4년간 신학을 연찬研鑽하였습니다. 이렇게 여러해에 걸쳐 공부를 하는 동안 내가 지적인 면에 많이 치중하게 되었음은 부정할 수 없습니다. 그리스도교에 대한 지적인 이해는 현저하게 깊어졌지만, 종교적 체험이란 국면에서는 별로 진보를 하지 못했습니다. 더구나 나는 신앙을 일상생활에서 실천하는 데는 게을렀습니다. 그 결과 학문과 신앙의 불균형, 지적 이해와 종교적 체험의 불균형이 해가 갈수록 내 안에서 심해지게 되었습니다.

그런데 다 아는 바와같이 선에서는 쓸데없는 추상론적 토론을 하지는 않습니다. 직지인심直指人心 견성성불見性成佛하는 것이 그 종지宗旨라 할 수 있습니다. 그러나 이것은 법리法理(교법의 원리)를 무시한 체험주의로 전락함을 의미하지는 않습니다. 독참獨參에서 입실하여 사승師僧에게 자기 견해見解(혹은 見處)를 제시하는 경우에, 추상적인 언어를 쓰지 말고 (간결한 말이나 동작으로) "꾸밈없는" 견성 체험을 그대로 표백하지 않으면 안됩니다. 그러나 동시에 어디까지나 법리에 확고히 입각한 견해여야 합니다. 그 예로서 조주趙州 스님의 무자無字 공안을 생각해 봅시다.

> 趙州和尙이 因 僧問 狗子還有佛性也 無니까, 州云, 無하다(無門關, 第一則).
> (역: 조주 스님에게 어느 때 중이 묻기를, "개에게도 불성이 있습니까 없습니까" 하니, 조주 스님은 답하기를 "없다" 하였다.)

이것은 너무나 유명한 공안이니 자세히 설명할 필요는 없을 것입니다. 이 공안을 참구하는 수행자는 두뇌로 "일체중생, 실유불성悉有佛性"이라는 불교 교리를 고찰하는 것이 아닙니다. 오히려 모든 추리작용과 사고작용을 방하放下합니다. 오직 바른 자세로 단좌하여 호흡을 조절하고 허심虛心으로 "무!" 無라고 외면서 이 "무우!"에 정신을 집중하고 통일합니다. 그리고 불성 자체인 자기자신에게로 돌아와서 거기서 자신의 본래 면목에 눈뜨게 되는 것입니다. 이 본래 면목은 만물과 근본이 같습니다. 그래서 자신의 본래 면목에 눈뜨게 되면, 만물이 곧 자기자신(萬物卽我)이요, 전체가 곧 부분(全卽個)이라는 근본 도리를 명확히 이해하게 됩니다. 좀더 알기 쉽게 말한다면, 삼라만상이 부처의 생명이라는 것을 명확히 깨치게 되는 것입니다. 이런 선 체험에는 불교의 법리가 맥맥히 생동하고 있지만, 이때 그것이 추상적으로 표현되는 것은 아닙니다.

우선 무란 무엇인가 하고 머리로 생각하는 모든 지적 사변思辨을 배제해야 합니다. 결가부좌하여 호흡을 조절하고 순일무잡純一無雜하게 무우라고 외며 완전히 그 무와 하나가 되어야 합니다. 이렇게 "오래오래 두고두고 완전히 익으면 자연히 내외가 타성하여 하나"(久久純熟, 自然內外打成一片)가 됩니다(無門關, 第一則). 여기서 본연의 자기에 눈뜨게 됩니다. 그것은 동시에 만물과 근본이 같은 "자기자신"에 눈뜨는 것입니다. 이것을 추상적인 용어로 표현하면 만물즉아萬物卽我, 전즉개全卽個, 다즉일多卽一 등등의 말로 나타낼 수 있겠지만 사승과 단독 문답을 하는 실내에서는 이런 추상적 표현을 써서는 안됩니다. 그러나 실내에서 제시하는 견해는 이런 이론을 중축으로 삼아야 합니다.

스키 이론

나는 여러 가지 공안을 상량商量하는 중 법리와 견성 체험이 서로 다음과 같은 관계에 있다는 것을 알게 되었습니다. 스키의 예를 들어 그것을 설명해 보겠습니다. 스키 타는 법을 책에서 이론적으로 배웠다 해도 그것은 참으로 스키를 습득했다고는 말할 수 없습니다. 실제로 눈 위에서 스키를 신고 경사면을 활주하면서 그 지치는 방법에 스키 이론을 적용하여 산 동작으로 실행하였을 때 비로소 제법 스키를 타는 사람이 됩니다. 이때 그 이론은 책 속에 씌어 있는 "탁상공론"이나 단지 머리로 이해한 추상론이 아니라, 그의 몸 속에 구체화되어 살아 있는 것입니다. 이와같이 진짜 이론은 스키의 활주 자체를 "구성"하게 됩니다. 그러나 확고한 이론에 의거하지 않은 스키 타기는 제멋대로여서 서툴고 그 숙달의 진도가 느립니다. 물론 이런 사람은 다른 사람들에게 가르칠 수도 없습니다.

선의 견성도 마찬가지입니다. 불교 이론을 학문적으로 배우더라도 그것만으로 선 체험에는 이르지 못합니다. 그러나 한편으로 선은 불교 교리를 무시하지는 않습니다. 선은 법리를 마음과 몸으로 체득하는 것입니다. 견성을 체험할 때 그 법리는 견성자의 몸과 마음속에 "살아" 있으면서 견성 체험을 생생하게 "구성"하고 있습니다. 깨달음이란 이 법리를 대상으로 고찰하는 것이 아닙니다. 오히려 살아 있는 자기 안에서 이 법리를 알아차리는 것입니다. 따라서 견성이란 성性(인간의 본성)을 대상으로 보는 것이 아니라, 오히려 성이 보는 그 자체, 곧 견見이 되는 것이라고 합니다. 그러니까 법리에 의거하지 않은 견성은 진짜가 아닙니다. 또한 이런 법리에 따라 조리를 세우지 않은 종교 체험은 다른 사람을 인도할 수 없고 중생을 제도하는 보살행도 실현할 수 없음은 두말할 필요도 없습니다.

공안 "백장야호"百丈野狐

견성과 법리의 상호관계를 "백장야호"란 공안으로 좀더 깊이 고찰해 봅시다.

> 百丈和尚이 凡參次에 有一老人하여 常隨衆聽法하되 衆人退하면 老人亦退러니 忽一日不退할새 師遂問하되 面前立者는 復是何人고 하니 老人云 諾하고 某甲은 非人也라 於過去迦葉佛時에 曾住此山이러니 因學人問하되 大修行底人이라도 還落因果也無니까 某甲對云하되 不落因果라 하고 五百生에 墮野狐身이로소이다. 今請 和尚代一轉語하여 貴脫野狐니다. 遂問하되 大修行底人도 還落因果也無니까. 師云하되 不昧因果니라 하였더니 老人言下에 大悟하니라. … (후략)(無門關. 第二則).

백장 화상은 백장산百丈山 대지원大智院에 계셨던 회해懷海 선사(720~814)를 말합니다. 스님은 선의 수행 도량道場 규칙을 최초로 만든 분입니다. 이 규칙은 「백장청규」百丈淸規라고 불리며 그후 선 도량 규칙의 모범이 된 바 있습니다.

이 백장 스님이 매일 설법할 때마다 한 노인이 늘 청중들 뒤에서 열심히 듣고 있다가 청중이 물러가면 그 노인도 역시 물러가곤 하더니, 어느 날은 설법이 끝나고 청중이 다 물러갔는데도 이 노인만이 버티고 서 있었습니다. 백장 스님은 이상히 여겨 "그 앞에 서 있는 사람은 누구냐?"고 물었습니다. 그러자 노인이 대답했습니다. "저는 사람이 아니옵니다. 옛날 가섭불의 재세시 이 백장산의 주지였습니다. 그때 어떤 학인이 나에게 묻기를 '크게 수행한 사람도 도리어 인과에 떨어집니까, 아니 떨어집니까?' 하길래 제가 대답하기를 '인과에 떨어지지 아니한다'(不落因果)라고 했더니, 이 잘못된 대답 때문에 오백 회나 생을 바꾸어가며 기나긴 세월 여우의 몸으로 지내왔습니다. 바라옵건대, 저를 대신하여 스님께서 일전어─轉語(心機를 一轉시켜 깨치게 하는 말)의 법문을 들려주시어, 이 여우의 몸에서 벗어나게 해주십시오." 그리고 다시 묻기를 "크게 수행한 사람도 도리어 인과에 떨어집니까, 아니 떨어집니까?" 하니 백장 스님이 "인과를 무시하지 않느니라"(不昧因果) 하고 대답했습니다. 이때 노인은 그 말이 끝나자마자 크게 깨달아 여우의 몸을 벗어날 수 있었다는 이야기입니다.

불교 교리 ─ 인연因緣과 공성空性

불교 교리의 중심적인 가르침 가운데 인과법因果法이라는 것이 있습니다. 앞의 공안은 이 법리에 관한 매우 흥미있는 이야기입니다. 우선 교리의 측면에서 생각해 봅시다. 인과란 원인과 결과를 뜻하며, 인연karma이라고도 합니다. 모든 존재는 인연으로 말미암아 생멸生滅합니다. 왜 인연으로 말미암아 생멸하는가? 만물의 본성은 공성이고 따라서 그 생기生起는 조건이나 원인에 달려 있기 때문입니다. 모든 것은 이 인연과 공성으로 말미암아 존재하게 됩니다. 더구나 이 두 가지는 부즉불리不卽不離(같지도 않고 그렇다고 따로 떨어져 있는 것도 아님)로서 하나의 사실을 이루고 있는 것입니다. 공안에 나오는 불락인과不落因果는 인과의 법칙에 지배되지 않는다는 것, 즉 인과법에서 벗어나 자유롭다는 것을 의미하니, 공성에 해당됩니다.

한편 불매인과不昧因果는 인과의 법칙을 속일 수 없다는 것, 즉 법을 무시하지 않고 인과대로 산다는 것을 의미하니 인연에 해당됩니다. 따라서 인연과 공성이 부즉불리로서 하나의 사실을 이루고 있다면, 불락인과와 불매인과도 부즉불리로서 하나의 사실을 이루고 있습니다. 교리적으로 말하면 앞의 공안에서 터득해야 하는 것은 바로 이와 같은 법리입니다.

그러나 이런 교리적 설명은 머리로써 이해된 "탁상공론"에 지나지 않습니다. 실제의 인과법은 만물을 "구성"하고 있는 "산" 법입니다. 그것은 진정한 스키 이론이 정말 스키를 잘 타는 사람의 몸 안에 살아 있는 것과 비슷합니다. 이 산 법을 체득하려면 어떻게 해야 될까요? 머릿속에서 그 답을 생각해 보았자 소용없습니다. 인과의 법칙을 깨닫는 가장 좋은 방법은 선의 신심학도身心學道입니다. 그것은 스키를 타는 데 숙달하려면 직접 몸으로 스키를 타보는 외에 다른 방법이 없는 것과 같습니다. 모든 이론적 고찰을 끊어버리고 완전히 여우와 일체가 되어버릴 때 비로소 인과법을 터득할 수 있습니다. 왜냐하면 인과의 법칙은 만물을 지배하는 법칙이며, 끊임없이 나도 여우도 구성하고 살게 하는 것이니, 내가 완전히 여우와 일체가 되어버릴 때 그 법은 나에게 현전現前하여 스스로 환히 드러나겠기 때문입니다. 이때 "선 수행자가 공안과 완전히 하나가 되면 견성은 구하지 않아도 절로 찾아온다"는 말이 현실적으로 실현되는 것입니다.

풍류스럽지 못한 것도 풍류스러운 것

그런데 이 인과법을 증오證悟하면 어떻게 되는 것일까? 대자연과 온 세상을 지배하는 인과의 법칙과 조화되게 처신하며 자유자재의 경지에서 살아갈 수 있습니다. 이이다 도오인飯田檔隱 스님은 이 경지를 다음과 같이 설명합니다.

여우가 여우로서 안주하며 다른 것을 부러워하지 않을 때를 불佛이라고 한다. 사람이 스스로 만족하지 않고 다른 것을 찾을 때를 여우라고 한다. 보라! 바위 밑에서 여우의 몸을 벗어났다고 해서 털끝 하나 줄지도 않고 늘지도 않는다. 태어나자 울었고, 또한 죽으니 다른 것과 마찬가지로 썩었다. 풍류스럽지 못한 것도 풍류스러운 것, 백장은 죽은 중의 장례를 치렀다. 그의 처분은 참으로 멋진 것이야. 여우든 중이든 안주하게 되면 인과에 있어서 추호도 차이가 없다는 것을 보여준 거야. 안주란 자기자신을 완전히 잊어버리고 있는 그대로의 자기가 되어버린 경계야.

이 공안의 주안점은 인과에 관한 불교 교리를 머리로만 이해할 것이 아니라, 몸으로 체득하고 자유롭고 활달한 삶을 영위케 하는 데 있습니다. 인과의 법칙에 따라 날씨가 어떤 때는 궂고 어떤 때는 쾌청합니다. 일생을 살아가다 보면 병에 걸릴 때도 있고 사업에 실패할 때도 있습니다. 그때그때 (온갖 집착과 분별에서 벗어난 청정하고 고요한) 무심無心의 태도로 자신이 종사하고 있는 일과 완전히 일체가 되어버린다면 보람찬 생애를 보낼 수 있습니다. 고금 동서의 뛰어난 선자禪者들이 "바람에 떠가는 구름처럼, 흐르는 물처럼" 표표히 자유롭게 살아갈 수 있었던 비결도 이런 데 있지 않았을까 여겨집니다.

만약 선이 법리를 무시하고 체험만을 주장하고 강조했더라면, 앞에서 말한 나의 번민은 해결되지 않았을 것입니다. 왜냐하면 내가 그런 선을 배웠더라면 신학을 무시하고 그리스도교적 체험에만 지나치게 열중하게 되고, 그 결과 더욱더 정신의 균형을 잃게 되었을 것이기 때문입니다. 정신의 균형은 교리와 체험을 다같이 살려 두 가지를 조화되게 통일할 때 비로소 얻어지는 것입니다. 진정한 선은 머릿속에 들어찬 교리에 얽매여 말만 앞서고 행동이 따르지 않는 상태를 타파하고, 앞에서 말한 대로 교리를 주체적으로 생활화하며 교리와 체험을 조화되게 통일하는 인간을 창출하는 것입니다.

나는 선으로 말미암아 교리를 주체적으로 생활화하는 인간으로 변하였습니다. 이 실존 변혁은 그리스도인으로서의 나의 생활 자체에도 깊은 영향을 미쳤습니다. 그 결과 나는 머릿속에 들어찬 신학 지식에 얽매여 말만 앞서고 행동이 따르지 않던 인간에서 그리스도교 교리를 몸으로 생활화하는 인간으로 서서히 변해간 것입니다. 이때 나는 선에서 배운 방법을 나의 그리스도교적 생활에 일부러 응용한 것은 아닙니다. 오히려 선도에 정진하다 보니 저절로 나의 그리스도교적 생활이 점차 변해갔던 것입니다. 이와 같이 나의 실존 속에서 가톨릭 신학과 그리스도교적 체험이 통일됨으로써 나의 고민거리도 자연히 사라지게 되었습니다. 여기서 특기해야 할 것은, 내가 여러해 동안 고심하며 연찬해 온 신학이 헛되지 않았다는 것을 발견한 사실입니다. 실제로 경험해 보지 못한 사람에게는 이상하게 들릴는지 모르지만, 나는 선 수행을 함으로써 불교에 관해 배웠을 뿐 아니라, 또한 그리스도교를 이전보다 더 깊이 터득하게 되었던 것입니다.

성령의 입김 부는 대로

이런 사정을 그리스도교의 본질에 입각한 관점에서 설명해 봅시다. 그리스도교의 본질은 하느님의 계시라는 "사건"입니다. 이 계시는 이스라엘 민족의 역사 과정에서 점차 발전해 오다가 마침내 그리스도의 삶에서 그 절정에 도달했습니다. 그리스도, 그 생애의 "사건들", 특히 그분의 수난과 십자가상의 죽음과 부활은 하느님의 가장 중대한 자기계시입니다. 그리스도의 선교는 이 하느님의 계시 사건을 불완전한 형식으로 설명했을 뿐입니다. 제자들은 그리스도의 이런 "사건"을 몸소 체험하고 거기서 하느님의 참된 생명을 보았던 것입니다. 사도 요한은 그 체험을 다음과 같이 요약하고 있습니다.

> 과연 생명이 나타나셨고 우리가 영원한 생명으로 보았으므로, 이에 관하여 우리는 증언하며 여러분에게 알립니다. 이 생명은 아버지와 함께 계셨으며 이제 우리에게 나타나셨습니다(1요한 1,2).

더구나 이 영원한 생명은 제자들에게도 주어졌습니다. 그들은 자기들이 이 생명으로 말미암아 살고 있다는 사실을 자각했습니다. 앞의 인용문 가운데

"생명이 나타나셨고 우리가 영원한 생명으로 보았다"는 말은 단지 그리스도의 삶에서 "영원한 생명"을 보았다는 것만을 뜻하지는 않습니다. 그 말에는 또한 자기들이 같은 생명을 살고 있다는 자각도 함축되어 있습니다. 그리스도의 삶과 우리의 삶은 부즉불리不卽不離의 관계에 있습니다. 우리는 그리스도와 같은 삶을 살고 있는 것입니다.

그러므로 그리스도교의 본질은 그리스도교 교리에 있지 않고, 오히려 그리스도와 함께 사는 삶에 있습니다. 교리는 본디 이 삶을 구성하는 원리입니다. 그리스도께서는 그것을 말로 설교하셨고, 사도들은 그것을 구체적으로 부연·확대하였고, 후대의 신학자들은 그것을 그리스 사상과 근대사상에 입각하여 학문적으로 설명했습니다. 이렇게 해서 추상적인 신학체계가 생겨났습니다. 이런 신학적 이론은 원래 그리스도와 함께 사는 삶의 구성원리에서 비롯한 것입니다.

나는 그리스도인으로서 언제나 이 그리스도교적 삶을 살고 있습니다. 그러면서도 불교에서 말하는 "본래의 자기"가 내 안에서 그리스도교적 삶과 따로 떨어져 살고 있는 것은 아닙니다. 그러니까 내가 선 수행에 정진하여 "본래의 자기"에 눈뜸에 따라, 이 자기와 일체인 그리스도교적 삶에도 눈뜨게 된 것은 당연합니다. 이렇게 생각한다면 선의 실수實修가 나로 하여금 참된 그리스도교를 터득하도록 이끌었다는 것을 별로 이상하게 여길 필요는 없을 것입니다.

그런데 이런 "영원한 생명"을 자각할 수 있다면 어떠한 경지에 도달할까? 인과의 법칙을 직증直證한 선자禪者가 그토록 자유로운 경지에 도달한다면, 그와 비슷하게 "영원한 생명"을 깨닫는 그리스도인도 틀림없이 하느님의 영으로 충만하여 참으로 행복한 생애를 보내게 될 것입니다. "영원한 생명"에 눈뜬 사람은 그 생명의 입김이 끊임없이 온 세상을 움직이고 있다는 것을 명확히 알아볼 수 있기 때문에, 그 입김 부는 대로 자기를 내맡기고 더할 나위 없이 즐겁게 자유로이 살아갈 수 있습니다.

제2부

공안公案과 성서聖書

1. 침묵은 말한다

구지수지俱胝竪指 공안(無門關. 三)
간음한 여자와 예수(요한 8.1-11)

간음한 여자 앞에서
　내가 가장 좋아하는 성구聖句의 하나는 다음 대목입니다.

　　예수께서는 올리브 산으로 가셨다. 이른 아침에 예수께서 다시 성전에 오시자 백성이 몰려왔고, 그분은 앉아서 가르치셨다. 그때 율사들과 바리사이들이 간음하다가 붙잡힌 여자를 데려와 가운데 세워놓고 말했다. "선생님, 이 여자는 간음하다가 현장에서 붙잡혔습니다. 모세는 율법에서 이런 여자를 돌로 치라고 했는데 선생님은 뭐라고 하시겠습니까?" 이것은 그들이 예수를 고발할 구실을 얻으려고 떠보며 물은 것이다. 예수께서는 몸을 굽혀 손가락으로 땅에 무엇인가 쓰고 계셨는데 그들이 연거푸 물으니 몸을 일으키며 말씀하셨다. "당신들 가운데 죄없는 사람이 먼저 돌을 던지시오." 그리고 다시 몸을 굽혀 땅에 무엇인가 쓰셨다. 그러자 듣고 있던 사람들이 나이 많은 이부터 하나하나 떠나가 예수만 남게 되었고 여자는 가운데 그대로 있었다. 예수께서 몸을 일으켜 말씀하셨다. "부인, 그들이 어디 있소? 단죄한 사람이 아무도 없지요?" "아무도 없습니다, 주님" 하고 여자가 대답하자 예수께서 말씀하셨다. "나도 단죄하지 않습니다. 가시오. 그리고 이제부터 다시는 죄를 짓지 마시오"(요한 8.1-11).

　내가 알고 있는 어느 선자禪者는 성서의 이 대목을 읽고 깊이 감동하였다고 했습니다. 그리고 이렇게 덧붙여 말했습니다. "성서의 이 대목으로 미루어 짐작건대, 예수는 우리 선자와 같은 체험을 했던 것은 아닐까요?"

확실히 이 대목을 조용한 마음으로 읽어보면, 거기에 묘사된 예수의 모습에는 선적禪的이라 할 수 있는 정밀靜謐하고 투철한 경지가 절로 드러남을 감지할 수 있을 것입니다. 그분은 어딘가 선의 조록祖錄에 묘사되어 있는 조사祖師들의 모습을 방불케 합니다.

여기서 이 성구와 공안 "구지수지"와의 비교에서 찾아볼 수 있는 유사점을 들어봅시다. 첫째로 알아볼 수 있는 유사점은 그리스도나 구지 두 사람 다 지적知的으로는 해결할 수 없는 어려운 문제가 제기되자 그것을 기발하게 판가름한 점입니다. 둘째로 그 판가름하는 방법이 양쪽 다 뜻밖의 행동이나 말, 아니 침묵으로 응답하고 있습니다. 이를테면 대답이랄 수 없는 대답으로 응대하고 있는 것입니다. 셋째로 양쪽이 다 매우 간결하고 쉬운 말로 응답하면서도 상대로 하여금 자기성찰을 하도록 이끌고 있습니다. 더구나 그 간결한 말은 장광설의 긴 설명보다도 더 중대한 결과를 낳고 있습니다. 그리고 넷째로 양쪽이 다 벌한다든가 벌하지 않는다든가 하는 이원상대적二元相對的 견해를 초월하여, 그런 처벌이나 비처벌이 지양된 높은 차원의 경지에 있습니다.

예수에게 들이댄 어려운 질문은 그분에게 올가미를 씌우려는 악의에서 제기된 것입니다. 이 질문에는 바리사이들의 심술궂은 흉심이 숨겨져 있습니다. 간음하던 현장에서 붙잡힌 여자가 예수 앞으로 끌려왔습니다. 치욕으로 풀이 죽은 여자의 몰골은 민망하리만큼 초라했을 것입니다. "네가 설교하는 사랑의 가르침에 따른다면, 이 여자도 용서해야 할 것이다. 하나 그렇게 되면 우리 유대인의 최고 법률인 모세의 율법을 어기는 것이 된다. 모세는 간음한 여자는 돌로 쳐죽이라고 명하였으니까. 너는 무슨 권리로 이 율법을 깨뜨리는가. 또 한편 만약 이 여자를 돌로 쳐죽여야 한다고 네가 말한다면 네가 설교하는 사랑의 가르침과 모순이 되지. 자, 뭐라고 말하겠는가?" 바리사이들은 이렇게 예수를 다그치고 있는 것입니다.

침묵은 말한다

수년 전 대학가의 분쟁으로 한창 소란스러웠을 때 나는 십여 명의 좌익 학생들에게 둘러싸여 격렬한 힐문의 공세를 받은 적이 있습니다. 학생들은 젊은이 특유의 격정으로 흥분하여 험악한 기세로 신랄한 질문을 나에게 퍼부었습니다. 앞의 성서 대문을 읽으면 그때 내가 체험한 중압감이 생각납니다. 예수께서 당하신 처지는 나의 경우와 비슷하지 않았을까요? 보통 사람이면 정신이 헷갈려 적절하게 응대하지 못했을 것입니다. 그러나 예수께서는 결코 평소의 평온한 침착성을 잃지 않으셨습니다. 그뿐 아니라 상대의 서슬이 시퍼런 격정을 침묵으로 응대하여 누그러뜨리고 그 논란의 속임수를 보기좋게 폭로하셨습니다.

실은 내가 이런 점을 깨달은 것도 선을 배우기 시작한 후였습니다. 침묵 자체도 이야기를 하고 더구나 그것이 구두 설교보다 더 많은 것을 가르칠 수 있다는 것은 그전에도 이론으로는 알고 있었지만, 그것을 "몸"으로 배운 것은 본격적으로 좌선을 하기 시작한 후의 일입니다. 그리고 인간이 아무런 행동도 말도 하지 않고 여러 가지를 다른 사람들에게 가르치고 심지어 그들을 변화시키는 힘을 본래부터 갖추고 있음을 깨닫게 된 것은 극히 최근의 일입니다. 독참獨參 때 대하는 사승의 무언의 모습이 그런 것을 깨닫는 데 큰 도움이 되었음은 말할 나위도 없습니다. 독참 때 실내에서의 이 무언의 가르침은 이심전심의 지혜 전수로서 말로는 표현할 수 없으며, 따라서 여기서는 무어라 설명할 수 없습니다. 그러나 이미 앞에서 언급한 "몸의 언어"에 관한 현상학적 설명이 그 해명의 단서를 제공해 줄 것입니다. 그러니 앞에서 설명한 바를 상기하면서 공안 하나를 예로 들어 그것을 좀 깊이 참구함으로써 예수님 "몸"의 그 무언의 "이야기"에 접근해 보고자 합니다.

"몸"이 말한다

"몸"의 현상학에서 알 수 있는 바와같이 "몸"은 소리 내어 말은 하지 않더라도 이야기를 합니다. 이 "몸의 언어"는 그 본질상 입으로 발성하는 언어보다 선행하며, 동시에 그것은 이 구두 언어를 낳는 원천입니다. 입으로 말하는 이야기란 그때그때 그 자리의 화제에 맞추어 주고받게 되므로 으레 그 상황에 한정되어 있습니다. 게다가 이 말로써 모든 것을 전달할 수도 없습니다. 오히려 말이 많으면 많을수록 이야기의 의미가 가벼워지고 실없는 수다가 된다는 것은 우리가 일상생활에서 자주 경험하고 있는 바입니다. 그러나 "몸의 말"은 입으로 발성하는 말의 원천이니, 마치 아무리 길어 내도 마르지 않는 샘과 같습니다. 그것은 무어라 표현할 수 없는 무언의 "말"로 그 사람 "전체"를 "이야기하고" 있는 것입니다.

더욱이 마음속 심층의 형언키 어려운 생각들은 말을 통해서보다 오히려 "몸"을 통해서 겉으로 드러나게 되는 것입니다. 빈스원거Binswanger의 "신체언어"가 그 좋은 예입니다. 그의 진료를 받은 환자들 가운데 젊은 여성이 있었습니다. 그녀는 애인을 만나러 가고 싶어서 몸이 달았지만, 모친은 무자비하게 그것을 금했습니다. 딸은 어머니에게 대들거나 반항하여 그 울분을 터뜨릴 수도 없어 몸부림치며 괴로운 나날을 보냈습니다. 어느 날 이 젊은 여성은 갑자기 심한 트림과 딸꾹질을 하며 토하고 신음하다가 마침내 병이 났습니다. 내과 병원을 찾아 진찰을 받았지만 신체상의 병인病因은 하나도 발견되지 않았습니다. 그래서 빈스원거 교수의 정신과를 찾아 진찰을 받았습니다. 오랜 진찰 결과, 그녀는 어머니에 대한 반항의 감정을 말로 표현할 수가 없어서 "몸"으로 그 울분을 "이야기하고" 있었다는 것을 알게 되었습니다. 트림, 딸꾹질, 구토는 어머니의 무자비한 금족령을 "삼킬 수 없으니 토해 버릴 수밖에 없었다"는 것을 말하고 있었던 것입니다. 이것은 병자의 경우이지만, 보통의 정상적인 사람도 자기 마음속의 가장 깊은 생각은 말로 표현할 수는 없고 "몸"으로 "이야기할" 수밖에 없습니다. 더구나 인간의 가장 고상하고 뜻깊은 행위인 종교 체험은 말로 다 표현할 수는 없으며, "몸" 전체로 "이야기하여" 전하는 수밖에 없습니다.

다시 "구지수지" 俱胝竪指

여기서 다시 한번 공안 "구지수지"를 공부해 보고자 합니다. 구지 스님은 크게 깨친 후, 한평생 말로는 설법을 하지 않고 오직 손가락 하나를 세워보임으로써 제자들을 지도했다고 합니다. 어떻게 그럴 수 있을까요? "몸"의 현상학에 따라 그 이유를 다음과 같이 설명할 수 있습니다.

구지 스님은 투철한 깨달음의 경지에 도달한 분이기 때문에, 틀림없이 그런 경지가 "몸"에 생생하게 드러나고 있었을 것입니다. 그러나 구지 스님의 "몸"에서 그런 고매한 경지를 감지하려면 보는 사람이 그것을 통찰할 수 있는 안식眼識이 있어야 합니다. 그런 안식이 없는 사람에게는 "몸의 말"이 들리지 않습니다. 더구나 구지 스님이 조용히 앉아 있을 때는 그 "몸"도 움직이지 않고 가만히 있는 상태여서, 그 생생한 대오大悟의 경지를 꿰뚫어 보기가 더욱 어렵습니다. 아직 깨닫지 못한 사람의 눈을 열어 이런 "몸의 말"을 알아듣게 하고 자기의 본래 면목을 깨치게 하려면 어떻게 도와 주어야 할까요? 제일 먼저 생각할 수 있는 방법은 말에 의한 설법입니다. 이것은 손쉽고 명료하여 보통으로 단시일에 종교를 가르치려는 경우에 사용되는 방법입니다. 그러나 이 방법은 가장 깊은 종교적 체험 — 선의 깨침이나 그리스도교의 신비 체험 — 을 하도록 사람을 인도하는 데는 불충분할 뿐 아니라, 도리어 그릇된 경험을 시키는 동기가 될 수도 있습니다. 거기에는 두 가지 이유가 있습니다. 첫째로, 깨달음이란 인간 전체의 실존 전환이며, 따라서 말에 의한 설득으로는 성취될 수 없습니다.

둘째로, 깨달음의 경지는 말로는 설명될 수 없습니다. 말로써 그것을 설명하려고 하면, 마치 종이에 그린 떡과 같이 겉으로는 비슷하게 보이지만 사실은 진짜와 전혀 다른 엉뚱한 내용을 전하게 됩니다. 말로 누누히 설명하면 할수록 듣는 사람은 그 언어들과 연관된 의미를 추구하게 되고 그래서 깨달음에로의 길에서 더욱더 멀어지게 되는 것입니다.

그래서 구지 스님은 제자들을 깨달음에로 인도하기 위해 손가락 하나를 세워보이는 기상천외의 방법을 안출했습니다. 이 천만 뜻밖의 행위는 제자들에게 충격을 주어, 이제까지 이런저런 의미만을 추구하던 사고방식에서 벗어나지 않을 수 없게 합니다. 손가락 하나를 세우는 것이 겉으로는 무의미해 보이지만 그 행위에 자기의 전인격을 투입함으로써 충만한 의미를 부여하여 상대의 눈앞에 불쑥 들이대니, 상대가 경악하는 것도 당연합니다. 이제까지 자기 나름대로 지녀왔던 의미있는 세계가 손가락 하나를 세우는 "무의미", 바꾸어 말해서 총력을 기울인 그 "엄청난 의미"에 압도되어 완전히 무의미한 것이 되고 맙니다. 이때 곧추세운 손가락은 사람을 죽이는 칼(殺人刀)의 작용을 합니다. 그러나 동시에 그것은 사람을 살리는 활인검活人劍으로서의 작용도 합니다. 구지 스님은 자기 심신의 모든 정력을 기울여 손가락을 세움으로써 자기 본래의 면목을 완전히 현전現前시킨 것입니다. 그래서 그의 "몸"은 무서운 박력으로 상대방을 쫴침으로써 실존적 전환을 하게 하고, 동시에 거기에 현전하는 상대방 자신의 본래 면목에 눈뜨게 했던 것입니다. 이때 제자 쪽도 구지 스님의 전력투구에 맞먹는 전인적 기백이 차고 넘쳐야 함은 두말할 나위도 없습니다.

침묵을 지키신 예수의 "몸의 말씀"

이제 "구지수지"의 이런 "이야기"를 저 침묵을 지키신 예수의 "몸의 말"에 적용하면, 그 성구의 더욱 깊은 내용을 이해할 수 있을 것입니다. 간음한 여자가 예수 앞에 끌려오고 바리사이들이 이 여자를 어찌할 것이냐고 다그쳐 물으며 대답을 촉구하자 예수께서는 침묵을 지키십니다. 그러나 언뜻 보기엔 패배로 여겨지는 이 침묵이 실은 힘차게 많은 것을 "이야기하고" 있습니다. 예수를 에워싸고 지켜보던 군중은 아마 그분이 능숙한 언변으로 거침없이 대답하시리라고 기대했을 것입니다. 그러나 예수께서는 그런 예상과는 달리 침묵이라는 뜻밖의 행위로 그들을 놀라게 하십니다. 이 행위는 "구지수지"가 그러했듯이 사람들의 예상을 뒤엎어 충격을 주고 그들의 이제까지의 관습적인 사고방식에 의문을 가지게 합니다.

그리스도교의 가르침에 의하면 예수께서는 전인류를 구원하시려는 비원悲願을 품었기에 십자가의 죽음을 감수하셨습니다. 예수께서는 전심전력 이 비원으로 자신의 전존재를 충만케 하면서 침묵을 지키신 것입니다. 그렇다면 예수의 "몸"은 전인류를 구원하리라는 그 다함없는 서원誓願을 "이야기하고" 있었음이 틀림없습니다. 그 서원은 침묵을 지킨다고 꺼져버리는 것이 아닙니다. 오히려 그 헤아릴 수 없고 말로 표현할 수 없는 서원을 누누히 설명하려고 했더라면, 그 진의가 사람들에게 알려지지 않고 아무런 효과도 없었을 것입니다. 반대로 침묵을 지킴으로써 "몸" 전체의 "이야기"가 환히 드러나며 그 다함없는 서원이 만인에게 명백히 밝혀지게 됩니다. 침묵은 언뜻 보아 무의미한 것 같지만, 사실은 의미로 가득차 있습니다. 이 "무의미한 의미"로 말미암아 군중과 바리사이들의 종래의 관습적 사고 — 모세의 율법에 따라, 간음한 여자는 돌로 쳐죽여야 한다는 사고 — 는 의문시되고 무의미한 것이 됩니다. 이것은 바로 예수의 침묵이라는 살인검의 작용입니다. 바리사이들은 이 칼에 얻어맞았기 때문에 몹시 불안해져 예수께 계속해서 "질문을 던진 것이" 아닐까요? 이윽고 예수께서는 "당신들 가운데 죄없는 사람이 먼저 돌을 던지시오" 하고 짤막하게 대답하시고 다시 침묵하셨습니다. 이 침묵은 바리사이들을 반성케 하여 더이상 그 자리에 있을 수 없게 몰아세운 것입니다.

또 한편으로 침묵을 지킨 예수의 "몸"은 생명을 주는 활인검이라고 할 수도 있습니다. 그것은 온 인류의 구원을 위한 그분 자신의 비원을 선포하고, 십자가에 달려 죽으신 그분의 무한한 사랑을 "설파하고" 있기 때문입니다. 그러나 이런 "이야기"를 제대로 알아들으려면 어떻게 해야 할까요? 구지 스님의 제자들이 스승의 곧추세운 손가락이 의미하는 바를 알아듣기 위해 대사일번大死一番 스스로는 일단 죽음으로써 구지와 일체가 된 것처럼, 예수의 "몸"이 이야기하는 무한한 사랑을 알아들으려면, 마땅히 예수와 함께 십자가에 못박힐 각오로 그리스도교적 의미에서의 철저한 "대사일번"의 결단을 내리지 않으면 안됩니다.

2. 정문일침 頂門一針

> 무자無字 공안의 찰처擦處
> 낙타와 바늘귀(마르 10,25)

낙타와 바늘귀

성서에는 참으로 난해하기 짝이 없는 구절들이 많습니다. 어떤 문장은 난해하다기보다 아예 모순되어 도저히 이해할 수 없다고 말하는 편이 낫겠습니다. 예컨대 다음 구절이 그렇습니다.

> 부자가 하느님 나라에 들어가기보다는 낙타가 바늘귀를 지나가기가 쉽습니다(마르 10,25).

이 대문은 보통 하느님 나라에 들어가기가 참으로 어렵다는 것을 예수께서 비유를 들어 설명하신 것으로 해석되고 있습니다. 이것이 비유임에는 틀림없지만, 대부분의 해석에서 이 비유에 내포되어 있는 모순은 발견하지 못합니다. 그래서 이 구절이 제기하고 있는 실존적인 복음의 예봉을 피하고 지나쳐 버립니다. 사실 이 구절은 모순에 찬 난제입니다. 그것은 우리 개개인에게 직접 던져지는 실존적 물음이며, 그 안에는 우리의 집착심을 도려내는 칼날이 숨겨져 있습니다. 우리가 이 점을 간과한다면, 제자들이 이 말씀을 들었을 때 왜 그토록 놀랐는지도 이해할 수 없을 것이고, 결국에는 이 구절의 진정한 의미를 파악하지 못한 채 넘기고 말 것입니다.

그런데 나는 본격적으로 참선을 시작한 뒤 오래지 않아서 이 성서 구절의 진정한 의미를 깨닫는 기회를 만났습니다. 그 경험을 이야기하려면 우선 선 수행에 관해 자세히 설명할 필요가 있습니다. 선문禪門에서 초심자에게 보통으로 제일 먼저 주어지는 문제는 "무자"無字 공안이거나 "척수"隻手 공안입니다. 이 후자 척수 공안은 하꾸인白隱 선사가 제자들의 접득接得(수련)을 위해 안출한 것으로, 언뜻 보아 모순되는 문제입니다. 두 손바닥을 마주치면 소리가 납니다. 그러나 한 손만으로는 소리가 나지 않습니다. 그런데 "한쪽 손의 소리를 듣고 오라"는 것입니다. 이것이 바로 하꾸인 선사가 착상한 문제입니다.

 선 수행자는 이 모순되는 문제를 풀지 않으면 안됩니다. 그러나 머리를 짜서 아무리 생각해도 그 모순을 해결할 수는 없습니다. 그러면 어떻게 해야 할까요? 이런 경우 수행자에게는 오직 한 가지 해결방법밖에 없습니다. 그것은 자신이 이제까지 지녀온 사고방식이나 관점을 근본적으로 바꾸어야 한다는 것입니다. 수행자는 독참을 하는 경우 견해가 떠오르면 입실하여 사승의 지도를 받지만, 그 지도도 근본적으로는 오직 한 가지 방법을 찾게 하는 것입니다. 그 방법이란 자기자신의 생각을 철저히 방기放棄하고 이 공안을 안출한 하꾸인 선사와 같은 경지에 이르러, 하꾸인과 같은 눈으로 사물을 바라볼 수 있도록 정진하는 일입니다. 무자 공안의 경우도 사정은 똑같습니다. 수행자는 이 공안의 주인공인 조주 스님과 같은 눈을 가져야 하는 것입니다. 무문無門은 그런 경지를 매우 정확하게 묘사하고 있습니다.

> 透得過者는 非但親見趙州라 便可與歷代祖師와 把手共行하고 眉毛廝結하여 同一眼見하고 同一耳聞하리라(無門關, 第一則).
> (역: 터득한 자는 비단 직접 조주 스님을 볼 뿐 아니라 역대 조사와 더불어 손잡고 함께 거닐며 눈썹을 맞대고 같은 눈으로 보고 같은 귀로 듣는다.)

초탈한 경지에 도달해야 비로소 이런 투철한 "눈"을 얻을 수 있습니다. "척수" 공안이 모순된 것으로 보이는 것은 머리가 나쁘거나 둔감하기 때문이 아닙니다. 오히려 아욕我慾, 아집我執에 사로잡혀 집착의 생을 살고 있기 때문입니다. 만약 모든 아집을 끊어버리고 자유자재의 경지에 이른다면 "보는 눈" ― 높은 안목 ― 이 절로 생깁니다.

당장 상대방의 입장에 서다

　이런 선禪 체험이 언뜻 보기에 보통 사람들과는 거리가 먼 특별한 체험으로 여겨질는지 모르지만, 사실은 그렇지 않습니다. 누구나 다음과 같은 체험을 한두 번은 했을 것입니다. 예컨대 어떤 사람과 언쟁을 할 때는 그 사람의 견해를 이해할 수 없습니다. 그러나 후에 냉정을 되찾아 사심私心이 없어지면, 한창 말다툼을 하는 동안에는 몰랐던 상대의 입장을 되살려 충분히 납득하게 됩니다. 앞에서 말한 선 체험은 바로 그런 경험을 더욱 심화시킨 것에 지나지 않습니다. 다만 어느 때 어떤 상황에서나 즉시 상대방의 입장에 설 수 있어야 합니다. 상대가 논쟁의 맞수이든, 동물이나 식물이든, 심지어 무생물이든 스스로 그 입장에 서야 합니다. 싸움이 끝난 "뒤에" 상대의 입장에 서서는 소용없습니다. 즉시 사이를 두지 말고 당장 상대의 입장에 서지 않으면 안됩니다. 즉각적으로 그렇게 되면 절로 "한쪽 손의 소리를 듣게" 됩니다. 이 경우 "상대"는 한쪽 손(隻手)입니다. 자기가 한쪽 손과 일체가 되어버리면, 듣지 않으려고 해도 그 소리가 절로 들리게 마련입니다. 자기와 한쪽 손은 두 가지의 별개 존재가 아니기 때문입니다.
　그런데 수행자가 이 공안을 투과하면 사승은 여러 가지 질문을 호되게 퍼붓습니다. 이 질문을 찰처拶處라고 하여 2, 30가지가 됩니다. 수행자가 참으로 공안을 깨쳤는지 어떤지 이런 준엄한 추궁으로 시험해 보고, 동시에 수행자의 눈이 더 잘 보이도록 연마하는 것입니다. 이 찰처의 한 예로서 "곰방대 구멍 속을 지나가 보라"는 것이 있습니다. 또 다른 예로서 "돌궤짝 안에 갇히고 밖에서 자물쇠를 걸면 어떻게 나오겠는가" 하는 문제가 있습니다. 이런 찰처가 보통 사람에게는 모순에 찬 어려운 문제로 여겨질 것입니다. 그러나 척수 또는 무자 공안을 투과한 사람, 곧 "볼 줄 아는 눈"을 얻은 사람에게는 어려운 문제가 아닙니다.

내가 그런 몇 가지 찰처의 뜻을 간파하고 응답할 수 있었을 때, 내 마음에 퍼뜩 떠오른 것이 바로 앞의 성서 구절이었습니다. 나는 오랫동안 그 성구에 내포된 모순을 해결할 수 없었습니다. 그런데 내가 찰처를 푼 순간에 성구의 깊은 의미를 깨달을 수 있었던 것입니다. 그후 성서 구절의 문맥을 검토해 보고 그것이 앞에서 말한 찰처의 문맥과 아주 비슷하다는 것을 알고는 놀랐습니다. 우선 찰처의 문맥을 다시 생각해 봅시다.

찰처挃處의 "문맥"

찰처의 문맥(맥락)을 말로 표현할 수는 없습니다. 이를테면 사승이 제자에게 이런 시험을 하는 전후 상황이 그 "문맥"입니다. 제자는 각고의 수행을 거쳐 아집을 버리고 마침내 자유의 신천지로 뛰어들어 깨달음의 눈이 열립니다. 바로 이 순간이야말로 바로 그 "문맥"의 중추입니다. 사승은 제자의 경지가 무르익은 이 순간을 놓치지 않습니다. 전광석화처럼 제자에게 찰처를 제시하여 응답하도록 다그칩니다. 제자는 난데없이 수수께끼 같은 난문에 부닥쳐 처음에는 놀라고 말문이 막혀 쩔쩔 맵니다. 그러나 곧 그 깨침의 체험으로 돌아가 그것을 심화시키면, 모든 것을 그 자체의 입장에 서서 완전히 새로운 관점에서 볼 수 있게 되며, 그때 대답은 절로 나오게 되는 것입니다.

한편 앞에 인용한 성구 문맥은 어떻습니까? 대체로 그 문장에 표현되어 있지만, 중요한 "문맥"은 이야기하는 사람의 실존적 태도 안에 숨겨져 있게 마련이고, 우리는 그것을 간과해서는 안됩니다. 우선 문장상의 문맥을 더듬어 나가면서 필요한 경우, 이야기를 주고받는 사람들 안에 숨겨져 있는 "문맥"을 살펴보도록 합시다 — 어떤 사람이 예수께 이렇게 물었습니다. "제가 영생을 물려받으려면 무엇을 해야 합니까?" 예수께서는 우선 십계명의 주요 계율을 지적하십니다. 그러자 그 사람은 "그런 것은 소년시절부터 다 지켜 왔다"는 대답을 합니다. 예수께서는 이 대답에서 그 사람의 진실함과 충실함을 알아보시고 한 걸음 더 나아가 높은 차원의 이야기를 하십니다.

예수께서 그를 눈여겨보고 대견히 여기며 말씀하셨다. "한 가지가 모자랍니다. 가서 가진 것을 모두 팔아 가난한 사람들에게 주시오. … 그렇게 하고 와서 나를 따르시오." 그러나 그는 이 말씀 때문에 슬픔에 잠겨 근심하면서 물러갔다. 재산이 많았기 때문이다.

예수께서 제자들을 둘러보며 말씀하셨다. "재산 가진 사람이 하느님 나라에 들어가기가 참으로 어렵구려!" 제자들이 듣고 놀랐다. 예수께서 거듭 말씀하셨다. "하느님 나라에 들어가기가 참으로 어렵구려! 부자가 하느님 나라에 들어가기보다는 낙타가 바늘귀를 지나가기가 쉽습니다." 그러자 그들은 더욱 놀라 서로 쳐다보며 "그렇다면 누가 구원받을 수 있겠는가?" 하였다. 예수께서 그들을 바라보며 말씀하셨다. "사람은 할 수 없으나 하느님은 그렇지 않습니다. 하느님은 무슨 일이나 다 하실 수 있습니다"(마르 10,21-27).

"바라보시고"

앞의 문장에는 해석학적 관점에서 설명해야 할 사항들이 많지만, 여기서는 우리가 거론하고 있는 문제의 가장 중요한 점만을 지적하고자 합니다. 예수께서 상대를 (유심히) "바라보시고" 말씀하셨다는 대목이 두 번 나오는데, 이때의 예수님 말씀에는 깊은 정이 담겨져 있습니다. 특히 첫번째의 경우 그 말 다음에 "사랑스레 여기시며" ─ 그리스어 "아가파오" ─ 라는 말까지 덧붙이고 있습니다. "아가파오"*agapaō*란 말은 상대를 소중히 여기며 그 인격을 존경하고 이런 정감을 인격적인 행위를 통해 적극적으로 나타내는 것을 의미합니다. 그와 같은 정감이 예수의 태도에 틀림없이 나타났겠지만, 뒤이은 그분의 말씀 속에서도 그분의 따스한 애정을 알아차려야 합니다. 표현상의 의미를 본다면 그 말씀은 모든 것을 버리고 완전한 청빈 상태에서 예수를 따르라는 준엄한 요구이니 받아들이기 어려운 난제입니다. 그러나 도리어 그 말씀은 온정에 넘치는 은혜로운 말씀입니다. 그런데 상대인 부자는 그것을 깨달을 수 없었습니다. 왜 그랬을까요? "재산이 많았기 때문입니다." 부富에 집착하고 있었기에 예수의 말씀이 가당찮은 억지

소리로 여겨져 그 참된 의미를 파악할 수 없었던 것입니다. 이것은 앞에서 말한 선의 첫번째 공안의 경우와 비슷합니다. "척수 공안"이 이기적인 욕망에 사로잡힌 사람에게는 모순에 찬 수수께끼 같은 난문으로 여겨집니다. 그러나 수행을 통해 집착에서 벗어나 자유로운 몸이 된다면 이 공안은 쉽게 풀 수 있습니다.

그런데 예수의 제자들은 어떠했습니까? 그들이 예수의 준엄한 요구를 받아들이고 기꺼이 모든 것을 버린 다음 예수를 따랐다는 것은 앞의 인용문 바로 뒤의 문장에서 베드로 자신이 말하고 있고, 또 예수께서도 그것을 인정하고 계십니다(마르 10.28). 그러니까 제자들은 첫번째 난제는 해결한 경지에 도달해 있었다고 말할 수 있겠습니다.

정문일침頂門一針

그런데 예수께서 "낙타와 바늘귀"의 난문을 제기하신 상대가 그 부자가 아니라 이 제자들이었다는 것은 문맥상 주목할 만한 일입니다. 그러니까 예수께서는 자기를 따르지 않는 사람들에게 설교하고 있는 것이 아니라, 이미 모든 것을 버리고 자기를 따르고 있는 제자들에게 더 어려운 물음을 던지고 있는 것입니다. 언뜻 보면 불합리한 억지소리로 제자들을 곤혹케 하고 있는 것 같습니다. 그러나 사실은 그 말씀에 그분의 자애로운 배려가 담겨져 있다는 것은 새삼스레 설명할 필요가 없을 것입니다. 이 문답은 선문답에서 사승이 초관初關을 투과한 제자에게 다시 어려운 찰처를 퍼붓는 것과 비슷한 면이 없지 않습니다.

예수께서는 제자들이 놀라는 것을 보시고 오히려 더 이해하기 어려운 말씀을 하시어 그들을 당황케 하시니, 그들의 놀라움은 더욱 커집니다. 앞에 인용한 성서 본문에는 제자들이 "놀랐다"는 대목이 두 번 기록되어 있습니다. 방역邦譯에서는 두 군데 다 "놀랐다"고 번역되고 있지만, 그리스어 원문에서는 다른 낱말들이 사용되고 있습니다. "재산 가진 사람이 하느님 나라에 들어가기가 참으로 어렵구려!"라고 하신 예수의 말씀에 제자들이 놀랐을 때는 "놀라 두려워한다"는 뜻의 동사 *thambéō*의 수동형이 쓰였습니다. 그런데 "부자가 하느님 나라에 들어가기보다는 낙타가 바늘귀를 지나가기가 쉽습니다"라고 하신 예수의 말씀을 듣고 제자들이 놀랐을 때는 원문에서 *perissos ekseplessonto*란 말이 쓰이고 있습니다. 이 그리스 말은 그저 단순히 놀란다는 뜻이 아닙니다. 훨씬 강력한 의미를 가진 말로서, 이를테면 벼락을 맞은 것처럼 극도로 놀라 아연실색하였다는 뜻입니다. 왜 예수께서는 제자들에게 그렇게 하셨을까? 상대를 궁지로 몰아넣고 당황케 하여 더욱더 놀라게 하는 것이 어째서 자애로운 배려라 할 수 있을까? 그 이유는 오직 한 가지였을 것으로 짐작됩니다. 필시 제자들의 교육을 위해 그런 방법이 필요했을 것이고, 또한 그러지 않고서는 제자들의 불완전함이 시정되지 않았을 것이기 때문입니다.

어째서 아연실색하였는가?

사실 제자들이 놀란 것은 예수의 말씀을 이해할 수 없었을 뿐 아니라 그들 자신이 아직 불완전한 수준에 머물러 있었던 탓이기도 합니다. 다시 말해서 제자들이 예수의 말씀을 납득할 수 없었던 것은 무식하거나 우둔했기 때문이 아니라, 그들의 마음 어느 구석엔가는 아직 옳지 않은 집착과 불완전함이 있었기 때문이라고 보아야 할 것입니다. 예수를 따르지 못하고 "슬퍼하고 근심하면서 물러간" 그 부자에게 비하면 제자들은 예수의 요구에 부응하여 모든 것을 버리고 예수를 따랐으니, 확실히 양자는 현격한 차이가 있습니다. 특히 예수를 믿고 뒤따르는 제자인 경우와 그렇지 않은 경우는 결정적인 차이가 있습니다. 제자로서의 추종은 전인적인 완전한 의탁입니다. 자기의 운명과 생애를 예수의 손에 맡기고 예수와 생사고락을 함께 함을 의미합니다. 그러나 이 추종에는 여러 층의 단계가 있고 또 사람에 따라 그 헌신도의 높고 낮음, 깊고 얕음의 차이가 있습니다. 확실히 당신의 제자들은 "모든 것을 버리고"(마르 10,28) 예수를 따르고 있었지만 아직은 불완전했던 것입니다. 그것은 이런 일이 있은 직후에 예수께서 당신의 수난을 예언하시자 그들은 스승이 무슨 말씀을 하시는지 깨닫지 못했을 뿐 아니라, 도리어 그들 자신의 "영광"을 찾으려 했고, 이 문제에 관해 서로 추한 언쟁을 시작한 사실에서도 명백히 알 수 있습니다.

제자들이 놀란 그 주관적 요인은 이상의 설명에서 분명해졌지만, 그들의 놀라움의 객관적 이유는 무엇이었을까요? 여기서는 성서학자들이 말하고 있듯이, 당시의 유대인들은 부를 하느님의 은혜의 표징으로 생각하고 있었다는 사실도 고려해야 할 것입니다. 그러나 제자들이 경악한 진짜 이유는 그것과 무관한 것 같습니다. 물론 제자들은 부자가 그 전재산을 포기하지 않는다면 하느님 나라에 들어갈 수 없다는 말씀을 듣고 놀랐습니다. 바꾸어 말해서 전재산을 포기하라는 요구는 부자에겐 너무 가혹한 요구로서 거의 불가능에 가까운 것으로 생각되었던 것입니다. 그러나 제자들은 "낙타가 바늘귀를 빠져나가는"데 관한 예수의 말씀이 단지 부자들만을 겨냥한 것이 아니라는 사실은 알고 있었습니다. 왜냐하면 그들은 서로 "그렇다면 누가 구원받을 수 있겠는가?" 하고 의문을 제기하고 있기 때문입니다. 만약 부자들에게 한한 이야기라면 제자들과는 무관한 것이고 따라서 그토록 놀라서 아연실색하지 않아도 되었을 것입니다. 그들은 예수의 말씀이 바로 자기들을 두고 하신 것이라고 생각했기 때문에 안절부절못했던 것이 아닐까요. 자기들이 "하느님 나라에 들어가는 것보다 낙타가 바늘귀를 빠져나가는 것이 더 쉽다"는 뜻이라고 해석했기 때문에 기급하여 어찌할 바를 몰랐을 것입니다. 제자들은 이제까지 모든 것을 버리고 예수를 따랐지만, 하느님 나라에 들어가기 위한 예수의 엄격한 요구에 과연 이후에도 자기들이 계속해서 부응할 수 있을지 불안을 느꼈을 것으로 짐작됩니다. 이렇게 고찰하면 그 다음 문장도 이해할 수 있습니다. "예수께서 그들을 바라보며 말씀하셨다. '사람은 할 수 없으나 하느님은 그렇지 않습니다. 하느님은 무슨 일이나 다 하실 수 있습니다.'"

죽이고 살리다

앞에서도 말한 바와같이 예수께서 제자들을 유심히 "바라보셨다"는 말에서 우리는 그분의 깊은 배려를 엿볼 수 있습니다. 예수께서는 여기서 제자들에게 개인적으로 매우 중대한 일을 말씀하시려고 한 것입니다. 그러니까 이 대목에서 그분이 인간의 무능함과 하느님의 전능하심에 관한 일반적 교리를 가르치고 있다고 해석해서는 안됩니다. 그런 해석은 "문맥"을 완전히 무시한 것이라 하겠습니다. 여기서 예수께서는 놀라고 있는 제자들에게 진심으로 가장 중요한 점을 말씀하시고 계십니다. 이미 언급한 대로 예수께서는 제자들이 경악한 그 이면에 그들의 불완전함을 이미 간파하셨습니다. 그래서 그들을 위협하여 불안을 느끼게 하고 몹시 놀라게 하고는 마침내 이런 말씀으로 급소를 찌르려고 하신 것입니다. 그러면 제자들은 어떤 점에서 불완전하였을까? 예수의 말씀에서 되짚어 추론하면, 제자들은 하느님 나라에 들어가는 데 요구되는 전면적 방기放棄를 자기 힘으로 할 수 있다고 은근히 자부하고 있었던 것 같습니다. 그들은 이제까지 모든 것을 버리고 예수를 따른 것도 자신의 인간적인 힘으로 해낸 것이라고 무의식중에 믿고 있지 않았을까요? 짐작건대 이런 생각이 제자들의 무의식의 심층에 깃들이어, 그들은 자부심을 가지고 암암리에 자신의 모든 선행을 자기 공덕으로 돌리며 심지어 제자로서 예수를 따르는 것도 자신의 "영광"을 얻기 위한 수단으로 여기게 되었을 것입니다. 실상 그 직후에 예수께서 당신의 수난을 예고하셨는데도 불구하고, 두 제자는 그리스도의 "영광"의 때가 오면 자기들도 영예를 누리게 해달라고 청하였고, 또 다른 제자들은 이것을 엿듣고 질투하여 분개했던 것입니다. 이 사건은 제자들의 마음속에 자기에 대한 집착이 아직 뿌리깊이 남아 있었음을 말해줍니다. 사실 이런 생각을 품고 있었다면, "낙타와 바늘귀"에 관한 예수의 말씀을 이해 못하고 간담이 서늘하도록 놀란 것도 당연합니다.

이상의 추론이 옳다면, 예수께서 "제자들을 바라보시며" 그런 말씀을 하신 것은 그들의 은밀한 아집을 죽이고 그들을 하느님의 생명으로 되살리기 위함이었습니다. 그것은 바로 "정문일침"頂門一針이라 할 수 있습니다. 바꾸어 말해서 예수께서는 교리를 가르치려는 것이 아니라 제자들에게 실존적 전환을 촉구하신 것입니다. 제자들이 자기자신에게는 죽고 하느님 안에서 새로 살게 되기를 예수께서는 열렬히 바라셨습니다. 예수께서는 그런 말씀으로 제자들을 죽인 다음 다시 살리고자 하신 것입니다.

만약 예수께서 바라신 대로 제자들이 참으로 완전히 자기 전환을 할 수 있었다면, "낙타와 바늘귀"에 관한 예수의 말씀이 모순되는 것으로 생각되지는 않았을 것이고, 따라서 그토록 소스라치게 놀라지는 않았을 것입니다. 제자들이 "내가, 내가" 하는 생각에 대한 모든 집착을 끊어버리고(放下) 상대방의 입장에 섬으로써 하느님 편에서 모든 것을 볼 수 있었다면, "하느님은 무슨 일이나 다 하실 수 있습니다"는 사실이 그들에게는 "명명백백한" 현실이 되었을 것이기 때문입니다. 거기에는 불안이나 놀라움이 생길 틈이 없습니다. 필시 "낙타가 바늘귀를 빠져나가는 것보다 더 어려운" 현실을 하느님의 힘으로 수월하게 헤치고 나갈 수 있는 자신과 자유자재의 활달성이 제자들의 온 심신, 전존재에 넘쳤을 것입니다.

이제까지 선의 공안 및 찰처와 앞의 성서 대문이 비슷하다는 것을 지적해 왔지만, 여기 마지막 단계에서도 양자 사이에는 유사점이 있다는 것을 간과해서는 안됩니다. 선 수행자도 사승이 찰처를 제시하면 대개 그 난문에 당황하여 우물거리고 때로는 놀란 나머지 간담이 서늘해지기도 합니다. 그러나 수행자는 여기서 주눅들지 말고 결연히 아집을 버리며 앞서 얻은 깨달음의 경지를 심화시키지 않으면 안됩니다. 이런 경우에 중요한 일은 "자기 본래의 면목"으로 돌아가는 일입니다. 그렇게 하면 상대방의 입장에 설 수 있게 되고, 완전히 새로운 차원에서 모든 사물을 "보는 눈"이 생깁니다. 견해 — 공안에 대한 해답 — 가 마음에 떠오르면 입실하여 사승에게 그것을 제시합니다. 만약 그것이 옳다면 다음 공안이 주어지지만, 옳지 않을 경우에는 다시 한번 참구해야 합니다. 그런 일을 몇 번씩 되풀이하여 제자가 막다른 처지에 빠지게 되면, 사승은 기회를 엿보다가 알맞은 때 제자를 "유심히 바라보며" 적절한 말씀을 해줍니다. 이 말씀은 보통으로 짧막하지만, 그것이 바로 제자를 막다른 처지에서 빠져나오게 하는 "정문頂門의 일침"입니다. 제자가 이 일침으로 눈이 열려 자신의 실존 전체를 전환시키고 이제까지와는 완전히 다른 사람으로 변신하여 상대의 입장에서 사물을 볼 수 있게 되면 그때 찰처는 절로 풀리게 되는 것입니다.

3. 한 송이 꽃이 피니 천하가 봄이로다

조주만법귀일 趙州萬法歸一 (碧巖錄, 四五)
한 사람의 죄와 만인의 죽음 (로마 5,12-19)

개체와 전체의 역동적인 변증법

성서의 가장 난해한 구절 중 하나로서 바울로의 다음과 같은 말이 있습니다.

> 한 사람을 통해 죽음이 왔으니 역시 한 사람을 통해 죽은 이들의 부활이 옵니다. 아담 안에서 모든 이가 죽듯이, 마찬가지로 그리스도 안에서 모든 이가 살아날 것입니다(1고린 15,21-22).

바울로는 이 대문에서 한 사람과 모든 사람과의 대비를 일부러 강조하고 있는데 그것은 단순한 수사적 과장이 아니라, 그가 말하고 싶은 것을 정확하게 표현한 것입니다. 바울로는 이와 같은 사상과 표현을 매우 좋아하여, 로마서 5장에서는 12절부터 19절까지를 할애해서 다음과 같이 설명하고 있습니다.

> 한 사람을 통해 죄가 세상에 들어왔고 죄를 통해 죽음이 들어왔듯이, 모두가 죄를 지었으므로 모든 사람에게도 죽음이 들어왔습니다. … 한 사람의 범죄로 말미암아 많은 이가 죽었다면, 하느님의 은총과 은사는 한 사람 예수 그리스도의 은총으로 말미암아 많은 이에게 더욱 넘쳐흘렀습니다. … 그러므로 한 사람의 범죄를 통해 모든 사람이 단죄에 이르렀듯이, 한 사람의 의로운 행위를 통해 모든 사람이 생명의 의로움에 이르렀습니다. 한 사람의

불순종으로 말미암아 많은 이가 죄인으로 단정받았듯이, 한 사람의 순종으로 말미암아 많은 이가 의인으로 인정받게 되었습니다(로마 5,12-19).

이 대목은 예부터 가장 많이 토론돼 온 구절입니다. 최근의 성서학에 있어서도 여전히 로마서 5장의 문맥 구조는 석의학釋義學상의 논쟁의 대상이 되고 있습니다. 특히 5장 12절부터 21절까지는 여러 세기에 걸쳐 토론의 쟁점이 되어왔습니다. 바울로는 여기서 그리스도의 십자가상의 죽음과 아담의 죄를 비교하면서, 그후 그리스도교 교의사敎義史에서 결정적으로 중요한 의미를 가지게 된 사상을 말하고 있기 때문입니다. 이 대목이 해석상의 논쟁을 불러일으키는 원인의 하나는 글 속에 모순에 찬 역설이 함축된 데에 있습니다. 어째서 한 사람의 죄가 모든 사람에게 미치고, 한 사람의 불순종으로 말미암아 모든 사람이 죄인이 됩니까? 어째서 한 사람의 부활이 모든 사람을 다시 살리게 됩니까? 어째서 한 사람의 순종으로 말미암아 모든 사람이 의로워집니까?

신학적 지식이 눈을 가린다

우리 그리스도 신자는 신학을 배웠기 때문에, 전인류에 미치는 그리스도의 은총의 보편성을 당연한 것으로 생각합니다. 또한 우리는 아담 한 사람의 죄가 온 인류에 미친다는 교리도 배웠기 때문에, 그 아담의 죄가 지닌 엄청난 보편적 영향력에 별로 놀라지 않게 되었습니다. 우리는 이런 신학적 지식을 가지고 있기에, 앞의 성서 구절을 읽어도 그것을 다만 자기가 믿는 교의를 확증해 주는 말로 알아듣고 그 정도로 만족하는 경우가 많은 것 같습니다. 그래서 바울로의 글에 함축된 본질적인 모순을 간과하고, 거기에 숨어 있는 충격적인 힘은 전혀 느끼지 못하게 됩니다. 우리는 어설픈 신학적 지식을 가지고 있기 때문에 오히려 성서의 깊은 의미를 이해할 수 없는 것이 아닐까? 사실 선입관 없이 허심으로 바울로의 글을 읽는다면 그 속에 들어 있는 아주 난해한 모순과 역설에 놀라게 마련입니다. 거의 이해할 수 없는 그 내용에 당황하는 것이 당연합니다. 이 대목을 읽고도 전혀 놀라거나 당황하지 않는다면 오히려 이상합니다. 왜냐하면 바울로가 여기서 이야기하고 있는 것은 그리스도의 구원의 신비요, 아담의 불의의 신비 mysterium iniquitatis이기 때문입니다. 사람은 진정한 신비에 직면하면 놀라고 당황하는 것이 당연하지 않을까?

그런데 하나와 다수, 한 사람과 모든 사람에 관한 모순되는 변증법은 바울로의 고유한 사상은 아닙니다. 예수 자신도 이미 복음서에서 한결 이해하기 쉬운 표현으로 같은 사상을 가르치고 있습니다. 예컨대,

> 밀알이 땅에 떨어져 죽지 않으면 그대로 남아 있을 뿐이지만 죽으면 많은 열매를 맺습니다(요한 12,24).

> 내가 땅에서 들어올려지게 되면 모든 사람을 내게로 이끌어올 것입니다(요한 12,32).

어쨌든 이런 한 사람과 많은 사람의 역동적인 관계, 개체와 전체의 모순적인 변증법은 그리스도교의 중심사상임에 틀림없습니다. 그런데도 실정은 어떻습니까? 개체와 전체의 이 모순되는 관계를 파악하는 방법을 그리스도교 신학에서는 아직까지 발견하지 못하고 있는 형편입니다. 사실 이 점에 있어서는 그리스도교 신학뿐 아니라 서구사상 전체도 사정은 같다고 생각합니다. 예컨대 헤겔의 변증법은 정正·반反·합合의 발전 과정에 관한 변증법인데, 이것도 한 사람의 죄가 곧 전인류의 죄가 된다는 신비를 해명할 수는 없습니다. 키에르케고르가 역설에 의해 그것을 설명하려고 시도했지만, 성공했다고 말하기는 어려울 것 같습니다.

그런데 나는 선의 여러 가지 공안을 상량商量하게 되었을 때, 선 체험의 중심 테마의 하나가 이런 개체와 전체, 전체와 개체의 모순적 변증법에 대한 역동적인 파악이라는 것을 발견하고는 놀라고 기뻐했습니다. 왜냐하면 선적인 파악방법이 앞에서 인용한 수수께끼 같은 성서 구절을 이해하는 데

중요한 빛을 던져준다는 사실을 깨달았기 때문입니다. 그래서 이제 개체와 전체의 선 체험에 관해 이야기해 보고자 합니다.

조주趙州의 기묘한 답

「벽암록」碧巖錄에 "조주만법귀일"趙州萬法歸一이라는 공안이 있습니다. 나는 이 공안을 투과하였을 때, 앞의 성서 말씀의 깊은 뜻을 깨달을 수 있었습니다. 이 공안은 다음과 같습니다.

> 어떤 중이 조주에게 물었다. "만법은 하나로 돌아간다고 합니다. 그런데 하나는 어디로 돌아갑니까?" 조주는 대답했다. "내가 청주青州에 있을 때 적삼 한 벌을 만들었는데, 그 무게가 일곱 근이나 되더군"(碧巖錄, 第四五則).

조주 스님은 산동성 조주 관음원趙州觀音院에서 지낸 종심 선사從諗禪師(778~897)를 가리킵니다. 이 선사의 언행은 글로 쓰여져 「조주록」趙州錄에 수록되었습니다. 이 언행록에서 알 수 있듯이 고금을 통하여 가장 위대한 선사의 한 사람입니다. 이 조주에게 어떤 중이 물었습니다. "모든 것은 궁극에 있어서 근원적인 하나로 귀착합니다. 그런데 그 하나는 어디로 귀착합니까?"

이것은 대단히 어려운 물음입니다. 근원적인 하나란 불교에서는 불佛이라 하고 선에서는 흔히 무無 혹은 자기의 본래 면목이라고 부릅니다. 우리 그리스도인들의 입장에서 근원적인 하나는 아마 하느님이라 할 수 있을 것입니다. 어쨌든 만물은 궁극적으로 이 하나에 귀착합니다. 이것이 불교의 근본적 교리입니다. 그런데 문제는 이 하나가 어디로 가느냐 하는 것입니다. 이것은 매우 중대한 문제입니다.

이것을 이론적으로 바꾸어 말하면 "일체가 곧 하나요(一切卽一), 하나가 곧 일체(一卽一切)"란 무슨 뜻이냐 하는 문제입니다. 좀더 구체적으로 말하면 한 방울의 물이 그대로 큰 바다요, 또 반대로 큰 바다가 그대로 한 방울의 물이라는 것은 어떤 뜻이냐 하는 물음이 되겠습니다. 이 물음에는 모순이 함축

되어 있기 때문에, 이성으로 그 답을 궁리해 내려고 해도 소용없습니다. 만법이 하나로 돌아간다면 그 하나는 만법으로 돌아간다고 논리적으로 생각하는 것이 보통입니다. 이런 이론적인 추론은 누구나 할 수 있습니다. 그러나 여기서 묻고 있는 것은 그런 것이 아닙니다. 만물이 있는 그대로 오직 하나 그 자체의 현상이라는 것을 긍정할 수 있느냐 없느냐 하는 물음입니다.

조주는 이런 난문에 태연히 대답했습니다. "내가 고향인 (산동성의) 청주에 있을 때 적삼 한 벌을 만들었는데 말이야, 그 무게가 일곱 근이나 되더군." 이 말이 선의 문외한에게는 도무지 이해할 수 없는 수수께끼로 여겨질 것이고 어째서 이런 말이 그 승려의 물음에 대한 답이 되는지도 알 수 없을 것입니다. 여기서 선의 수행 과정을 더듬으면서 이 공안의 참된 의미를 찾아볼까 합니다. 그 과정이 앞에서 인용한 성서 구절을 이해하는 데에도 중요한 의미가 있음은 두말할 나위도 없습니다.

나의 경우, 최초의 공안을 투과하고 얼마 동안 다른 두서너 가지 공안을 공부한 직후에 이 공안이 주어졌습니다. 이 공안의 목적은, 그때까지의 공안에서 "무"無 — 혹은 "자기의 본래 면목" — 를 꿰뚫어본 수행자가 그 무에 눌러앉아서 무차별의 세계에 안주해 버리지 않게 하려는 것입니다.

"무"의 깨달음이란 수행자가 모든 아집을 버리고 대사일번해야 비로소 얻어지는 것으로, "만물동근"萬物同根을 직증直證하는 일입니다. 만물은 영원한 생명으로 말미암아 활력에 차서 존속한다는 것, 또 만물은 평등하다는 것을 깨닫는 일이라 해도 마찬가지입니다. 나의 "자기"는 다른 사람의 "자기"와 동떨어진 별개의 자기가 아닙니다. 나와 내가 사용하는 펜, 나와 뜰에 서 있는 벚나무는 별개의 존재가 아닙니다. 좀더 구체적으로 말하면, 내가 어떤 사람과 이야기를 하거나 함께 일을 할 때, 나는 직접 그 사람의 입장에 서서 그 사람과 일체가 되어 이야기를 하고 일을 하는 것입니다. 무엇을 쓸 때는 펜과 일체가 되고, 뜰의 벚나무를 바라볼 때는 그 벚나무 자체가 되어 바라볼 수 있게 되는 것 — 이것이 "무"의 체험입니다. 그러기 위해서는 나 자신은 죽고 완전히 삼매경三昧境에 들어야 함은 말할 나위도 없습니다. 그러나 수행자가 만약 이 "무차별"의 체험 속에 안주하여 언제까지나 눌러앉아 있으면 오히려 그 "깨달음"으로 말미암아 미혹에 빠지게 됩니다. 이런 수행자에 대하여 "하나에만 매달려도 안된다"고 훈계하는 것입니다. 공안 "만법귀일"은 바로 이와 같은 단계에 있는 사람에게 주어지는 과제입니다.

모든 것을 살린다

그러면 수행자는 이 공안에서 무엇을 뚜렷이 알아보아야 할까? 추상적으로 말하면, 평등 속의 차별을 알아보지 않으면 안됩니다. 모든 사물은 서로 구별되는 별개의 존재들이면서 바로 하나의 현상이라는 것을 깨달아야 하는 것입니다. 이것을 좀더 구체적으로 말하면 이렇습니다. 예컨대 어떤 사람과 일을 할 때에, 자신과 그 사람이 일체라는 그 한 면만 본다면 참으로 훌륭한 일은 할 수 없을 것입니다. 그 사람의 개성을 알아보고, 또한 둘도 없는 그 사람 자신이, 있는 그대로 본래의 면목이라는 것을 깨달아야 비로소 그 사람과 일심동체가 되고, 자신과 그 사람 양자의 개성을 동시에 살릴 수 있습니다.

오오모리 소오겐 스님은 이 점을 좀더 선적인 표현으로 다음과 같이 말하고 있습니다.

> 만법귀일萬法歸一을 대사일번이라는 부정적인 측면으로 본다면, 일귀만법一歸萬法은 대활현성大活現成이라는 긍정적인 입장이라고 말하는 것이 어떻겠습니까? 만법이 하나로 귀착하는 경우에는 진짜 황금도 그 빛을 잃는다는 파주성把住性이 있지만, 하나가 만법으로 귀착하는 경우에는 기와 조각이나 잔돌도 빛을 발한다는 긍정적인 소식이 있습니다(「碧巖錄上」. 柏樹社. 345쪽).

사실 조주의 얼빠진 듯하면서도 능청스러운 대답은 그의 자유롭고 활달한 대활현성의 경지를 표백한 것입니다. 이 점을 간과해서는 안됩니다. 차별이 없는 평등의 체험에서 벗어나 다시 차별의 현실세계로 뛰어들어 모든 것을 긍정하고 모든 것을 자유자재로 구사할 수 있는 경지 — 이것이야말로 수행자가 이 공안을 통해 스스로 도달하지 않으면 안되는 깨달음의 경지입니다. 소오겐 스님은 조주의 이런 심경을 다음과 같이 멋지게 묘파하고 있습니다.

> 노련하기 짝이 없는 조주의 대답은, 기를 쓰고 덤비는 운수雲水의 질문에, 슬쩍 몸을 비키면서 가볍게 그를 쳐 서호西湖 속에 던져버린 셈입니다. … 하나라든가 만물이라든가, 혹은 무라든가 깨달음이라든가 하는 귀찮은 짐을 잔뜩 짊어진 이 친구, 서호에 덤벙 내던져져 그 짐을 벗었으니, 어깨도 마음도 가벼워지고 안도의 숨을 쉬며 정말 시원했을 거요(앞의 책. 347쪽).

한 송이 꽃이 피니 천하가 봄이로다

예로부터 이 공안에는 다음과 같은 선어禪語가 흔히 참고로 인용되곤 합니다. "한 송이 매화 꽃술로 삼천 세계가 향기롭다." 이 선어는 조주 스님의 깨달음의 경지를 나타내는 동시에, 우리가 살고 있는 세계의 참모습을 표출한 것입니다. 선구禪句에는 이와 비슷한 말들이 아주 많습니다. "한 티끌 가운데 만상萬象이 있고, 한 생각 가운데 삼천의 법계法界를 갖춘다." "한 송이 꽃이 피니 천하가 봄이로다." 이런 선어들은 수행자가 공안 "만법귀일"을 참으로 투과하였을 때 보게 되는 세계를 표현하고 있습니다. 사람이 대사일번하여 한 송이 매화가 되어버릴 때는 그 꽃과 자기자신의 근원에 도달하게 됩니다. 그리고 앞에서 말한 일체즉일一切卽一, 일즉일체一卽一切의 입장에 서면, 삼천 세계가 그 한 송이 꽃의 향기로 가득차 있음을 명확히 볼 수 있는 것입니다.

이런 선禪 체험은 언뜻 보면 그리스도교와 이질적인 체험으로 여겨질는지 모릅니다. 그러나 사실은 그렇지 않습니다. 신자인 어느 친구가 나에게 이런 말을 한 적이 있습니다. "마음과 힘을 다해 어떤 한 사람을 사랑하면 그 행위로 동시에 전세계의 모든 사람을 사랑하는 것이다." 이 말은 그리스도교 신앙에 근거를 둔 깊은 체험을 드러내고 있습니다. 깊은 영적 경험을 해본 그리스도 신자라면 누구나 이 말을 이해하는 데 별로 어려움을 느끼지 않을 것입니다. 이런 경험을 사람으로부터 사물로 옮길 수 있다면, 앞에서 말한 "만법귀일" 공안이 목표로 하는 깨달음의 경지가 어떤 것인지 짐작할 수 있습니다.

그러면 이런 선 체험이 앞에서 인용한 성서의 말씀을 해석하는 데 어떤 빛을 던져줄까? 첫째로, 개체(부분)와 전체의 역동적인 변증법적 관계가 이성적인 사색으로는 파악될 수 없다는 것을 가르쳐 줍니다. 오히려 우리는 먼저 자아ego를 방하放下하고 만물의 근원이신 하느님과 일치하지 않으면 안 됩니다. 만약 완전한 자기방기自己放棄를 통해 하느님과 일치할 수 있다면, 만물이 하느님 안에 하나라는 것을 알아보기 쉬울 것입니다. 따라서 사람이 된 하느님이신 예수 그리스도께서 십자가에 달려 죽으심으로써 모든 사람을 의롭게 하고 부활케 하신다는 신비를 잠시 엿볼 수 있을 것입니다.

그러나 이것만으로는 바울로가 말하고 있는 아담의 죄와 전인류와의 관계는 이해할 수 없을 것이고, 더구나 이 관계에 의거하여 그리스도의 죽음과 모든 사람의 구원과의 연관성을 설명하고 있는 대목은 여전히 불가해의 베일에 가려진 채 남을 것입니다. 나는 과문의 탓인지 아직까지 이 두 가지 점을 정확하게 해석하는 성서학자나 혹은 신학적으로 납득이 가게 설명하는 교의학자를 만난 적이 없습니다.

예수의 십자가와 모든 사람의 부활

공안 "만법귀일"의 후반, 즉 "일귀만법"의 경험 과정이 여기서 매우 중요한 의미를 가지고 있습니다. 내가 "일귀만법"에서 배운 것은 맹목적 평등에 관한 깨달음에 만족하여 눌러앉지 말고, 거기서 벗어나 다시 차별의 현실세계로 들어가서 모든 것의 잠재적 가능성을 발휘케 하여 활성화시켜야 한다는 것이었습니다. 이와 마찬가지로 그리스도교의 체험에 있어서도 하느님과의 일치를 추구하는 관상생활에만 잠겨 있지 말고, 현실세계의 모든 것 안에서 하느님을 발견하고 주의깊게 그 하나하나를 가장 보람있게 활용하여 살려가지 않으면 안됩니다. 구체적으로 말하면, 앞에서 나의 신자 친구가 말했듯이, 이웃의 한 사람을 마음과 힘을 다해 사랑하는 것이요, 또한 이웃의 한 사람에 대하여 자기가 저지른 한 가지 죄를 마음과 힘을 다해 성찰하고 규명하는 것입니다. 만약 마음과 힘을 다해 이웃의 한 사람을 사랑한다면 그 사람 안에서 하느님과 온 인류를 볼 수 있을 것입니다. 만약 이웃의 한 사람에 대하여 자기가 저지른 죄를 철저히 성찰하고 규명한다면, 자기 죄가 하느님에 대하여 무엄하기 짝이 없는 모욕이며 온 인류에 대하여 극히 성실하지 못한 소행이라는 것을 깨닫게 될 것입니다.

이런 영적 통찰력으로 앞의 성서 구절을 다시 한번 읽는다면, 바울로가 말하고자 한 바를 이해할 수 있을 것입니다. 우선 자기 죄를 철저히 성찰하고 규명한 사람은 인류의 머리인 아담의 한 가지 죄가 온 인류에게 "죄" 또는 "죽음"이라는 엄청난 파괴력을 미친다는 사실을 알 수 있을 것입니다. 또한 이웃의 한 사람을 마음과 힘을 다해 사랑하여, 앞에서 말한 그런 영적 통찰력을 얻은 사람은, 인간으로서의 나자렛 예수께서 십자가상의 죽음이라는 사랑의 한 가지 행위를 통해 전인류의 부활과 의화를 구현할 수 있다는 것도 알 수 있을 것입니다. 그뿐 아니라 바울로가 아담의 죄의 영향력에서 그리스도의 죽음의 그 보편적 구제력을 추론할 수 있는 것은 다음과 같은 이유 때문이라고 나는 생각합니다.

우리 인간에게 있어서는 이웃을 사랑하는 사실보다 먼저 우리가 죄인이라는 사실이 시간상으로나 본성상으로나 앞섭니다. 따라서 우리는 마음과 힘을 다해 이웃을 사랑하기 전에, 자신의 죄많은 처지를 스스로 깨달을 수 있고 또 그것이 우리에게는 전자보다 더 손쉬운 일입니다. 그러니까 우리는 이웃을 사랑함으로써 그리스도의 사랑의 행위가 미치는 보편적 구제력을 깨닫기 전에, 먼저 자기 죄를 철저히 성찰하고 규명함으로써 아담의 죄의 보편적 파괴력을 감지할 수 있고 또 그것이 전자보다 더 손쉬운 일입니다. 이렇게 생각하면 바울로가 왜 아담의 죄에서 그리스도의 사랑의 행업을 추론하였는지 이해할 수 있을 것입니다.

4. 무심無心과 어린이의 마음 (1)

무자 공안 · 「부동지신묘록」不動智神妙錄 · 반규 법어 盤珪法語

"어린이의 마음은 무無다"

　선종에서 무 혹은 무심이라고 부르는 것이 그리스도께서 설파하신 어린이의 마음과 같은 것이라고 흔히 말합니다. 예컨대 야마다 무몬山田無文 스님은 다음과 같은 일화를 전하고 있습니다.

> 언젠가 미국의 가톨릭 신부 한 분이 찾아왔습니다. 내 앞에 앉자 "선종의 깨달음을 가르쳐주시오. 깨달으면 어떤 심경이 되는지 들려주시오" 하고 묻는 거예요. 무척 뻔뻔스러운 질문이지요. 그런 것을 입으로 말할 수 있고 들어서 알 수 있다면, 우리가 뭐 무진 고생을 하면서 좌선 같은 걸 하지는 않지요. 일본에 온 김에 인스턴트로 손쉽게 깨달음을 얻어가지고 돌아가자는 심산이었을 것입니다. 나는 이렇게 말하면서 대답했지요. "당신의 질문에 대답하기 전에 내 쪽에서 물을 것이 있어요. 그리스도는 어린이 같은 마음을 가지지 않으면 천국에 들어갈 수 없다고 말씀하셨는데, 대체 어린이의 마음이란 어떤 마음인가요? 어린이의 심리 상태는 어떤 것입니까? 당신도 언젠가는 천국에 들어가시겠지만 그때 어떤 심경으로 천국에 들어가시겠습니까?" 이렇게 묻자 신부 양반 고개를 갸우뚱 하고 골똘히 생각에 잠겼습니다. 그리고 한참 만에 과연 그럴듯한 말씀을 하셨습니다. "어린이의 마음은 무입니다"라고 대답했어요. 선종에서 가르치는 것과 똑같은 말을 한 거예요. 내가 "그렇소. 어린이의 마음은 무입니다. 그 무가 무엇인지 알면 선의 깨달음을 얻게 되는 겁니다" 하자, (중략) 그는 무릎을 치면서 "이제 알았

습니다"하며 기뻐했습니다. 그래서 내가 다시 "아직 기뻐하는 건 일러요. 당신은 여기로 — 머리를 가리키며 — 알았지만 선에서는 여기로 — 아랫배를 가리키며 — 알아야 하는 거예요"하니, 자기는 대학에서 철학을 전공했기 때문에 머리로 알면 충분하다고 말하는 것입니다(『無文法話集』, 春秋社, 45쪽).

우리는 많은 선가禪家들의 입에서 같은 말을 듣는데, 그리스도교에서는 이런 의견에 대해 어떻게 생각하느냐는 질문을 나는 각계각층의 여러 사람으로부터 받았습니다. 그래서 이 문제를 좀더 자세히 거론해 볼까 합니다. 거론한다고 해서 문헌학이나 성서학의 지식을 동원하여 추상적으로 양자를 비교할 생각은 없습니다. 이런 추상적 논의는 종교문제의 핵심에 접근할 수 없기 때문입니다. 오히려 나는 이런 지식을 전제로 하여 묵상을 통해 나 자신의 체험을 심화하면서 선의 무와 그리스도께서 설파하신 어린이의 마음의 본질적 정수精髓에 접근해 볼까 합니다.

그런데 선에서 무라고 말하는 것도, 또한 그리스도께서 역설하신 어린이의 마음이라는 것도 언뜻 생각하기엔 누구나 이럭저럭 알아들을 것 같은 느낌이 듭니다만, 동시에 이처럼 종잡을 수 없는 것도 없습니다. 뭔가 알 듯하면서도 실제로는 알 수 없다는 점이 양자의 공통적인 특징인 것 같습니다. 양쪽 다 매우 단순하기 때문에 이런 점에서는 누구나 알 수 있는 것이기도 하지만, 또 다른 점에서는 그토록 심오하고 이해하기 어려운 것도 없어 아무나 쉽게 납득할 수 없는 것이기도 합니다. 그러므로 안이하게 양자를 같은 것이라고 단정할 수도 없고, 그렇다고 전혀 다른 것이라고 속단할 수도 없습니다. 더욱이 양쪽 다 한두 번의 종교 체험으로 완전히 깨달을 수 있는 것은 아닙니다. 하물며 그것을 뱃속(마음속)으로 알고 또한 그 깨달은 것을 몸으로 익혀 일상생활에서 실천해 간다는 것은 필생의 대업입니다. 그러니까 이제 내가 말하려는 것도 나의 미숙한 이해의 수준에서 시도해 보는 임시적인 답이라 하지 않을 수 없습니다.

머리로 아는 것과 뱃속으로 아는 것

앞에서 인용한 야마다 무몬 스님의 글에서는 머리로 아는 것과 뱃속(마음속)으로 아는 것과의 차이를 강조하고 있습니다. 무심無心에 대해서나 어린아이의 마음에 대해서나 이 두 가지 "앎"을 엄밀히 구별하지 않으면 안됩니다. 먼저 이 문제부터 고찰해 봅시다.

선종의 무는 선 체험의 첫 관문(初關)입니다. 사승을 만나뵙고 정식으로 사제師弟의 예를 갖춘 다음, 제일 먼저 주어지는 공안은 대부분의 경우 "무자" 공안입니다. 나의 경우도 예외는 아니었습니다. 이미 앞에서 말한 바와 같이, "조주구자"趙州狗子라 일컬어지는 이 공안은 무문혜개無門慧開 선사가 문도를 접득接得하기 위해 제일 먼저 제시한 과제입니다. 그는 평창評唱에서 "참선에서는 모름지기 조사관祖師關을 투과해야 한다"고 말했습니다.

　　　趙州和尙이 因 僧問 狗子還有佛性也 無니까. 州云, 無하다(無門關. 第一則).

불교에서는 일체 중생이 모두 불성을 지니고 있다고 가르칩니다. 강아지도 예외는 아닙니다. 그러나 교리상으로 말하면 개에게도 불성이 있겠지만, 상식이나 경험상으로는 개가 불성을 지니고 있다고는 생각되지 않습니다. 앞에서 말하는 중은 불교의 교리와 상식적 생활 체험의 중간에 끼여 어찌할 바를 몰라서 그런 질문을 조주 스님에게 던졌을 것입니다. 조주 스님은 다만 간단히 "무"라고 대답했습니다. 이것은 무엇을 의미할까? 조주 스님은 개에게 불성이 없다고 말하고 있는 것은 아닙니다. 만약 그런 뜻으로 말했다면 불교의 교리를 부정한 것이 됩니다. 선종 사상史上 가장 탁월한 거장의 한 사람인 그가 불교의 근본 교리를 부정할 리가 없습니다. 더구나 그는 다른 기회에 같은 질문을 받았을 때 "유"有라고 대답한 점으로 미루어, 이 "무"는 유무有無를 초월한 것임을 추론할 수 있습니다. 이것이 이른바 "동양적 무"라는 것입니다.

이것이 이성의 추론으로 도달할 수 있는 "무"의 해석입니다. 아마 야마다 무몬 스님이 말한 "머리로 아는 것"이란 이런 해석을 가리킬 것입니다.

그러나 이것은 탁상공론이며 선에서 말하는 "산 지혜"는 아닙니다. 머리로 어떤 것이 이해되었다고 해서 몸과 마음이 반드시 그 이해를 따르는 것은 아닙니다. 머리로는 알고 있어도 대부분의 경우 그것을 실행할 수 없는 것은 바로 이때문입니다. 더욱이 머리는 이런 절대무絶對無를 끊임없이 파악해 나갈 수도 없습니다. 왜냐하면 일상생활에서는 다른 일에 머리의 생각을 돌리지 않을 수 없기 때문입니다. 그래서 절대무에 관해서는 완전히 잊어 버리기 쉬운 것입니다. 그 결과 절대무에 관한 이해는 실제 생활에서 산 슬기가 되지 못하고 용두사미의 무용한 지식으로 끝나버리고 맙니다.

이와는 달리 무엇을 "뱃속으로 안다"면, 그것은 틀림없이 실제 생활에서 산 슬기가 될 것입니다. "뱃속으로 안다"는 것은 머리와 마음, 곧 인간 전체로써 깨닫는 것이기 때문입니다. 내 나름으로 말한다면 "몸" 전체로 아는 것이라 하겠습니다. "무"란 대상과 하나가 되어 삼매경에 드는 것이니, 일상생활에서 무엇을 해도 현재 하고 있는 일에 몸과 마음의 모든 힘을 기울이게 되는 것입니다. 이것이 바로 "무"를 뱃속으로 알고 그것을 일상생활에서 살려가는 것이라 하겠습니다.

그런데 무를 참으로 "뱃속으로 알기" 위해서는 먼저 똑바른 자세로 단좌端坐하여 호흡을 고르게 하며(調息) 마음을 가다듬고(調心) 삼매경이 되지 않으면 안됩니다. 모든 상념을 말끔히 떨쳐버리고 삼매경에 몰입하기란 여간한 노력으로는 되지 않습니다. 온 몸, 온 영혼으로 대사일번해야 한다고 말하는 것은 이때문입니다. 초관初關을 투과한 사람들은 모두 이 "큰 죽음"(大死)의 관문을 빠져나가기 위해 혼신의 힘을 기울였을 것입니다.

그리스도께서 말씀하신 어린이의 마음을 "아는" 데도 두 가지 방법이 있습니다. 먼저 그분이 어린이의 마음에 관해 설교하신 말씀을 들어봅시다.

> 그때 제자들이 다가와 물었다. "하늘나라에서 누가 제일 큰 사람입니까?" 예수께서 어린이 하나를 가까이 불러 그들 가운데 세우고 말씀하셨다. "진실히 말하거니와, 마음을 돌이켜 어린이같이 되지 않으면 결코 하늘나라에

들어가지 못할 것입니다. 이 어린이처럼 자신을 낮추는 그런 사람이야말로 하늘나라에서 제일 큰 사람입니다"(마태 18,1-4).

우선 어린이의 마음을 가진다는 것이 어떤 것인지를 "머리로 아는" 경우란, 성서학의 지식을 활용하여 이 구절을 이해하는 것이라 하겠습니다. 예컨대 다음과 같은 해석이 그렇습니다. "제자들이 예수께 천국에서 제일 높은 사람은 누구냐고 물었을 때, 그들의 마음에는 높은 사람이 되고 싶고 다른 사람들보다 뛰어나고 싶은 욕망이 있었다. 이에 대해 예수께서는 어린이처럼 되어야 한다고 가르치셨다. 그러니까 어린이의 마음이란 겸손하고 자기를 낮추는 마음을 의미한다. 이 겸손이 없으면 천국에 들어갈 수 없다. 제일 겸손한 사람이 천국에서 제일 높은 사람이다. 그러니까 우리도 겸손을 배우지 않으면 안된다." 대체로 이런 해석이 어린이의 마음을 "머리로 아는" 경우입니다. 그러나 이렇게 "머리로 안다" 하더라도 마음 자체는 그전과 같이 계속 교만하다면 아무 소용도 없을 것입니다. 그래서 뜻있는 사람은 이 머리로 이해한 바를 기초로 하여 겸손해지려고 무진 애를 쓰지만, 마음은 머리가 말하는 것을 즉각 고분고분 들어주지는 않습니다. 마음까지도 겸손해지려면 오랜 수련을 거쳐야 하는 것입니다.

그러면 어린이의 마음을 "뱃속으로 안다"는 것은 무슨 뜻일까요? 그것은 어린이의 마음을 머리와 마음속으로, 곧 인간 전체로서 깨닫는다는 뜻입니다. "하늘나라"에 관한 복음을 겸손하게 귀담아들으며 순순히 받아들이고 온 "몸"으로 그 나라에 들아감을 의미합니다. 그렇게 하면 일상생활에서 그것이 생동하게 됩니다. 하늘나라에 들어간다는 것은 하늘에 계신 하느님 아버지의 자녀(아기)가 되는 것이므로 온 "몸"이 겸손해질 뿐 아니라, 매양 천진난만한 사람이 되어 무슨 일에나 마음을 열고 받아들이게 됩니다. 말할 필요도 없이, 선의 무심이 아무것도 하지 않는 방심과 다르듯이, 어린이의 마음을 가진다는 것도 아무 일도 하지 않는 갓난아기 같은 소극적인 기분을 가진다는 뜻이 아닙니다. 또한 선의 무를 체득하려면 대사일번의 각오를 해야 하듯이, 어린이의 마음이 되려면 뒤에 말하는 바와같이 모든 것을 버리지 않으면 안됩니다. 무문無門 스님은 제1칙 "조주구자"의 평창評唱에서 "무"를 "뱃속으로 알게" 되는 심리 과정을 명확하게 묘사하고 있습니다. 그것을 다음과 같이 요약할 수 있습니다.

깨달음에 이르는 심리 과정

1) "묘오妙悟는 심로心路를 궁窮하고 절絶함을 요한다." 깨치기 위해서는 모든 인식작용이나 추리작용을 깡그리 버리지 않으면 안된다.

2) "심로를 궁하고 절하는" 구체적인 방법은 몸의 자세를 단정히 하고(調身) 호흡을 고르게 하여(調息) 마음속으로 "무!"를 외면서 이 "무!"에 정신을 집중한다.

3) 그렇게 하면 의단疑團(의문덩어리)이 일어난다. 무란 무엇인가, 이 "나"는 무인가 하는 의문이 전신에 꽉 차지 않으면 안된다. 이것을 무문 스님은 다음과 같이 묘사하고 있다. "삼백육십 골절三百六十骨節, 팔만사천 호규八萬四千毫竅(= 毛孔)로써 전신에 이 의단을 일으켜 이 무자無字를 참구하라."

4) 이 "무!"를 밤이나 낮이나 잊어서는 안되며 좌선중에도 식사 때도 휴식시간에도 부단히 외며 거기에 모든 정신을 집중한다. 그러는 동안에 머릿속으로 무란 허무라든가, 혹은 유에 반대되는 무라든가, 혹은 유무를 초월한 절대무라든가 하는 생각을 해서는 안된다. 즉, "주야제시晝夜提撕하되 막작허무회莫作虛無會하며 막작유무회莫作有無會하라"고 한다(會 = 分別).

5) 이렇게 열심히 수행을 거듭하면 며칠 뒤에는 "열철환熱鐵丸을 삼킨 것 같아서, 토하고 또 토해도 나오지 않는다". 즉, 완전히 열중하여 자신을 잊고 더 이상 머리로 통상적 인식작용을 할 여지가 없어지고 마는 것이다. 이런 상태가 지속되면 "종전의 악지악각惡知惡覺을 탕진하고" — 이제까지 배워 익힌 망상의 뿌리를 말끔히 없애버리고 — 마음은 더욱더 순수해지며 성숙하게 된다.

6) 그리고 마침내 "자연히 내외內外가 타성打成하여 하나"가 되니, 곧 주체와 객체의 구별이 없어지고 무자無字와 자신이 하나가 되는 것이다. 이 경

지는 "여아자득몽如啞子得夢 지허자지只許自知", 즉 벙어리가 꿈을 꾸고 다만 자기 홀로 그것을 알고 있듯이 스스로 체득하는 수밖에 없다.

깨달음의 내용인 무의 당체當體(= 본질)는 아무리 애써도 말로는 표현할 수 없습니다. 그러나 우리보다 먼저 이 길을 간 사람들이 그 길잡이가 될 만한 말을 많이 남겨주었습니다. 나는 그중에서 두 가지만을 골라 선의 무 혹은 무심이라는 경지가 어떤 것인지 대강이라도 소묘해 볼까 합니다. 다꾸안澤庵 선사는 야규우 다지마노가미 무네노레柳生但馬守宗矩에게 내려준 「부동지신묘록」不動智神妙錄에서 다음과 같이 말하고 있습니다.

> 무심의 마음이란 (중략) 본디 어떤 일정한 지향 같은 것도 없고, 분별도 사념思念도 아무것도 없을 때의 마음. 온 몸에 퍼져 속속들이 미치는 마음이다. 어떤 것에도 매이지 않는 마음이다. 돌이나 나무와는 달리 머무르는 데 없음을 무심이라 한다. 어딘가에 머무르면 마음속에 무엇이 있는 것이고, 머무르는 데가 없으면 마음속에 아무것도 없는 것이니, 이렇게 마음에 아무것도 없는 경지를 무심의 마음, 또는 무심, 무념이라 한다. (중략) 마음속에 뭔가 생각하는 것이 있으면 다른 사람이 말하는 것을 들어도 듣지 못하니, 이는 마음이 그 생각하는 것에 머물러 있기 때문이다. (중략) 이것은 마음에 무엇이 있는 소치이다. 있다 함은 생각하는 것이 있다는 것이다. 이 있는 것을 없앨 때 마음은 무심의 경지에 이르고 어떤 일이 생길 경우에만 발심하여 그 일을 처리한다. 이 마음에 있는 것을 없애려고 생각하는 그 마음이 또한 심중에 자리잡게 된다. 생각하지 않으면 절로 사라지고 자연히 무심의 경지가 되느니라(「부동지신묘록」).

대부분의 사람들은 무심無心이란 사람이 목석같이 무감각하게 되는 것이라고 생각할지 모릅니다. 그러나 결코 그렇지 않다고 다꾸안 선사는 설법하고 있는 것입니다. 오히려 어떤 것에도 마음을 두지 않는 것이 무심이라고 합니다. 예를 들면 목숨을 건 검술의 대결에서 적과 맞설 때 어디에도 마음을 두지 않고 전신에 기력을 충만하게 하는 경지가 곧 무심입니다. 사방 팔방으로 미치지 않는 데 없이 의식을 충실케 하면서 아무것에도 마음을 두지 않으면, 상대가 어느 쪽으로 쳐들어와도 즉각 번개처럼 대응할 수가 있고, 한편 상대에게 어딘가 틈이 있으면 날쌔게 일격을 가할 수 있습니다. 이와 반대로 마음이 어느 한 곳에 머무르면 거기에 정체하게 되므로 다른 데는 주의력이 미치지 못해 틈이 생기고 마침내 결투에 지고 맙니다. 적의 칼에 마음을 두면 거기에 마음이 매이고, 적의 몸의 움직임에 마음을 두면 거기에 마음이 사로잡히고, 자기 칼에 마음을 두면 거기에 정신을 빼앗기고 맙니다. 적이 강하다고 생각해도 안되고, 자기가 약하다고 생각해도 안된다고 다꾸안 선사는 말합니다. 이런 무심이란 얼빠진 무념무상의 상태가 아니라 오히려 기력이 전신에 충만한 경지입니다.

이런 심경에 도달하려면 멍청하게 좌선만 하고 있어서는 안됩니다. 첫째로, 영혼과 육체의 모든 힘을 다해 진지하게 수행하지 않으면 안됩니다. 그뿐 아니라, 둘째로 일상생활에서도 같은 기력을 부단히 지녀나가면서, 무슨 일을 하든 혼신의 힘을 기울여야 합니다. 이렇게 성심껏 수행에 정진해야 비로소 다꾸안 선사가 말한 바와같이, "어떤 곳에도 마음을 두지 않으니 그 마음이 자기 전존재에 가득히 번지고, 또한 그렇게 온 몸에 두루 퍼지면, 마음이 손에 들어갈 때는 손의 일을 하고, 발에 들어갈 때는 발의 일을 하고, 눈에 들어갈 때는 눈의 일을 하고, 그 들어가는 곳마다 스며드는 정도만큼 그 부분의 구실을 다한다"(전게서)고 할 수 있게 됩니다.

원심력과 구심력이 균형을 이루어 영靈이 된다

다꾸안 화상의 이 무심에 관한 설명을 읽어보면, 옛 조사祖師들이 몸소 고수苦修하면서 무의 사상을 제자들에게 전하며 어떻게 발전시켜 왔는가를 짐작할 수 있습니다. 원시불교에서 공空(sūnyatā)으로 파악된 것이 중국에 전래되어서는 더욱 실천적으로 무로서 이해되었습니다. 그 다음 그것이 일본에 건너와서는 다시 일상생활의 구석구석에 미치는 무심으로까지 발전하게 되었습니다. 그런데 또 현대에 와서는 이 무심을 "무중력 상태"라는 더 구체적인 양태로 바꾸어 이해하게 되었습니다. 내가 사사師事하는 오오모리 소오겐 스님은 검도劍道에서의 무심에 관해 나에게 다음과 같은 경험을 이야기해 준 적이 있습니다.

> 나는 야마다 지로기찌山田次朗吉 선생에게서 직심영류直心影流의 법정法定이라는 검법을 배웠습니다. 이 법정이란 "후래 습태後來習態의 용형容形을 제거하고 본래 청명本來淸明의 항체恒體를 회복함"을 말합니다. "후래 습태의 용형"이란 태어난 이래 후천적으로 배우고 익힌 악습이나 집착을 가리키며, 이 모든 것을 법정이란 형을 습득함으로써 제거하는 것입니다. "본래 청명의 항체"란 선종에서 본래 면목 또는 무라고 부르는 것이라 생각하면 될 것입니다. 내가 이 법정이란 형을 여러해 동안 연습하여 마침내 그것을 자유자재로 구사할 수 있게 되었을 때의 일입니다. 어느 날 이 형을 연습하고 있으니까, 몸 전체에 기력이 충만하고 사지의 근육의 긴장이 가시며 원심력과 구심력이 균형을 이루어 영零이 된 사실을 깨닫게 되었습니다. 그것은 마치 "무중력 상태"와 같았습니다. 이런 자각을 하게 된 후로는 쉽게 그런 상태에 도달하게 되었습니다. 그후 좌선을 하다가 삼매경에 들었을 때도 검도의 법정형을 취한 경우와 똑같이 기력이 전신에 충만하고 사지의 근육의 긴장이 가시며 원심력과 구심력이 균형을 이루어 영이 되는 것을 깨달았습니다. 그것은 육체적인 평형만은 아니었습니다. 나는 마음의 평형도 얻어, 나의 정신적 원심력과 구심력이 균형을 이루어 영이 되는 것을 알아차렸습니다. 이것은 일종의 자각이지만, 그후로 나는 아주 수월하게 이 경지에 이르러 썩 잘 앉아 있을 수 있게 되었습니다.

나는 이 스승의 술회述懷를 들었을 때 마치 휘황한 빛이 비치는 듯한 느낌이 들었습니다. 내가 좌선을 하면서 경험한 것을 명확한 말로 표현해 주었기 때문입니다. 그래서 나는 즉시 스님에게 물었습니다. "그런 경우의 마음의 원심력이나 구심력이라고 하는 것은 무엇입니까?" 그러자 스님은 잠시 생각에 잠겼습니다. 성급한 나는 잇따라 이렇게 물었습니다. "그것은 우리 삶의 갖가지 이원상대적二元相對的인 국면들이 아닐까요? 이를테면 유와 무, 주체와 객체, 주관과 객관, 나와 너, 깨달음과 미혹, 선과 악, 아름다움과 추함, 거룩함과 속됨, 하늘과 땅, 동動과 정靜, 하나와 다수, 개체와 전체, 괴로움과 즐거움, 질병과 건강, 가난과 부요, 단명과 장수 등 인간 존재와 이 세계를 구성하고 있는 온갖 대립물이 바로 그런 것이 아닐까요?" 스님은 곧 나의 생각에 동의하였습니다.

선문禪門에서는 수행자에게 온갖 이원상대관을 초월하지 않으면 안된다고 엄히 훈계합니다. 특히 수행이 진보하면 할수록 마음속 어디엔가 숨어서 남아 있는 이원상대관을 철저히 타파해 버릴 것을 요구합니다. 모든 공안, 특히 난투難透와 향상向上의 공안 또는 마지막 일구一句는 바로 그것을 목표로 한다고 말할 수 있습니다. 그러므로 수행자는 모름지기 "서가모니도 달마도 아직 수행중이다. 나야 정말 미숙할 뿐이지. 미숙하고말고" 하는 생각으로 어려운 고비들을 넘기며 정진하지 않으면 안됩니다.

그러나 이제까지의 선에서는 마음속의 이원상대성을 초월할 목적으로, 자칫하면 관념적으로 기울어지는 경향이 있었고, 그래서 일상생활에서 선 체험을 살리지 못하는 흠이 있었습니다. 여러 가지 공안을 투과하면서도 일상생활에서 선의 보람을 찾지 못하는 경우를 가끔 보고 듣습니다. 그런 결함을 메우기 위해 소오겐 스님은 서도書道와 검도를 선 수행에 도입하여, "몸"에도 선의 힘이 생동하고 더 나아가서는 그것이 일상생활의 처신에서 활력소가 되도록 지도하였습니다. 이 신심일여身心一如의 수행법은 선 사상史上 소오겐 스님이 처음 도입한 것으로, 실로 획기적인 혁신이라 할 수 있습니다. 서도에서는 붓과 종이와 내가 하나가 되고, 아무 데도 매이지 않는 자유로운 경지에서 전신에 기력을 넘치게 하여 무심하게 글씨를 쓸 수 있습니다. 이것을 일상생활에 옮기면, 붓이나 펜으로 무엇을 쓸 때뿐 아니라, 자동차의 핸들을 잡거나 바느질을 하려고 바늘을 들 때, 그밖에 이와 비슷한 어떤 일을 할 때도 필선도筆禪道에서 배운 무심의 독창적 활력이 생생하게 작용하는 것입니다.

거울과 같이

 무심의 또 하나의 국면을 반규盤珪 선사의 설법을 빌려 소묘하고자 합니다. 선사는 불생선不生禪을 발전시킨 저명한 고승입니다. 우리는 모두 저마다 불생의 마음을 받아 지니고 있다고 선사는 말합니다.

> 불생이라 하는 것은 밝은 거울과 같은 것이외다. 거울이라는 것은 스스로 무엇인가 비치게 하려고 힘쓰지 않더라도, 그 앞에 무엇이든 있으면 그 모양이 절로 비치게 마련이외다. 또한 거울 자신은 비치지 않았으면 하는 생각을 하지 않더라도 그 앞에 있는 것을 치워버리면 거울에 비치지 않는 것이외다. 불생의 마음이라 하는 것도 이와 똑같은 것이올시다. 무엇인가 보고 듣고자 하면 당연히 보고 듣게 마련이지만, 보고 듣고자 아니하는 데도 무엇인가 보이고 들리는 것은 각자에게 불심佛心이 있는 덕이외다. 이것이 곧 불생의 마음이올시다. (중략) 오늘 이 몸이 말하는 바를 귀담아듣고 일단 무엇인가 납득이 간다면 그것이 그대로 불심이올시다.(『盤珪全集』 44쪽).

예로부터 동서양을 막론하고 사람의 마음은 거울에 비유되어 왔습니다. 어떤 사물이 거울 앞에 있으면 그것은 으레 거울에 비치게 마련이지만, 그것이 없어지면 거울의 영상 역시 자취도 없이 사라지고 맙니다. 더러운 것이 비치었다고 해서 거울이 더러워지는 것은 아닙니다. 사람의 마음도 마찬가지입니다. 어떤 것에도 구애를 받지 않으면 사물을 정확히 반영하지만, 일단 그것이 사라지면 마음속에 그 형적을 남기지 않습니다. 자기를 백지처럼 깨끗한 상태로 환원시켜 정말로 새로운 시초로 돌아간다면, 언제든지 모든 사물을 정확히 반영할 태세를 갖추게 되는 것입니다.

5. 무심無心과 어린이의 마음 (2)

어린이처럼 되라는 예수의 가르침 · 이냐시오의
어느 한쪽으로도 치우치지 않는 마음(不偏心)

예수께서 분개하시다

 선의 무에 관해서는 앞장에서 자세히 이야기하였으니, 독자도 무가 어떤 것인지 적어도 머리로는 웬만큼 이해되었을 것입니다. 그리스도께서 설교하신 어린이 같은 정신은 이 무와 비슷하다고 하는데 이제 그 문제를 고찰해 볼까 합니다.
 예수께서 어린이와 같은 마음을 가지라는 말씀을 하시게 된 경위는 다음과 같습니다.

> 사람들이 어린이들을 예수께 데려와서 어루만지시게 하려 하자 제자들이 나무랐다. 예수께서 보고 언짢아하시며 말씀하셨다. "어린이들이 내게 오도록 그냥 두시오. 막지 마시오. 하느님 나라는 이런 이들의 것입니다. 진실히 말하거니와, 어린이처럼 하느님 나라를 받아들이지 않는 사람은 결코 거기 들어가지 못할 것입니다." 그러고는 어린이들을 껴안고 손을 얹어 축복하셨다(마르 10,13-16).

 이 일화는 예수께서 어떤 인품을 가지고 계셨는지를 뚜렷이 알려줍니다. 이것을 보면 예수께서는 격식을 찾는 딱딱한 인격자라기보다 누구나 쉽게 접근할 수 있는 다정한 분이었습니다. 복음서는 이 사건에 앞서 바리사이들이 이혼에 관한 어려운 문제를 예수께 들이댄 일을 기록하고 있습니다.

예수께서는 그 난문에 명쾌한 답을 하셨습니다. 그런 계제에 많은 부모들이 어린이들과 함께 군중을 헤치고 앞으로 나왔습니다. 유명한 설교가이신 예수께서 자기네 어린것들을 어루만져 주셨으면 하는 생각에서 그랬던 것입니다. 제자들은 이런 광경을 보고 귀찮다고 여겼는지 그 부모들을 몹시 나무랐습니다. 그러니까 제자들은 아직 예수의 정신을 몸에 배도록 감득하지 못하고 있었던 것입니다. 제자들의 처사를 보고 예수께서는 화를 내십니다. 이때의 예수의 모습을 복음서는 "언짢아하셨다"고 보고하고 있습니다. 이 낱말의 그리스어 원어는 아가나크테오 *aganakteō*입니다. 이 그리스어 동사는 "성나다, 노하다, 분개하다, 흥분하다"는 뜻입니다. 이렇게 예수께서 분개하시는 것을 보고 제자들은 틀림없이 놀랐을 것입니다. 제자들은 예수를 위해 당연한 일을 한 것으로 알고 있었을 터이니, 칭찬은 듣지 못할망정 설마 노여움을 사리라고는 생각지 않았을 것입니다. 그러나 뜻밖에도 예수께서는 화를 내셨습니다. "말리지 말라"고 꾸짖으신 것입니다.

종교가의 노여움

우리 범인에게는, 훌륭한 종교가는 결코 분노하거나 화를 내는 일이 없으리라는 생각이 들기 쉽습니다. 많은 그리스도 신자들도 자기가 신인神人으로 믿고 있는 예수께서 설마 화를 내신 적은 없을 것이라고 생각하고 있지 않을까요? 그래서 비록 성서에는 예수께서 화를 내시고 언짢아하셨다고 명백히 기록되어 있더라도, 그것을 무시하거나 혹은 고의로 그 점에 관해 언급하지 않으려는 경향이 있습니다. 그러나 예수의 분개는 매우 중요한 의미를 띠고 있습니다. 만약 그 의미를 간과한다면 예수의 진의를 충분히 헤아릴 수 없게 될 것입니다. 그러면 예수께서는 왜 언짢아하셨을까? 설마 예수께서 자기 감정을 억누르지 못하여 제자들에게 화풀이를 한 것은 아닐 것입니다. 오히려 제자들이 당신의 본의에 어긋나는 일을 하고도 잘한 것으로 알고 있는 데에 분개하신 것은 아닐까? 제자들은 예수께서 가장 중대한 가르침으로 여기고 계시던 점과 완전히 배치되는 소행을 했던 것입니다. 그대로 내버려두면 제자들은 예수께서 선포하시는 복음을 터무니없이 잘못 해석하고 인류의 구원에 해로운 화근을 후세에 남길 것이 틀림없습니다. 그러니까 예수의 분격은 인류의 구원을 위한 당신 비원悲願의 표명이었다고 말할 수 있습니다.

이에 관해서 나는 선의 지도를 받고 있는 사승師僧에게서 생생한 교훈을 들은 적이 있습니다. 그것은 내가 직접 스님에게 사사하려고 매일 아침 뎃슈우회 선 도량鐵舟會禪道場에 다니기 시작한 무렵이었습니다. 그때 나는 아직 스님을 단독으로 뵙고 상량할 허락을 얻지 못하고 있었습니다. 어느 날 아침입니다. 여느 때와 같이 좌선·조과(아침 예불)·서도가 끝나고 다례茶禮가 시작되었습니다. 그날은 드물게 많은 제자들이 모였습니다. T 선생, O씨, G씨 등 뎃슈우회 간부진도 동석하고 있었습니다. 스님은 K씨에게 조용히 말을 건네며 물었습니다. "들은 바에 의하면, 자네는 모씨로부터 직심영류直心影流의 법정法定을 가르쳐 달라는 청을 받고 그 사람 집에 가서 가르쳐 주었다는데 그게 사실인가? 그 사람한테 찾아간 것은 자네의 제안인가, 아니면 그쪽의 부탁인가?" 스님이 이것저것 물었는데, 거기에 대해서 K씨는 말끝을 흐리며 명확한 답을 하지 않았습니다.

바로 그때 스님은 청천벽력처럼 일갈하시며 K씨를 호되게 꾸짖었습니다. 이어서 조리있게 타일렀습니다. "무예에 출장지도 같은 것은 없어요. 배우고 싶은 자가 도장으로 와서 배우는 것이 본래의 원칙이네. 자네도 무예가의 한 사람이 아닌가. 무예가면 무예가답게 그 도를 엄격히 지켜야 하네." 스님의 맑은 음성이 도량 가득히 울려퍼지며 거기에 동석하고 있던 모든 사람의 마음에 사무치는 느낌을 주었습니다. 나는 이 말을 듣고 기급해서 어쩌할 바를 몰랐습니다. 나의 생애에서 이렇듯 준엄한 질정叱正을 본 적은 한번도 없었기 때문입니다. 도를 지키는 것이 얼마나 중요한지를 그토록 절실히 느껴보기는 처음이었고, 그전에도 후에도 그런 경험을 하지 못했습니다. 이제 와서 생각해 보니, 자유자재로 "휘어잡기도 하고 풀어주기도 하며" 제자를 교육하는 강유겸전剛柔兼全의 수완은 범상한 것이 아니었습니다. 더욱이 그 질책에는 스님의 중생 제도의 비원이 깃들여 있었다는 것도 나는 잊을 수 없습니다. 이런 일이 있은 직후에 나는 다른 사람들과 줄지어 앉은 자리에서 앞으로 나아가, 전에 스님에게 받은 글씨를 넣어둘 상자 뚜껑에 일필一筆 써주기를 부탁드렸습니다. 그때 스님은 이미 여느 때와 조금도 다름없는 온화한 표정을 되찾고 계셨습니다. 그 몰종적沒蹤跡(집착 없는 無碍自在의 경지)의 모습에 나는 눈이 휘둥그래졌습니다. 나는 그때의 일을 한평생 결코 잊지 못할 것 같습니다. 이런 경험이 내 마음속 깊이 뿌리박혀 있기 때문에, 앞에서 말한 예수의 분개와 제자들의 놀라움을 가슴이 미어질 만큼 절실히 이해할 수 있습니다. 화를 내신 다음 예수님 말씀의 내용에 오히려 평온한 어운語韻이 감도는 데 유의해야 할 것입니다. 그 내용으로 미루어 이때 예수의 어조도 조용하면서 사람의 마음에 사무치게 들렸을 것으로 생각됩니다.

슬기롭고 똑똑한 사람들과 어린이

이야기의 출발점으로 돌아갑시다. 예수께서 왜 제자들의 처사에 그토록 화를 내시고 언짢아하셨는지는 이상의 고찰에서 충분히 이해되었으리라 생각됩니다. 그 까닭은 제자들이 예수께서 가르치시려는 길에서 빗나가고 있었기 때문입니다. 그러면 예수께서 그처럼 중요시하시는 길이란 어떤 것이겠습니까? 예수께서는 이어서 다음과 같이 말씀하심으로써 그것을 알려주십니다.

> 진실히 말하거니와, 어린이처럼 하느님 나라를 받아들이지 않는 사람은 결코 거기 들어가지 못할 것입니다.(마르 10.15).

예수께서 가르치시는 하느님 나라로 들어가는 길이란 곧 어린이의 길입니다. 그런데 이 어린이의 길을 이해하는 데 중요한 관건은 "받아들인다"는 말입니다. 그리스어 원문의 "데코마이"dexomai라는 동사를 번역한 것인데, 이 말은 (제공된 것을) 받는다, 받아들인다, 환영한다, 환대한다, 영접한다 등의 의미를 가지고 있습니다. 그러니까 아버지이신 하느님께서 제공하신 "하느님 나라"를 진심으로 반가워하며 순순히 받아들이는 태도가 중요하다는 것을 이 대문은 이야기하고 있습니다. 여기서 "어린이처럼"이라는 말은 아무런 사심이나 의심을 품지 않고 순진하고 단순하게 모든 사람의 호의를 받아들이는 태도를 가리킵니다. 그뿐 아니라 예수께서 선포하신 복음을 배경으로 하여 이 "어린이처럼"이란 말의 의미를 고찰해 보면 더 깊은 뜻이 있는 것 같습니다. 유명한 성서학자 요아킴 예레미아스가 말한 대로 "어린이만이 하느님의 보호 아래 편한 마음을 가지고 하느님의 무한한 사랑을 느끼며 어린이다운 신뢰심으로 하느님을 아빠(아버지!)라고 부를 수 있는 것입니다".

이와 관련해서 생각나는 것은, 예수께서 어느 때 다음과 같이 기도하신 사실입니다.

> 하늘과 땅의 주님이신 아버지, 이 일을 슬기롭고 똑똑한 사람들한테는 감추고 철부지 같은 사람들한테는 보이셨으니 찬양하나이다. 예, 아버지, 아버지의 선하신 뜻이 이처럼 이루어졌나이다(마태 11.25-26).

이 기도에서 추론할 수 있는 것은, 예수께서 하느님을 아버지라고 부르신 사실과, 또한 하느님의 뜻에 따라, 예수께서 선포하신 "하느님 나라"가 철부지 어린아이들에게 드러나 보이고 "슬기롭고 똑똑한 사람들에게는" 감추어져 있다는 사실입니다. "어린아이들"과 "슬기롭고 똑똑한 사람들"이 대치되어 있기 때문에, 후자가 어떤 부류의 사람들인지를 알면 "어린아이들"이란 무엇을 의미하는지도 알게 될 것입니다. 예수 시대의 "슬기롭고 똑똑한 사람들"이란 율법의 전문가나 교사, 그리고 바리사이파 사람들을 가리킵니다. 그들 가운데에는 예수에게 악의에 찬 난문을 던져 그분을 올가미에 걸리게 하려는 자들이 있었습니다. 그들은 율법을 빈틈없이 지키려는 과잉 열성 때문에 함부로 다른 사람들을 심판하며 죄인이나 세리들을 멸시하고 외면적으로만 독실한 체할 뿐, 율법의 참된 정신은 망각하고 있었습니다. 그들은 자기들의 율법 지식을 뽐내며 지나친 자부심을 가진 나머지 무식한 사람들이나 하층계급을 업신여겼습니다. 그들은 학자였으니 머리가 좋고 똑똑하여 "마음속으로 이것저것 이치를 따지곤 했고"(마르 2,6-8 참조), 그래서 오히려 예수께서 계시하신 "하느님 나라"를 순순히 받아들일 수 없었던 것입니다. 그러니까 이들과 대치되는 "어린아이들"이란 율법을 모르는 어리석고 무식한 사람들을 가리키며, 그들은 율법학자들에게 "암 하아레츠"(= 속세의 가난뱅이들)라 불리며 멸시를 받고 있었던 사람들입니다.

모든 것을 버리고

여기서 생각나는 것은 선에서도 수행을 하는 데 가장 큰 장애가 되는 것이 지식이라는 사실입니다. 깨달음에 도달하려면 모든 관념과 사색을 방하放下하지 않으면 안된다고 강조됩니다. 또한 이와 관련해서 "어린이들"이 "슬기롭고 똑똑한 사람들"과 대비되고 있는 것은 흥미로운 일로서, 선과 그리스도교 양자간에 유사점이 있음을 알려줍니다. 양자는 사물을 순순히 받아들인다는 점, 사적인 감정을 개입시키지 않고 거울처럼 사물을 있는 그대로 반영시킨다는 점, 자신의 지식이나 선입관에 구애받지 않으며, 또한 마음속으로 이치에 닿지 않는 억지를 늘어놓지 않고 직접 사물에 몰입한다는 점에서 서로 비슷하다고 말할 수 있습니다.

그뿐 아니라 선과 그리스도교는 또 한 가지 중요한 점에서 유사합니다. 어린이처럼 하느님 나라를 받아들인다는 것은 정관주의적靜觀主義的인 소극적 수용을 의미하지는 않습니다. 오히려 인격 전체의 방향전환을 의미합니다. 예수의 다음 말씀은 그것을 아주 뚜렷이 표현하고 있습니다.

> 예수께서 어린이 하나를 가까이 불러 그들 가운데 세우고 말씀하셨다. "진실히 말하거니와, 마음을 돌이켜(= 회개하여) 어린이같이 되지 않으면 결코 하늘나라에 들어가지 못할 것입니다. 이 어린이처럼 자신을 낮추는 그런 사람이야말로 하늘나라에서 제일 큰 사람입니다"(마태 18,2-4).

이 성구에서 "마음을 돌이켜 어린이같이 되지 않으면"이라고 말씀하신 대목에 주의해야 합니다. "돌이키다"의 그리스어 원어는 "스트레포"strephō이며, 이 말은 돌린다, 돌아서게 하다, 변하게 하다, 변화시킨다 등의 의미를 가지고 있습니다. 그 수동형은 뒤로 돌아선다, 자기자신의 방향을 전환한다, 마음을 돌린다, 회개한다 등의 뜻입니다. 예수께서는 이 말로써 우리가 적극적으로 삶의 방식을 완전히 전환하여 "어린이처럼 되어야" 한다는 것을 강조하고자 하셨습니다. 돌이켜 생각하건대 우리는 타고난 어린이의 마음을 깡그리 잊어버렸고, 일상 좋다거나 싫다거나 하는 기분에 좌우되어, 사물을 있는 그대로 순순히 받아들이지 못합니다. 지금과 같은 상태로는 결코 어린이처럼 될 수 없다는 것은 불을 보듯 명백합니다. 그렇게 되려면 전인적 전환(회개)이 필요하다는 것은 아무도 부정하지 못할 것입니다.

예수께서는 다시 묘한 비유를 들어 다음과 같이 가르치십니다.

> 하늘나라는 밭에 숨겨진 보물과 비슷합니다. 어떤 사람이 그것을 발견하자 숨겨두고는 기뻐하며 돌아가서 가진 것을 모두 팔아 그 밭을 삽니다(마태 13.44).

여기서는 하느님 나라를 하늘나라라고 부르고 있지만 똑같은 것입니다. 요컨대 이 하느님 나라를 받아들이려면 "기뻐하며 돌아가서 가진 것을 모두 팔아야 하는 것입니다". 여기서 요구되는 것은 철저한 방기放棄입니다. 더구나 "기뻐하며 돌아가서", 곧 자기자신으로 돌아가서 전심전력 자기방기를 하지 않으면 안됩니다. 하느님 나라를 받아들인다는 것은 혼신의 힘으로 자기를 버린다는 것을 의미합니다. 그때문인지 예수께서는 다음과 같이 말씀하셨습니다. "세례자 요한의 날부터 지금까지 하늘나라는 힘에 눌리고 있습니다. 힘쓰는 자들이 그것을 강탈합니다"(마태 11.12). 이것은 선에서 무를 깨닫기 위해서는 심신의 총력을 기울여 모든 것을 버리고 대사일번해야 한다고 가르치는 것과 비슷합니다. 앞에서 말한 바와같이 좌선은 정관주의적인 명상이 아니라, 스즈끼 쇼오산鈴木正三 도인道人이 창도하는 인왕선仁王禪이 단적으로 보여주듯이, 몸과 마음을 바쳐 전력을 다하는 매우 적극적인 자기방기입니다.

후세의 사람들은 이 "어린이의 마음"에 관한 예수의 가르침을 계승하여 갖가지 구체적 형식으로 발전시켰습니다. 아씨시의 프란치스코는 그 단순한 청빈의 길로, 아빌라의 데레사나 십자가의 요한은 "전부 아니면 무"라는 저 완전한 이탈로, 소화 데레사는 그 작은 자의 길로, 그리고 로욜라의 이냐시오는 어느 한쪽으로도 치우치지 않는 불편심不偏心의 길로 예수의 가르침을 구체화시키고 발전시켰습니다. 여기서는 그중 한 가지만, 곧 이냐시오의 불편심에 관해 이야기해 보겠습니다. 그것은 어떤 점에서 선의 무심과 비슷합니다.

이냐시오의 영성靈性

이냐시오의 저술들 가운데 『영성수련』이라는 책이 있습니다. 본서 제3부에서 그 『영성수련』과 선의 접심接心과의 유사점들을 거론할 생각이니, 여기서는 그 책에 관해 설명하지 않겠습니다. 그 책의 첫머리에는 그리스도교 신앙생활의 "원리와 기초"를 설명하고 있습니다. 그것은 장엄한 선언 형식으로 이렇게 시작됩니다. "사람은 우리 주 하느님을 찬미하고 공경하고 섬기며, 또 그렇게 함으로써 자기 영혼을 구원하기 위하여 창조되었다. 그리고 지상에 있는 다른 모든 것은 사람이 그 창조된 목적을 성취하는 데 도움이 되도록, 사람을 위해 창조되었다." 이 말에는 그리스도교의 인생관과 세계관이 표명되어 있습니다. 이런 점에서는 선의 배경을 이루고 있는 대승불교의 인생관 및 세계관과는 완전히 다르다고 말하지 않을 수 없습니다. 이것은 사상면에서의 차이이지만 수행에 있어서는 어떨까? 일심불란一心不亂으로 정진하며 개념적 사유를 일체 버리고 모든 상념을 방하放下한 수행자의 경우 실제로 어떤 차이가 있고 또 그 실존적 정위定位는 어떻게 다를까? 그리고 양자간에 유사점이 있다면 어떤 점에서 서로 비슷할까?

양쪽 다 수행 과정에서 가장 중대한 비약을 해야 할 때는 모든 의식적 상념에서 이탈하지 않으면 안됩니다. 앞에서 공안 "조주구자"에 관한 무문 화상의 서술을 설명하였지만, 거기서 우리는 선의 깨달음에 도달하려면 "심로心路를 궁窮하고 절絶함을 요한다"(= 모든 분별심을 끊어버려야 한다)는 것을 배웠습니다. 그리스도교의 관상觀想에 있어서도 같은 말을 할 수 있습니다. 십자가의 요한은 "감각의 밤"과 "정신의 밤"에 관해 말하고, 깊은 신神 체험에 도달하려면 감각과 정신의 모든 활동을 가라앉히고 "자연적 이성의 빛"을 마치 그것이 존재하지 않는 것처럼 다루지 않으면 안된다고 말하고 있습니다.

> 그러므로 영혼이 어떤 이해나 느낌, 상상이나 사고, 의지 또는 자기 나름의 방식, 그밖에 자기자신에 집착하여, 그 모든 것으로부터 이탈하고 적나라하게 될 줄 모르면, 하느님과의 일치라는 높은 경지에 도달하는 데 큰 방해를 받는다. … (중략) … 따라서 그 모든 것을 초월하여 부지不知의 경지에 이르지 않으면 안된다(십자가의 요한, 『가르멜 산의 등반』).

그러면 그리스도교의 관상에서나 선에서나 수행자가 모든 상념을 끊어버린 뒤에도 남아 있는 그 실존적 정위定位를 비교하는 경우엔 어떻게 다를까? 나의 빈약한 경험에 비추어 말한다면, 양자가 최종적으로 지향하는 목표에 있어서는 미묘한 점에서 차이가 있지만, 전체적인 짜임이나 구조에 있어서는 아주 비슷하다고 할 수 있을 것 같습니다. 이런 차이점과 유사점에 대한 깊은 논구論究는 앞으로 더 수행을 하며 고찰한 뒤로 미룰까 합니다. 다만 여기서 한마디 덧붙이고 싶은 것은, 그리스도교에서 말하는 "주님이신 하느님"은, 이 책의 제3부에서 기술하고 있듯이, 인간의 의식의 대상이 되지 않는다는 것, 따라서 (그리스도인들을 포함하여) 대부분의 사람들이 생각하는 것처럼 인간 이성의 대상이 될 수도 없고 파악할 수도 없는 분이라는 사실입니다. 우리가 머릿속에서 "하느님은 이러저러한 분이다", 예컨대

"무한하고 온전히 선하신 분이다"라고 규정할 때, 그것은 이미 하느님이 아닌 것을 가리키고 있습니다. 예를 들면 우리가 "하느님은 전지전능하신 분이다"라고 말하는 경우, 곧 이어서 "하느님은 그런 개념으로는 도저히 파악할 수 없는 분"이라고 말하지 않으면 안됩니다. 나와 가까이 지내는 몇몇 신자 친구들이 말하듯이, 우리가 기도할 때 하느님은 우리 맞은편에 있는 대상이 아니라, 우리와 함께 기도하시는 분입니다. 다시 말해서 우리는 그분에게 감싸여 그분이 직접 활동하시는 가운데 기도합니다. 선적禪的으로 말하면 하느님과 하나가 되어 기도하는 것입니다. 이것이 그리스도교적 기도의 이상입니다. 우리와 관계를 맺은 상대적인 존재로 전락된 신은 참된 하느님이 아닙니다. 하느님은 피조물들과의 어떤 상대성도 절대적으로 초월하신 분입니다. 우리 인간의 머리로는 상상할 수 없는 분입니다. 그분은 우리를 감싸며 우리 안에 내재하시는 분입니다.

이원상대관二元相對觀을 초월하여

처음의 주제로 돌아갑시다. 이냐시오는 앞의 "원리와 기초"에서 인간의 목적을 기술한 뒤에 곧 이어서 다음과 같이 쓰고 있습니다. 그 말에는 선의 무심과 매우 비슷한 점이 있습니다.

> 따라서 사람은 사물이 이러한 목적을 달성하는 데 도움이 될 때는 그것을 이용할 것이고, 목적을 달성하는 데 방해가 될 때는 그것을 물리쳐야 한다. 그러므로 우리는 모든 피조물에 대해서, 그것이 우리의 자유의지의 선택에 맡겨지고 금지되지 않는 한, 어느 한쪽으로도 치우치지 않는 초연한 입장을 취하지 않으면 안된다. 즉, 우리로서는 질병보다 건강을, 빈곤보다 부귀를, 치욕보다 명예를, 단명보다 장수를 더 나은 것으로 섬기거나 해서는 안된다. 그리하여 만사에 오로지 우리가 창조된 목적으로 우리 자신을 더 잘 인도해 주는 사물만을 원하고 선택해야 한다(Ex 23).

이냐시오의 한쪽으로 치우치지 않는 초연한 마음가짐에는 소극적인 면과 적극적인 면 두 국면이 있습니다. 소극적인 면은 어느 한쪽으로 치우치지 않는 것, 예컨대 질병과 건강, 빈곤과 부귀, 단명과 장수의 어느 쪽도 바라지 않는 것을 가리킵니다. 이것은 다꾸안 화상의 "어떤 것에도 마음을 두지 않는다"는 자세와 일맥상통합니다. 불편부당한 마음가짐이란 단지 소극적으로 사물을 정관靜觀하는 태도를 의미하지는 않습니다. 우리 인생의 최종 목적으로 우리를 더 잘 인도해 주는 사물만을 바라고 선택하도록 항상 자세를 가다듬는 것이 "치우치지 않는 마음"의 본질적 요소입니다. 여기서 이냐시오가 "우리가 창조된 목적으로 우리 자신을 더 잘 인도해 주는 사물만을 원하고 선택해야 한다"고 강조한 말은 주목할 만합니다. 이 말에는 이냐시오 영성의 적극성과 헌신성이 명확히 드러나 있습니다. 이와 관련해서 이냐시오의 영성이 일상생활에서의 구체적인 실천을 중시하고 그것을 종교적인 수행행위로 승화시키려고 애쓰는 점은 특기할 만합니다. 이런 점에서 이냐시오의 영성은 선과 매우 비슷하고, 그 적극성과 실천성에 있어서 임제선臨濟禪과 아주 가깝다고 생각합니다.

그리하여 나는 이 이냐시오의 어느 한쪽으로도 치우치지 않는 마음가짐은 전술한 선에서의 이원상대관의 초월과 유사하다고 믿고 있습니다. 앞에서 말한 바와같이 선에서의 그 경지는 정신의 원심력과 구심력, 즉 유와 무, 선과 악, 질병과 건강, 빈곤과 부귀 등의 이원상대성을 넘어서 마침내는 "상대적 세계, 차별의 세계에 있으면서도 언제나 절대적 세계에 사는 것"(소오젠 스님의 말씀)이라고 할 수 있습니다. 이것을 이냐시오식으로 바꾸어 말하면 질병과 건강, 빈곤과 부귀, 치욕과 명예, 단명과 장수의 이원상대성을 초월하여, 언제나 불편부당의 초연한 마음을 가지고 만사에 상대적 세계에 있으면서도 그것을 넘어서 창조의 목적인, 하느님에 대한 찬미와 봉사 — 절대적 세계 — 속에 산다는 것입니다. 양자 사이에는 확실히 유사점이 있다고 말할 수 있을 것입니다.

양자의 차이점

　이상 두 장章에 걸쳐 선의 무심과 예수께서 가르치신 어린이의 마음을 고찰하고 양자의 유사점을 지적해 왔습니다. 이제까지의 서술에서 명백히 밝혀졌듯이 양자는 근본적인 태도에 있어서는 서로 매우 비슷합니다. 그러나 두서너 가지 중요한 점에서는 다릅니다.

　첫째로, 선에서의 무심의 탁월한 점을 지적해야겠는데 이것이 그리스도교에서는 이제까지 결여되어 왔습니다. 다름아니라 무심의 경지에 도달하기 위한 구체적인 수행방법입니다. 좌선과 공안 참구參究에 의한 총체적 인간의 연마는 멀리 고대 인도의 요가에서 기원했고, 더구나 수천년 동안 동양 사람들이 예의 고수鼓修하면서 발전시켜 온 것이니, 수행방법으로서 뛰어난 것은 당연할는지 모릅니다. 그리스도교는 이제부터 이 점에 관해 선에서 많이 배워야 한다고 나는 확신합니다. 심신의 모든 힘을 기울여 정진하는 이 수행이 일본에서는 일상생활에서 구체화되고, 다꾸안 선사나 오오모리 소오겐 스님의 검劍이나 서예의 영역으로까지 발전하게 된 것은 주목할 만합니다. 중국의 선에서 발전한 무의 정신이 여기서 더욱 구체적인 형태로 되살려지고 또한 자각되고 있는 것입니다. 이런 점에서도 우리 그리스도인은 선에서 많이 배워야 할 것입니다.

　또 한 가지 차이점은, 그리스도교에서 말하는 어린이의 마음에는 있고 선의 무심에서는 찾아볼 수 없는 특징입니다. 예수께서 우리에게 어린이처럼 되라고 하신 것은 무엇보다 먼저 아버지이신 하느님에 대하여 어린아이로서의 마음을 가지라는 뜻입니다. 하느님께서는 아버지 같은 마음으로 모든 사람을 당신의 그 "하느님 나라"로 초대하십니다. 그 초대를 스스럼없이 받아들이는 것, 이것이 어린이의 마음입니다. 어린이만이 하느님의 한량없는 사랑을 실제로 느끼고 전적으로 신뢰하며 하느님을 "아버지"라고 부를 수 있습니다. 이것이 아버지와 자녀간의 사랑하는 마음가짐입니다.

　어린이라고 하면 바로 예수 자신이 하느님 아버지에 대하여 어린이였습니다. 성서에는 그분이 "아버지의 집에 대한 열정으로 불탔다"고 기록되어 있는데, 그분은 하느님의 외아들로서 하느님에 대하여 "어린이의 마음"을 지니고 계셨습니다. 예수께서는 그런 마음이 충만하시어 우리에게도 "어린이처럼 되라"고 말씀하신 것입니다. 그러니까 어린이 같은 순진성은 처음부터 예수의 본질적 속성이었고, 그것은 하느님 아버지에 대한 예수의 근본적 태도를 나타냅니다. 어린이에 관한 그분의 가르침은 이런 본질적 속성에서 우러나온 것입니다. 예수로부터 흘러나온 "생명수의 강"은 우리의 "배에서 흘러나와"(요한 7.38), 아버지이신 하느님에 대해서 어린이가 되도록 우리를 부추깁니다.

앞에서 인용한 대로, 마르코 복음서 10장에는 예수께서 어린이처럼 되라는 설교를 하신 뒤에 어린이들을 안으시고 축복해 주셨다고 기록되어 있습니다. 이렇게 어린이들을 안아주신 것은 단지 어린이에 대한 예수의 자애만을 드러내는 것이 아니라, 예수와 어린이와의 깊은 유대, 아니 그 영적 동일성을 단적으로 상징합니다.

6. 언구言句의 묘妙

운문시궐雲門屎橛(無門關, 二一)
"복되도다, 가난한 사람들!"(루가 6.20)

운문雲門의 간시궐乾屎橛

 선의 공안에는 일반적으로 너무나 역설적인 것이 많아서 보통 사람은 도무지 갈피를 잡을 수 없습니다. 선사는 상대의 예상이나 기대와는 정반대로, 기상천외의 언사나 행동으로 나와 상대를 불가해의 늪으로 빠뜨리려고 합니다. 그 전형적인 예가 "운문시궐"이라는 공안입니다.

　　雲門이 因 僧問하되 如何是佛이니고, 門云하되 乾屎橛이니라(無門關, 第二一則).
　　(역: 운문 스님에게 어느 때 중이 "어떤 것이 부처입니까?" 하고 물었다. 운문 스님은 "간시궐"이라고 대답했다.)

 간시궐이란 마른 똥막대기, 즉 뒷간의 밑씻개 작대기를 가리킵니다. 보통 사람은 "부처"(佛)라고 하면 가장 청정한 것으로 생각합니다. 운문 스님에게 질문을 한 중도 아마 그런 생각을 품고 있었을 것입니다. 중의 그런 관념을 정면으로 부정하듯이 운문 스님은 "부처란 마른 밑씻개 작대기이니라"고 대답했습니다. 이것을 들은 상대는 기절초풍할 만큼 놀랐을 것입니다. 그러면 왜 운문 스님은 이런 대답을 했을까?
 예부터 이 운문의 답은 세 가지 기능을 다한 것으로 일컬어지고 있습니다. 즉, 함개건곤函蓋乾坤, 절단중류截斷衆流, 수파축랑隨波逐浪이 그것입니다. "함개건곤"은 함과 뚜껑, 하늘과 땅을 뜻하니, 상대가 "하늘"로 질문해 오면 "땅"으로 대답하고, "함"으로 물어오면 "뚜껑"으로 응하는 것을 가리킵니다. 앞의 "간시궐"이란 운문의 답은 그 좋은 예입니다. 부처는 청정한 것이라고 생각하고 있는 중에게 더러운 밑씻개 작대기라고 대답하고 있기 때문입니다. 그러면 운문은 왜 이런 비뚤어진 대답을 했겠습니까? 그 이유를 가리키는 것이 "절단중류"입니다. 중류란 번뇌의 흐름을 의미합니다. 절단이란 물론 싹둑 잘라버린다는 뜻입니다. 그러니까 운문은 비뚤어진 응답으로 그중의 망상의 흐름을 단호히 끊어버리고 그의 전실존을 완전히 전환시키려고 한 것입니다. 그런데 언뜻 보기에는 기괴하게 여겨지는 운문의 응답이 그런대로 상대의 질문에 대하여 올바른 대답을 하고 있는 데는 놀라지 않을 수 없습니다. 이것을 표현한 문자가 바로 "수파축랑"입니다. 물결을 따라 파도를 쫓아버리듯이, 물음에 따라 합당하게 응답하고 있기 때문입니다.

숨통을 끊다

선의 공안은 모든 수행자로 하여금 일대 전환을 하도록 몰아세워, 이제까지의 타성적인 사고방식이나 생활방식에는 죽고 새로운 지평에서 재생하게 합니다. 그때문에 공안은 살인도殺人刀인 동시에 활인검活人劍이기도 합니다. 공안 "운문시궐"도 그렇습니다. "간시궐"의 의미를 고찰하고 그것과 불성佛性과의 의미상의 연관성을 발견하려고 애써도 이 공안을 풀지 못합니다. 공안의 배후에 숨겨진 의미 혹은 그 비유적인 의미를 탐구해도 소용없습니다. 공안은 기상천외의 무연관성 그대로, 마치 만장절애萬丈絶崖처럼 수행자의 앞을 가로막습니다. 그로 말미암아 수행자의 숨통이 끊어지고 마침내 이제까지의 생활양식을 바꾸지 않을 수 없게 됩니다.

그뿐 아니라 사승師僧이 휘두르는 살인검의 위력이 가해집니다. 공안은 혼자서 읽고 혼자서 답을 내려서 되는 것이 아닙니다. 수행자는 사승으로부터 공안을 받고, 다음 독참獨參 때 그 공안에 대한 자신의 견해를 사승에게 제시하지 않으면 안됩니다. 탁월한 사승은 이 견해를 정확히 판단하여 옳지 않은 것은 모두 물리칩니다. 특히 그 견해가 머리로 생각해 낸 답이면 간단히 일축해 버립니다. 어떤 경우에는 수행자가 독참에서 답을 제출할 때마다 사승은 거부합니다. 그러면 수행자는 궁지에 몰려 발가숭이가 되고 맙니다. 전후좌우 모든 길이 막혀 도망할 수도 없는 절망적인 처지에 놓이게 됩니다. 여기서 유일한 탈출구는 자기를 초월하는 길밖에 없습니다. 이제까지의 사고방식이나 생활방식을 타파하여 자신의 좁은 경애境涯에서 벗어나 더 높고 더 넓은 지평으로 뛰어나가지 않으면 안됩니다.

공안의 문답은, 피상적으로 보면, 단지 객관적 세계에 관한 이야기처럼 여겨집니다. "부처"와 "간시궐"에 관한 이야기가 자신과는 아무런 관계도 없는 것처럼 생각됩니다. 그러나 실은 수행자 자신의 문제입니다. 내가 참으로 불佛인가? 마른 밑씻개 작대기처럼 더러운 나 자신이 정말 불인가? ― 공안이 목표로 하는 바는 바로 이 점입니다. 이렇게 공안이 자기자신의 문제가 되지 않는 한 결코 그것을 풀 수는 없습니다. 선문禪門에서는 흔히 "답은 문처問處에 있다"고 합니다. 답이 물음 자체 안에 있다는 말입니다. 묻는 사람이 물음 그 자체로 화化할 때 비로소 의문은 사라지는 것입니다. 선에서 말하는 본래 면목이라든가 불성이라는 것은 무한한 것, 설명할 수 없는 것, 바꾸어 말해서 물음 그 자체이므로 수행자가 물음 자체로 되어버릴 때 불성은 현전하게 되고 의문은 얼음 녹듯 해결됩니다. 이런 경위를 다른 관점에서 다음과 같이 서술할 수 있을 것입니다. 불성은 우리의 무의식 속 깊은 데서 잠자고 있지만 수행자가 물음 그 자체로 화할 때 이 불성은 마음의 가장 깊은 심층에서 깨어나 그 모습을 온전히 드러내게 됩니다. 그러면 마른 밑씻개 작대기처럼 더럽게 여겨지는 자기가 있는 그대로 부처의 생명을 살고 있다는 것을 확연히 깨닫게 됩니다. 만물이 부처의 생명에 힘입어 살고 있는 현실 한가운데 자기가 서 있다는 것을 자각하게 되는 것입니다.

설명할 수 없는 것으로의 접근

이렇게 생각하면, 언뜻 보기에는 모순되는 것처럼 여겨지는 운문의 답이 실은 매우 적절한 답이었다는 것을 알게 될 것입니다. 운문은 더러운 밑씻개 작대기를 상대의 눈앞에 들이대고 "바로 여기에 부처의 생명이 살아 있는 거야. 자 보아라, 어서 봐!"하고 다그치며, "네 몸도 똥주머니라고 하지 않는가? 그 똥주머니에 부처의 생명이 생동하고 있는 거야. 어떤가, 그것을 알겠는가?"하고 몰아칩니다. 만약 운문이 이렇듯 단적으로 대답하는 대신, "만물은 부처의 생명으로 말미암아 존재하고 있으니, 마른 밑씻개 작대기도 불성을 지니고 있다. 더군다나 네 몸이 부처의 생명이라는 것은 말할 필요도 없다"고 설명했더라면, 상대는 머릿속으로는 이해하고 깨달은 듯한 느낌이 들는지 모르지만, 일상생활에서 생생하게 활용할 수 있는 지혜에는 도달할 수 없습니다. 더러운 것을 보거나 결점 또는 죄가 있는 사람을 대하면 우리는 불쾌하게 여기거나 혐오감에 사로잡혀, 좀처럼 그 감정을 떨쳐버릴 수 없습니다. 아무리 머릿속으로는 "그것도 불성을 지니고 있다"든가 "일체중생 실유불성"一切衆生悉有佛性이라고 생각해도 좋다든가 싫다든가 하는 감정에서 이탈할 수는 없습니다.

    깨달아야 할 것은, 더러워진 나 자신은 물론 아무리 불결하게 보이는 것이라도 모두 부처의 생명을 간직하고, 그 부처의 생명 안에 만물이 하나라는 사실입니다. 더욱이 이것을 관념적으로 알아서는 불충분하고 "몸"으로 체득하지 않으면 안됩니다. 이런 깨달음을 비사량非思量의 사량思量이라고 하며 필설을 다해 아무리 설명해 보아도 명확히 표현할 수 없습니다. 오히려 말로서 설명하려고 애를 쓰면 쓸수록 상대는 머릿속으로 그것을 이해하려고 하기 때문에, 이 비사량의 사량에서 더욱 멀어지게 됩니다. 상대를 비사량의 사량으로 인도하여 불성을 직증直證케 하려면, 말이 간결할수록 도리어 좋은 것입니다. 이런 의미에서도 운문의 답은 매우 적절하다고 할 수 있습니다. 그뿐 아니라 운문이 간시궐乾屎橛이라는 구체적인 사물로 대답을 한 점도 주목하지 않으면 안됩니다. 선에서 깨달아야 할 진리는 추상적인 원리가 아니라 구체적인 사실 그 자체이기 때문입니다.

복되어라, 가난한 사람들!

예수의 말씀들 가운데에는 운문의 간시퀼처럼 역설적이어서 매우 이해하기 어려운 것이 있습니다. 어떤 경우에는 아예 우리의 생각과 정반대여서 어리둥절해지기도 합니다. 예를 들면 산상설교의 첫머리 말씀들이 그렇습니다.

복되도다, 가난한 사람들!
하느님 나라가 그대들 것이니.
복되도다, 지금 굶주리는 사람들!
배부르게 되리니.
복되도다, 지금 우는 사람들!
웃게 되리니.
복되도다, 인자 때문에 사람들이 그대들을 미워하며, 또한 쫓아내고 모욕하며 그대들 이름을 사악하다고 내치면! 그 날에는 기뻐하고 뛰노시오. 그대들에게 돌아갈 상이 하늘에 많습니다. 사실 그네 조상들도 예언자들을 그렇게 대접했습니다.

그러나
불행하도다, 당신네 부유한 사람들!
스스로 받을 위로를 받고 있으니.
불행하도다, 지금 배부른 사람들!
굶주리게 되리니.
불행하도다, 지금 웃는 사람들!
슬퍼하며 울게 되리니.
불행하도다, 모두들 당신네를 좋게 말하면! 사실 그네 조상들도 거짓 예언자들을 그렇게 대접했습니다 (루가 6,20-26).

우리의 상식으로 말한다면 부자는 행복하고 가난한 사람은 불행합니다. 배불리 먹고 아쉬운 것 없는 사람은 행복하고, 굶주리는 사람은 불행합니다.

그런데 예수께서는 가난한 사람은 행복하고 부자는 불행하다고 말씀하십니다. 굶주리는 사람은 행복하고 배부른 사람은 불행하다는 것입니다. 상식을 가진 사람이 하늘이라고 말하면, 예수께서는 땅이라고 응수하십니다. 예수의 이 설교를 들은 사람들은 질겁하여 당황했는지도 모릅니다. 운문의 함개건곤函蓋乾坤과 똑같은 작용을 예수의 말씀이 하고 있는 것 같습니다. 그러면 예수께서는 왜 이렇게 역설적인 말씀을 하셨을까? 듣는 사람들의 사고방식이나 생활방식을 근본적으로 변화시키고 싶었기 때문이 아닐까? 그래서 여기에 운문의 절단중류截斷衆流와 같은 작용도 엿볼 수 있다고 하면 지나친 말일까?

복음서는 "가난한 사람들에게 복음을 전하기 위해 주께서 나를 보내셨다"는 구약 구절을(이사 61,1) 두 번이나 인용하고(루가 4,18: 마태 11,5) 예수의 사명이 가난한 사람들에게 하느님 나라의 복음을 전하는 일이었음을 말하고 있습니다. 사실 예수한테 모여온 사람은 대부분 가난하고 겸손한 사람들이었습니다(마태 11,25: 요한 7,48). 더구나 예수 자신도 가난한 사람이었습니다. 베들레헴의 외양간에서 태어나신 그분은 나자렛에서 목수의 아들로 자라났고, 전도활동을 하실 때에도 "여우도 굴이 있고 하늘의 새도 보금자리가 있지만 인자는 머리 둘 곳조차 없다오"(마태 8,20)라고 하셨을 만큼 몹시 가난한 생활을 하셨습니다. 예수께서는 이런 체험을 통해 가난함의 복됨을 절실히 느끼셨을 것이 틀림없습니다. 바로 이 가난 속에 "하느님 나라"가 드러남을 당신 친히 체현體現하셨기 때문입니다. "복되도다, 가난한 사람들! 하느님 나라가 그대들 것이니" 하는 예수의 말씀은 무엇보다도 먼저 그분 자신에게서 실현되고 있는 진리입니다. 몸소 체험하고 있는 사람의 말처럼 다른 이의 마음을 감동시키는 말은 없습니다. 예수의 이 말씀을 온 몸 온 마음으로 듣는 사람은 강렬한 충격을 받고 평생 잊을 수 없을 만큼 그 말씀이 마음속 깊이 낙인될 것이라고 나는 생각합니다.

하느님의 말씀은 쌍날칼

　가난이 어떻게 행복과 연결되는가? 아무리 머리를 짜서 궁리해도 이해되지 않을 것입니다. 오히려 생각하면 생각할수록 알 수 없게 되는지 모릅니다. 비록 신학적 지식을 구사하여 청빈과 하느님 나라와의 관계를 깊이 고찰해 보아도 진정한 행복에 도달할 수는 없습니다. 자기자신이 실제로 가난을 체험하고 하느님 나라에 완전히 몰입해야 비로소 예수의 말씀은 산 말씀이 되는 것입니다. 허다한 그리스도 신자들이 청빈을 외치고 또한 청빈에 대해 사색하며 하느님 나라에 관한 훌륭한 신학을 구축하고 있지만, 몸소 청빈의 생활을 하지 않기 때문에 진정한 행복을 맛보지 못하는 경우가 얼마나 많습니까.

　예수의 말씀은 선의 공안과 마찬가지로 우리를 몰아세워 일대 전환을 촉구함으로써, 이제까지의 사고방식이나 생활방식에는 죽고 정녕 가난하고 복된 깨달음의 경지에서 살게 합니다. 예수의 말씀은 그런 의미에 있어서 살인도이기도 하고 활인검이기도 합니다. 예수의 말씀은 본래 그와 같은 활력을 가지고 있지만, 우리가 청빈, 하느님 나라, 행복 등의 의미를 생각하며 서로 깊이 연관시키고 어떻게 해서든지 조리가 닿게 하려고 애쓰기 때문에, 결국 예수의 말씀이 지닌 그 생살여탈生殺與奪의 힘을 죽여버리는 것입니다. 앞의 예수의 산상설교를 잡념 없이 "무심"으로 귀담아듣는다면, 그것은 우리가 보통 들으려고 기대하는 것과는 아주 판이하게 마치 은산철벽銀山鐵壁처럼 우리 앞을 가로막아 설 것입니다. 바꾸어 말해서 예수의 말씀을 머리로 듣지 않고 아랫배로 받아들이며, 그것이 본래 지니고 있는 충격적 힘에 모든 것을 맡겨버린다면, 이제까지의 사고방식과 생활방식을 전환시키게 될 것입니다. 성서에서는 하느님의 말씀이 쌍날칼에 비유되고 있습니다.

　　　하느님 말씀은 살아 있고 힘이 있으며 어떤 쌍날칼보다 날카로워 혼과 영, 관절과 골수를 갈라놓기까지 꿰뚫으며 마음의 생각과 의향을 판단합니다(히브 4,12).

예수와 함께 가난한 생활을 했던 요한은 그분의 인격에 "영원한 생명"이 나타난 것을 보았다고 말하고(1요한 1,2) 또한 예수께서는 하느님의 말씀으로서 사람이 되셔서 우리와 함께 거처하셨다고 말하고 있습니다(요한 1,14). 요한의 이 증언이 진실이라면 예수의 말씀은 어떤 쌍날칼보다도 더 날카로운 힘을 가지고 있다고 말할 수 있습니다.

참된 행복을 향해

더구나 예수의 말씀은 "살아 있고 힘이 있습니다". 다시 말해서 그것은 활인검이기도 합니다. 그 말씀은 듣는 이를 분발시켜 청빈을 열망하며 참된 행복을 얻게 하는 신비로운 힘을 가지고 있습니다. 성서가 2천 년 동안 베스트 셀러의 위치를 지켜온 것도 이렇게 사람의 마음을 끄는 힘이 있었기 때문일 것입니다. 인간은 예외없이 누구나 행복해지기를 바라지만 참된 행복이 어디에 있는지는 모릅니다. 그래서 부와 명예와 지위를 추구하는 데 몰두하고 있습니다. 이렇게 길을 잃고 방황하고 있는 우리 모두에게 참된 행복을 어디서 찾을 것인가를 예수께서는 보여주십니다. 물질적 부에 대한 집착은 사람을 불행하게 만들고 그 부를 포기하는 것이 행복을 찾는 길이라는 사실을 그분은 가르쳐주십니다. 그런 의미에서 예수의 말씀은 우리 마음의 가장 근원적인 소망에 대한 답이라고 할 수 있습니다. 나는 여기에, 운문 스님의 말이 그러했듯이, 물결을 따라 파도를 쫓아버리는 수파축랑隨波逐浪의 작용이 있다고 생각합니다.

예수께서 설교하시는 가난이란 마태오가 말하고 있듯이 "영으로 가난함"을 의미합니다(5,3). 그것은 태만이나 방탕의 결과로 빚어지는 가난이 아닙니다. 또한 곤궁한 처지를 마지못해 견디어내는 소극적인 가난을 의미하지도 않습니다. 그것은 영의 부추김을 받아 자발적으로 가난을 받아들이는 적극적인 청빈을 가리키고 있습니다. 가난을 체험하고 감수한다기보다 가난을 자신의 숙명으로 여기는 후련한 경지를 말합니다. 이런 확신의 밑바닥에는 예수께서 걸으신 그 길을 가면 하늘에 계신 아버지께서 결코 버리지 않으신다는 신념이 은연중 숨쉬고 있는 것이 틀림없습니다.

그러니 무엇을 먹을까, 무엇을 마실까, 무엇을 입을까 하며 걱정하지 마시오. 그런 것은 모두 이방인들이 힘써 찾는 것입니다. 하늘에 계신 여러분의 아버지께서는 그런 것이 필요함을 알고 계십니다(마태 6.31-32).

맨몸 맨손의 강점

예수의 이 말씀과 관련해서 생각나는 것은 야마다 무몬 스님의 말씀입니다. 인용이 다소 길어지지만, 예수의 말씀을 실감나게 해설한 것이기 때문에 여기에 그대로 옮깁니다. 앞에서 말한 무심 및 어린이의 마음을 상기하면서 읽어주기 바랍니다.

어린아이처럼 무심의 경지가 되어야 한다고 말했습니다만, 즉시 갓난아기처럼 그런 느긋한 마음으로 각박한 이 세상에서 살아갈 수 있겠는가, 이렇게 골몰해도 뜻대로 되지 않는데 아무런 생각도 하지 않는다면 매일 손해만 볼 것이 아닌가 따위의 말이 나올 것 같습니다. 하나 실은 생각하기 때문에 살기 힘든 것이지, 생각하지 않는 편이 한결 살기 수월한 것이라고 나는 생각합니다. (중략)

누구나 아무것도 생각하지 않고 계획이나 복안도 없고 예산도 없이 알몸뚱이 그대로 태어납니다. 핸드백이나 트렁크를 들고 태어났다는 아기는 하나도 없습니다. 모두 갈아찰 기저귀도 없이 맨몸으로 태어납니다. 앞으로 수십년 동안 신세를 지려는 이 세상에 오는데 손수건 하나의 간단한 선물도 없습니다. 문자 그대로 맨몸 맨손으로 태어나서 세상살이를 시작합니다. 그런데도 이제까지 살아온 것은 다른 사람들의 덕택이 아닙니까? 자기가 궁리하고 골몰했기 때문에 살아온 것은 아닐 것입니다. 우리가 그렇게 오랜 세월 살아온 것은 다른 사람들의 덕택이 아니겠습니까?

아기가 태어나면 어김없이 젖이라는 것이 어머니의 가슴에서 나오게 마련입니다. 젖은 어머니의 가슴에서 나오지만, 어머니에겐 불필요한 것이며, 오직 아기에게 주어지게 되어 있는 것입니다. 영양가가 있다고 해서 갓난아기에게 비프스테이크를 먹이려 해도 먹지는 않습니다. 아기가 태어나자마자 젖이라는 훌륭한 먹이가 틀림없이 마련되어 있고, 더구나 이 젖은 아기가 성장함에 따라 진해집니다. 무언가 먹을 수 있게 되면 이빨이 나오지요. 이렇게 아기가 태어났을 때부터 충분히 살아갈 수 있도록 제반 여건이 마련되어 있는 세상이기에 아기는 살 수 있는 것입니다.

"하늘의 새들을 눈여겨보라. 그것들은 씨를 뿌리지도 않고 추수하지도 않고 곳간에 모아들이지도 않는다. 그러나 하늘에 계신 아버지께서 그것들을 먹여주신다"는 말이외다. "믿음이 약한 사람들! 무엇을 먹을까, 혹은 무엇을 마실까, 혹은 무엇을 걸쳐 입을까 걱정하지 말라"는 거외다. 태어난 이상 반드시 살아가게 마련입니다(「無文法話集」 47쪽).

이 무몬 스님의 설교는 얼마나 그리스도교적인 여운을 풍깁니까!

7. 사람이 죽을 때의 모습은 살아온 모습과 같다

생사는 부처의 생명이다(道元)
"하늘의 새를 보시오"(마태 6.26)

정법안장正法眼藏은 공안이다

오오모리 소오겐 스님은 언젠가 나에게 이런 말을 하였습니다. "도오겐 선사의 「정법안장」은 구구절절이 공안입니다. 심신의 모든 힘을 기울여 열심히 참구해야 합니다." 나는 이 가르침을 마음에 새기고 「정법안장」을 읽을 때마다 머리로 읽지 않으려고 애쓰고 있습니다. 공안을 공부할 때와 똑같이 좌선으로 심신을 집중 통일하고 반야般若의 지혜에 이르러 그 눈으로 「정법안장」을 봉독하려고 주의하고 있습니다.

이렇게 내가 참구하고 있는 「정법안장」 제권諸卷 가운데서 특히 즐겨 읽는 것은 "생사生死의 권"입니다. 이 장은 본래 "관사"官士(관리나 무사)들에게 교시한 것이라고 합니다. 그래서 그런지 속인들도 알기 쉽게 씌어 있지만, 그 내용을 보면 도오겐 선사의 종교 체험이 토로되어 있어 그 진수에 접하기란 여간 어려운 일이 아닙니다. 그 "생사의 권"에 다음과 같은 말이 있습니다.

> 이 생사는 곧 부처의 생명이니라. 이것을 싫어하여 버리려고 한다면 곧 부처의 생명을 버리는 것이 되리라. 그렇다고 거기에 머물러 생사에 집착하면 그것도 역시 부처의 생명을 버리는 것이 되리라. 부처의 겉모양에 구애되고 있기 때문이다. 싫어하는 일도 없고 그리워하는 일도 없게 되어야 그때 비로소 부처의 마음속에 들어갈 수 있느니라(「정법안장」 생사의 권).

나는 도오겐 선사의 말을 읽을 때마다 이 말이 내 심신에 더욱더 깊이 파고드는 것을 느낍니다. 내가 언젠가 그 말들을 읽고 있었을 때, 그것과 마찬가지로 내 심신에 깊이 파고드는 또 하나의 이야기가 생각났습니다. 그것은 어떤 그리스도인이 들려준 것입니다. 거기에는 도오겐 선사의 생사관과 일맥상통하는 점이 있는 것 같습니다.

죽을 때의 모습은 살아온 모습과 같다

내가 살고 있는 집에 이탈리아 태생의 D라는 수사가 있습니다. 40년 동안이나 예수회 수도원 안에서 병자 돌보는 일을 묵묵히 해온 사람입니다. 쾌활하며 유머가 풍부한 성품이고, 조금은 짓궂은 데가 있지만 사려깊은 분이어서, 그와 이야기하고 있으면 마음이 가벼워집니다. 이 사람이 언젠가 나에게 다음과 같은 이야기를 해주었습니다.

나는 오랜 세월 예수회 안에서 많은 회원들을 대해 왔습니다. 그중에는 다른 사람들에게 성인으로 추앙된 사람도 있었고, 제멋대로 굴어서 어떻게 손을 쓸 수 없는 회원도 있었습니다. 베드로 롬바르디 신부님 같은 유명한 설교가도 있었고, 최근 이 수도원에서 돌아가신 베케레 신부님같이 알려지지 않은 채 수도원 안에서 조용히 지낸 사제들도 있었습니다.
세계적인 명성을 떨친 대학자도 있었고, 한평생 부엌에서 일을 하며 지낸 수사도 있었습니다. 나는 이탈리아에서도, 일본에서도 병자 돌보는 일을 담당해 왔기 때문에 이런 사람들이 병에 걸렸을 때 어떤 몸가짐을 하고 어떻게 자기 죽음을 맞이하는지를 곁에서 지켜볼 수 있었습니다. 그런 경험에서 나는 이런 결론에 도달했습니다. Quale vita, tale morte(사람이 죽을 때의 모습은 살아온 모습과 같다).

그는 이 결론을 이탈리아어로 말했습니다. 나는 고심 끝에 그의 말을 "사람이 죽을 때의 모습은 살아온 모습과 같다"고 번역했지만, 그 이탈리아

말의 본뜻을 충분히 나타내지는 못했습니다. 좀더 설명적으로 그 뜻을 옮겨보면, "사람들의 사는 태도는 갖가지인데, 죽을 때도 생전에 살아온 태도와 같은 모습으로 죽는다. 제멋대로 굴던 사람은 제멋대로의 태도로 죽어가고, 거룩한 사람은 거룩한 모습으로 죽는다"는 것입니다.

병자를 돌보는 직분은 눈에 띄지 않고 많은 인내를 요구하는 일입니다. 앞의 이야기는 D 수사가 병자 간호 직분을 맡아 40년 동안의 고된 세월을 보낸 경험에서 우러나온 것입니다. 나는 그의 입에서 처음으로 그런 이야기를 들었을 때 강한 충격을 받았습니다. 그 술회述懷를 들은 지도 어언 2년이 지났지만, 지금도 그 충격이 처음 들렸던 때와 마찬가지로 내 마음속에 생생하게 아로새겨져 있습니다.

현세는 천국으로 가는 터널인가

그리스도 신자들 가운데는 이 세상을 천국으로 가는 데 거쳐야 하는 터널이라고 생각하는 사람들이 있습니다. "이 세상은 유적지流謫地요 천국이 본고향이다. 현세는 고생이 많은 임시 거처이고 저 세상에 가기만 하면 참된 행복을 얻을 수 있다. 얼마 동안만 참으면 된다. 참고 견디며 이 어두운 터널을 지나기만 하면 곧 밝은 천국에 다다를 수 있다"는 것입니다.

언뜻 보면 이런 생각이 그리스도교적인 사고로 여겨집니다. 그러나 이 세상이 나그넷길이라는 점을 지나치게 강조하여, 현세의 적극적인 의미를 부정한다면 오류에 빠질 위험이 있다고 말하지 않을 수 없습니다. 왜냐하면 그리스도의 계시에 의하면 "하느님 나라"는 이미 현세에서 실현되고 있는 중이고, "우리는 하느님의 자녀라 불리게 되었으니, 과연 그분 자녀들"(1요한 3,1)임이 확실하기 때문입니다.

그러니까 현세의 삶은 그저 지나가 버리면 그만인 "임시 거처"가 아닙니다. 그것은 이미 "하느님 나라"요 "하늘나라"입니다. 현세 실존의 이런 적극적인 가치를 인정하지 않는다면 앞에서 지적한 사고방식은 진실로 그리스도교적이라고는 말할 수 없습니다.

삶도 죽음도 다 하느님의 생명이다

바꾸어 말해서 이 세상은 천국에 들어가기 위한 공덕을 쌓는 곳이며, 현세 그 자체는 가치가 없다고 생각하면 잘못입니다. 이미 "하느님 나라"가 우리의 현실생활 가운데서 실현되고 있고, 하느님의 영광이 빛나고 있습니다. 그러기에 이 세상에서 사는 것 자체에 적극적인 의미가 있는 것입니다.

"살아 있는 인간 자신이 하느님의 영광이다"라고 말한 것은 성 이레네오였다고 생각됩니다. 이 말씀은 끊임없이 이 세상에서 실현되고 있으며, 죽은 후에는 그 전모가 천국에서 완전히 드러나게 될 것입니다. 하느님의 생명은 이미 우리에게 부여되었고 그것이 우리의 죽음에서 명백히 나타납니다. 따라서 삶도 죽음도 다 하느님의 생명입니다.

앞에서 "Quale vita, tale morte"라고 한 D 수사의 말에는 "사람의 죽음은 그 사람의 삶과 동질이다"라는 의미도 포함되어 있는데, 물론 그것은 우연이 아닙니다. 앞의 설명에서 알 수 있듯이 죽은 후의 삶은 현세 삶의 비약적인 연장 — 비연속의 연속 — 입니다. 양자는 한 신적 생명의 두 가지 다른 모양의 드러남이라 할 수 있습니다.

앞에서 인용한 도오겐 선사의 생각을 빌려 말한다면, "이 세상의 삶도 죽음도 하느님의 생명입니다. 그것을 싫어하여 버리려고 한다면 곧 하느님의 생명을 잃게 됩니다. 반대로 현세의 삶에 집착하면 하느님 생명의 겉모양에 구애되어 역시 하느님의 생명을 잃게 됩니다".

이렇게 생각하면 죽는 일을 노상 걱정하며 살지 않아도 되고, 또한 이 세상을 비관하며 염세주의에 빠질 필요도 없습니다. 그리스도께서도 다음과 같이 말씀하시지 않았습니까? "목숨을 구하려는 사람은 잃을 것이오"(마태 16.25).

이와 관련해서 생각나는 것은 예수의 다음 설교입니다. 그것은 아주 쉬운 내용이어서 누구나 알아들을 수 있습니다. 그러나 그 참된 의미를 체득하고 하느님의 생명을 살기란 그리 쉬운 일이 아닙니다.

하늘의 새를 보시오. 씨를 뿌리지도 추수하지도 않을 뿐더러 곳간에 모아들이지도 않습니다. 그러나 하늘에 계신 여러분의 아버지께서 먹여 주십니다. 그것들보다 여러분이 더 귀하지 않습니까? 여러분 가운데 누가 걱정한다고 해서 목숨을 한 순간인들 늘일 수 있습니까? 왜 옷 걱정을 합니까? 들의 백합꽃이 어떻게 자라는지 살펴보시오. 수고하지도 물레질하지도 않습니다. 그러나 나는 말하거니와, 온갖 영화를 누린 솔로몬도 그 가운데 하나만큼 차려입지 못했습니다. 오늘 있다가 내일 아궁이에 던져질 들풀도 하느님이 이처럼 입히시거든 여러분이야 더욱 잘 입히시지 않겠습니까? 믿음이 약한 사람들! 그러니 무엇을 먹을까, 무엇을 마실까, 무엇을 입을까 하며 걱정하지 마시오. 그런 것은 모두 이방인들이 힘써 찾는 것입니다. 하늘에 계신 여러분의 아버지께서는 그런 것이 필요함을 알고 계십니다. 먼저 그분 나라와 그분 의로움을 찾으시오. 그러면 그런 것도 다 곁들여 받게 될 것입니다(마태 6,26-33).

"보시오"의 의미

앞의 성구 첫머리 말씀은 "하늘의 새를 보시오"입니다. 이 "보시오"가 중요합니다. 그리스어 원문에서는 엠블레포*emblépō* 부정과거(아오리스트) 명령형이 사용되고 있습니다. 이 말은 "잘 보다", "속까지 들여다보다", "실상을 꿰뚫어보다" 등의 의미를 가지고 있습니다. 이 말은 선사들이 제창提唱(= 설법) 때나 실내室內(독참)에서 "보라"는 말을 사용하는 것과 아주 비슷합니다. 예컨대 공안을 줄 때 이러저러한 공안을 "보라"고 말합니다. 이때 "보라"는 것은 심신의 모든 힘을 기울여 공안을 참구하고 거기서 생기는 지혜의 눈으로 보라는 의미입니다. 우리는 성서 안에서 "보시오"라는 예수의 말씀을 대할 때, 머리로 생각할 것이 아니라, 온 몸 온 마음으로 그분의 말씀을 귀담아들어야 할 것입니다.

우리는 보통 별다른 생각 없이 멍하니 사물을 바라봅니다. 요즈음은 도시에서 "하늘의 새들"을 구경하기가 꽤 어려워졌습니다. 그래도 참새나 까마귀만은 도쿄의 번화가에서도 볼 수 있습니다. 그런 것이 눈에 띄더라도 그저 건성으로 보기 때문에 거기서 생명의 존엄성을 엿보지는 못합니다. 그러나 주의해서 살펴보면, 그토록 대기가 오염되어 있는데도 참새들은 찍찍, 까마귀들은 까악까악 울며 머리 위를 날아다니고 있습니다. 우리집 수도원에는 작은 뜰이 있습니다. 도쿄 한복판인데도 아침저녁으로 몇몇 종류의 작은 새들이 이 뜰을 찾아줍니다. 그리고 그 상쾌하게 지저귀는 소리로 내 귀를 즐겁게 해줍니다. 나는 이 작은 새들의 아름다운 지저귐을 들을 때마다 "생명"의 신비에 감탄합니다. 곰곰이 생각해 보면 그 "하늘의 새들"의 생명력은 얼마나 놀라운 것인지 모릅니다. 거기에는 하느님의 생명이 숨쉬고 있는 것이 아닐까? 그리고 그 작은 새들로 하여금 살아서 날아다니게 하는 위대한 "하느님의 생명"이 똑같이 나의 목숨도 지탱하며 살아가게 하고 있다는 사실에 생각이 미칠 때 생명의 존엄성과 경이로움이 사무치도록 실감됩니다.

얼마 전에 도쿄 대학 명예교수인 야마자끼 쇼오이찌山崎正一 선생이 상지대학의 연속 강연회에서 "죽음에 관하여"라는 제목으로 강연하였을 때 다음과 같은 이야기를 했습니다.

> 현대인은 눈앞에 일어나는 현상만을 본다. 현상 배후의 깊은 의미는 알려고 하지 않는다. 죽음에 관해서도 현대인은 현상에만 주의를 기울인다. 죽어가는 사람의 몸이 싸늘하게 식고, 숨이 떨어지고, 화장장에서 불에 살라져 재가 된다. 그저 그것뿐이다. 죽음 뒤의 세계, 죽음의 참된 의미의 세계는 알려고 하지 않는다. 삶에 관해서도 같은 말을 할 수 있다.

나는 "하늘의 새들"에 관해서도 같은 말을 할 수 있다고 생각합니다. 현대인은 하늘을 날고 있는 새들이 눈에 띄어도 그 겉모양만 보는 것 같습니다. 참새가 거리의 전주에 앉아서 울고 있어도 그저 공해 때문에 앙상하게 마르고 털도 그을러, 보기에도 애처롭구나 하는 정도밖에 생각하지 않는 것 같습니다. 공해에도 꺾이지 않고 살아나가는 꿋꿋한 생명력을 거기서 보지 못하니, 더구나 거기서 하느님의 생명의 숨결을 느낄 수는 없습니다. 그리고 작은 새의 모습에서 하느님의 생명을 엿본다는 것 자체를 감상적인 소녀 취미라고 웃어버릴는지도 모릅니다.

그러나 옛날부터 "몸도 마음도 죄다 잊고" 오로지 수행에만 몰두한 현인들은 모든 생물 안에서 "위대한 생명"을 보아왔습니다. 이 장의 첫머리에 인용한 도오겐 선사의 말을 다시 한번 읽어봅시다. "삶도 죽음도 부처의 생명"이라고 갈파하고 있습니다. 참새의 생명도 그 죽음도 모두 위대한 각자覺者의 생명입니다. 하물며 사람의 목숨은 말할 나위도 없습니다.

하늘의 새도 하느님의 생명이요, 들의 백합꽃도 하느님의 생명이요, 우리의 삶이나 죽음도 모두 하느님의 생명입니다. 무슨 걱정을 할 필요가 있겠습니까. 몸도 마음도 죄다 잊어버리고 "하느님 나라"에 몰입하여 하느님으로부터 오는 그 생명이 이끄는 대로 힘차게 살아가는 것, 바로 이 점을 예수께서는 앞의 설교에서 가르치고자 하시지 않았을까.

이미 우리는 하느님의 자녀들이며 다만 "그 드러남"을 기다리고 있는 것입니다. 하느님의 자녀다운 자유를 가지고 대범하게 사는 것 — 이것이 그리스도교의 진실이 아니겠습니까.

황홀한 사람 — 로스 주교의 카리스마적 "모습"

그런데 D 수사의 이야기는 더 계속되었습니다. 그는 앞의 이야기에 이어서 1969년 12월에 돌아가신 로스 주교에 관해 말해주었습니다. 로스 주교는 전쟁 전에 11년 동안 히로시마 교구의 교구장으로서의 중책을 완수하고, 제2차 세계대전이 시작되자 일본의 사제에게 교구장직을 물려주고 은퇴하였습니다. 그후는 예수회의 수도원 안에서 여느 회원들과 똑같은 생활을 하였습니다.

전쟁이 끝난 뒤에는 여러해 동안 신학생들에게 라틴어를 가르치며, 자신이 주교라는 티를 조금도 보이지 않았습니다. 수도원 안의 변소를 남의 눈에 띄지 않게 몰래 매주 두 번 청소하였는데, 이 궂은 일을 만년까지 계속하였습니다. 그후 뇌일혈로 쓰러져 반신불수가 되고 언어장해증에 걸렸습니다.

D 수사의 이야기는 이어집니다. "로스 주교님은 마지막 몇 해를 도쿄의 성모병원에서 지내며 요양을 계속하셨습니다. 그때 놀라운 일이 생겼습니다. 말도 할 수 없는 반신불수의 병자가 많은 사람들에게 대단한 영적 영향을 미쳤던 것입니다. 주교님의 그 어린이처럼 맑은 눈동자, 천상적인 빛을 띤 미소, 천사 같은 명랑한 마음가짐이 가까이서 돌보아주는 간호사, 수녀, 의사들의 마음을 완전히 사로잡은 것입니다. 예수회의 장상은 주교님의 몸이 자유스럽지 못해 성모병원에 많은 폐를 끼친다고 생각하고 주교님을 다시 예수회 수도원으로 모셔오려고 했답니다. 그런데 어떤 일이 생겼는지 아십니까. 수녀들은 로스 주교님을 귀찮게 여기기는커녕 자기들한테서 주교님을 빼앗아가지 않도록 간청을 한 거예요. 사실 미신자였던 어느 의사는 로스 주교님의 무언의 표양에 감화되어 그리스도 신자가 되었다고 하더군요."

필자도 예수회에 입회하기 전에 로스 주교로부터 라틴어를 일년간 배운 적이 있습니다. 주교님은 게으르고 머리가 둔한 우리에게 끈기와 인내로 가르쳐주었습니다. 라틴어를 가르치는 일은 사제에게도 어울리지 않습니다. 더구나 주교가 할 일은 아닙니다. 그런 일을 로스 주교는 기꺼이 하였을 뿐 아니라, 사제 양성을 위해 라틴어를 가르치는 일에 강한 사명감마저 느끼고 있었던 것 같습니다.

나는 D 수사에게서 만년의 로스 주교에 관한 이야기를 듣고 깊은 감명을 받았습니다. 신체도 마비되어 자유롭지 못하고 지능도 저하되었지만, 로스 주교의 "몸"에서는 그 높은 영성이 풍기어 사람들의 마음을 감동시킬 수 있었습니다. "몸"은 말보다도 더 웅변으로 참된 이야기를 한다는 사실을 이처럼 훌륭하게 보여준 분은 없습니다. 오늘의 일본에서 가장 존중되는 것은 높은 지능지수와 기억력, 그리고 합리적인 처리 능력입니다. 로스 주교는 그 모든 것을 상실하고도 인간으로서 가장 귀중한 것을 사람들에게 가르칠 수 있었습니다. 황홀한 사람 로스 주교의 그 빛으로 충만한 "모습"은 오늘의 일본 사람들에 대한 통렬한 경종이 아닐까?

눈을 감으면 성모병원의 한 병실에서 즐거운 듯 간호사에게 밝은 미소를 보내고 있는 노주교의 모습이 내 눈앞에 떠오릅니다. 그 모습은 상지대학의 낡은 교실에서 열심히 라틴어를 가르쳐주던 모습과 겹쳐져서 나에게, 훌륭하게 산다는 것이 어떤 것인지를 지금도 가르쳐줍니다.

8. 종교 경전을 "몸"으로 읽다

구구절절이 불조佛祖의 다사로운 신심身心(道元)
"내 몸입니다"(마태 26.26)

불조佛祖의 다사로운 신심身心

내가 좋아하는 도오겐 선사의 말씀에 이런 구절이 있습니다. 경전의 "구구절절이 모두 불조(부처와 조사들)의 다사로운 신심身心이다". 이 말씀에는 경전에 대한 선사의 중심사상이 표백되어 있습니다.

선종禪宗에서는 일반적으로 수행자들에게 경전이나 조사들의 어록을 학습시키지 않는 것이 관례입니다. 공연히 지적인 지식으로 머리를 채워 결국 깊은 종교 체험에 도달하는 데 장애를 만들기 때문입니다. 도오겐 선사도 같은 생각을 가지고 있었습니다. 그래서 선사도 경전의 문자에 사로잡혀 관념적으로 경전을 학습하지 않도록 엄히 훈계하고 있습니다. 그러나 또 한편으로는 참선 구도에 있어서 올바른 경전 봉독은 필요불가결한 것이라고 역설하고 있습니다.

> 학인學人이 처음 배우고자 할 때는 도심道心이 있든 없든 경론經論 성교聖教 등을 자세히 보고 철저히 배워야 한다(正法眼藏. 隨聞記 卷 4-8).

> 불경도 조사祖師들의 말씀도 다 석가모니로부터 직접 전승되어 온 것이기 때문이다. (중략) 그대가 말하듯, 만약 불경이 내버려야 할 것이라면, 부처의 마음도 내버려야 할 것이고 부처의 몸도 내버려야 할 것이다. 또한 부처의 몸을 내버리게 된다면 부처의 제자라는 신분도 내버려야 할 것이다. 또한 부

처의 제자라는 신분을 내버리게 된다면 불도佛道를 내버리는 것이 된다. 불도를 내버리게 된다면 또한 조사들의 도道도 내버리게 되는 것이다(正法眼藏, 佛經).

도오겐 선사에 의하면 불경이 없으면 불도도 없고, 사자 상승師資相承해 온 선도禪道도 없다는 것입니다. 특히 앞의 글에서 주목해야 할 것은 불교와 부처의 신심身心이 어떤 의미에서 동일함을 가르치고 있다는 사실입니다. 여느 학문적 저술이라면 저자의 정신의 산물일는지 모릅니다. 그러나 불교의 경전은 부처의 정신에서 나온 산물일 뿐 아니라, 또한 부처가 그 신심의 모든 힘을 기울인 수행에서 산출된 것이기도 합니다. 그러므로 우리는 모름지기 경전 속에서 부처의 신심을 보아야 합니다. 한 걸음 더 나아가서 "불조佛祖의 다사로운 신심"을 직접 "느끼지" 않으면 안됩니다. 여기서 도오겐 선사는 일부러 "다사로운"이라는 형용사를 덧붙인 것입니다. 이 형용사에는 선사의 깊은 종교 체험이 표출되어 있지 않을까? 선사는 불경이나 어록의 일언 일구에서 부처와 조사들의 피어린 고수苦修를 읽어냈음이 틀림없습니다. 아니 그뿐이 아닐 것입니다. 목숨을 걸고 결사적으로 수행한 부처나 조사들의 신심이 경전을 통해 도오겐 선사의 신심을 사로잡아 대사일번의 각오를 하도록 몰아세운 것이 아닐까? 그리고 도오겐 선사는 "이 신심으로 바로 부처를 증거하는"(學道用心集) 경험을 한 것이 아닐까?

옛 거울에 마음을 비추어보다 — 신심의 체험

예로부터 선문禪門에서는 "밝은 창 아래에서 옛 거울에 마음을 비추어보라"는 말이 전해오고 있습니다. 경전이나 조사들의 어록을 명경으로 삼아 자기 마음을 거기에 비추어보고 스스로 증오證悟한 것이 그것들과 계합契合하는지 어떤지 성찰해 보라고 가르치는 것입니다. 양자가 정확히 합치하고 분명해야 합니다. 그런데 우리는 이 고경조심古鏡照心을 한갓 내심의 사건(체험)으로 여겨서는 안됩니다. 적어도 앞에서의 말로 미루어 도오겐 선사는 그것을 몸과 마음이 함께 체험하는 사건으로 이해했음이 틀림없다고 생각합니다. "고경조심"은 신심의 모든 힘을 기울인 "혼신"의 체험일 것입니다. 고수高修한 부처와 조사들의 "몸"이 수행자의 "몸"에 육박해 와서 함께 수행하여 마침내 증오證悟의 경지로 인도하는 것입니다. 그때 비로소 불조의 "몸"의 증오가 수행자의 "몸"의 증오와 동일함이 증명되지 않을까. 그래야 비로소 "구구절절이 모두 불조의 다사로운 신심이다"라고 말할 수 있을 것입니다.

이것은 나 혼자서 우연히 떠오른 생각이 아닙니다. 도오겐 선사의 앞의 말씀은 다음 문맥에서 그 뜻을 명확히 알아볼 수 있습니다.

> 조용히 생각해 보아야 한다. 이승의 삶은 얼마 길지 않다. 비록 불조의 말씀을 배운 것이 두서너 구절에 지나지 않더라도 그 어구가 표현하고 있는 것은 불조 자신들이므로, 그 두서너 구절을 참으로 배워 익힘은 불조 자신들을 정녕 몸으로 체득하는 것이다. 왜냐하면 불조는 몸과 마음이 하나이므로 그분들이 토로한 어구마다 모두 그분들의 따뜻한 피가 통하는 신심 그 자체이기 때문이다. 따라서 그런 불조의 어구를 신심의 힘을 다해 배워 익힌다면, 그것은 곧 저 불조의 신심이 와서 내 신심을 도득道得하는 것이다. 그리고 바로 이 도득이 이루어질 때, 이번에는 저 불조의 도득이 와서 내 신심을 참된 불도佛道 안에 현성現成케 하는 것이다(正法眼藏·行持下, 增谷文雄譯).

경전 봉독에 관한 도오겐 선사의 이런 말씀은 그리스도인들에게 성서를 어떻게 읽어야 할 것인가를 가르쳐줍니다. 성서 가운데 복음서는 원래 예수의 언행을 기록한 책입니다. 나도 참선하기 전에는 성서를 머리나 마음으로 읽었던 것 같습니다. 성서에 기록되어 있는 예수의 말씀이나 행동은 나에게 무엇을 가르치고 있는가를 알려고 애썼습니다. 그러므로 내가 무엇보다도 먼저 관심을 가진 것은 그리스도의 가르침과 교의요, 또한 내가 본받아야 할 생활방식이었습니다.

그러니까 내가 성서 안에서 찾은 것은 나의 이성에 빛을 주는 진리의 가르침과 나의 마음을 감동시키는 그리스도의 수범垂範이었던 것입니다. 이렇게 읽는 것도 유익하였지만 성서의 깊은 의미를 뚜렷이 깨우쳐주지는 않았습니다. 그러나 내가 참선을 시작하고 앞에서 인용한 도오겐 선사의 말씀을 이해하게 되자 성서를 읽는 방법도 완전히 달라졌습니다.

"이는 내 몸입니다"

그런데 예수께서는 베들레헴의 외양간에서 탄생하신 후 나자렛에서 청빈의 사적 생활을 하시고, 때가 오자 40일 동안 광야에서 수행하신 다음, "여우도 굴이 있고 하늘의 새도 보금자리가 있지만 인자는 머리 둘 곳조차 없다오"(마태 8.20)라 하신 전도활동을 하시다가 마침내 십자가에 달려 죽으셨습니다.

그분의 생애는 피와 눈물로 얼룩진 고난의 길이었다고 말할 수 있습니다. 성서를 읽는다는 것은 이 예수의 생애를 더듬는 것입니다. 더듬는다고 해서, 머릿속에 2천 년 전의 그리스도의 모습을 그리면서 그분의 말씀과 행적의 의미를 묵상하고 그분을 본받아 자기 생활을 바로잡아 나가려고 애쓴다는 것은 아닙니다. 그리스도의 생애를 더듬는다는 것은, 신심의 모든 힘을 다해 그리스도와 함께 걸으며, 수난하시는 그리스도의 "다사로운 신심"이 자신에게 육박해 와서 자기 온 "몸"을 부추겨 같은 고난의 길로 몰아세우게 하고 마침내 자기 "몸" 안에 그리스도의 "다사로운 신심"이 살아 있음을 깨달아야 한다는 것입니다. 그때 비로소 바울로와 같이 "이렇게 나는 살아 있지만 내가 아니라 그리스도께서 내 안에 살고 계십니다"(갈라 2.20)라고 말할 수 있습니다. 나는 이렇게 온 "몸"으로 성서를 읽는 법을 배운 셈입니다.

그런데 가톨릭 교회에서는 초기 교부들의 시대부터 실제로 이렇게 성서를 읽어왔던 것입니다. 그 가장 좋은 예는 마태오 복음서 26장과 루가 복음서 22장에 기록되어 있는 최후만찬의 장면입니다. 여기에 다음과 같은 대목이 있습니다.

> 제자들이 먹고 있을 때 예수께서 빵을 들고 축복하신 다음 떼어주며 말씀하셨다. "받아 먹으시오, 내 몸입니다"(마태 26.26).

개신교 인사들 가운데에는 이 말씀을 정신적으로 해석하여, 목사가 그리스도의 명령대로 성찬식을 거행할 때 그리스도께서 빵 속에 영적으로 현존한다고 말하는 사람들이 있습니다. 그러나 가톨릭에서는 초대교회 때부터 그리스도의 이 말씀을 문자 그대로 받아들여 왔습니다. 사제가 그리스도의 명령을 받들어 미사 성체를 드릴 때 그 빵은 그리스도의 "다사로운 산 신심身心"이 된다고 이해하고 있습니다. 바울로 사도도 이 사실을 명백히 선언한 바 있습니다(1고린 11.23 이하).

우리는 이런 가톨릭의 전통에 따라 미사 때 성체를 받아 먹습니다. 그 순간 그리스도의 "몸"은 우리의 "몸"과 하나가 된다고 우리는 굳게 믿고 있습니다.

이렇게 생각하면 내가 선에서 배운 성서 봉독법은 가톨릭의 전통과도 합치합니다. 서양에서 발전한 그리스도교 안에서 이제까지 이런 성서 봉독법이 발견되지 않았다는 것은 이상하게 느껴지기도 합니다. 나는 이렇게 온 몸 온 마음으로 성서를 읽는 법을 개발하여 새로운 성서 해석학의 체계를 세워볼 생각입니다. 이런 해석학이 그리스도교의 전통에 깊이 뿌리를 박고 있다는 것은 앞의 설명에서 명백해졌으리라 믿습니다.

"여러분의 원수들을 사랑하시오"

그러면 구체적 실례를 들어 이 "성서 해석학"의 일단을 말해볼까 합니다.

> 원수를 사랑하고 잘해주며 아무것도 바라지 말고 꾸어주시오. 그러면 받을 상이 클 것이고 지극히 높으신 분의 아들이 될 것입니다. 사실 그분은 은혜를 모르는 사람과 악한 사람들에게도 인자하십니다. 여러분의 아버지께서 자비로우신 것같이 여러분도 자비로운 사람이 되시오(루가 6.35-36).

대개 이 성구는 우리들에 대한 그리스도의 훈계 말씀으로 해석되고 있습니다. 즉, 원수도 사랑해야 하는 애덕을 강조하고 이 교훈의 근거로서 하느님 아버지의 사랑을 가르치고 있다고 설명되고 있습니다. 이런 해석이 틀린 것은 아니지만 나에게는 단지 이 성구의 피상적인 의미만 풀이한 것으로 여겨집니다. 이런 해석의 결점은 그 말씀을 그리스도의 "다사로운 산 몸과 마음"에서 잘라낸 데 있습니다. 그 결과 그리스도의 훈계는 피가 통하지 않는 딱딱한 가르침이 되어 그리스도인들의 마음을 내리누르는 무거운 돌이 되어버리는 것입니다. 그것은 그리스도의 입에서 나온 말씀이니, 단순히 그분 정신의 표백만은 아닙니다. 이 성구는 그리스도의 "다사로운 산 몸과 마음" 그 자체로서 받아들여야 하지 않을까?

복음서에 묘사된 예수의 모습은 문자 그대로 "원수를 사랑하는" 사람의 모습입니다. 당신을 배반한 제자 유다에게 "벗이여" 하며 다정하게 말씀을 건네시고, 최후만찬 때에는 그의 발을 씻어주시며 끝까지 그의 마음을 돌리게 하려고 애쓰셨습니다. 또한 십자가에 못박혀 처형될 때는 당신을 조롱하고 욕하는 사람들을 위해 다음과 같이 기도하셨습니다. "아버지, 저 사람들을 용서하소서. 저들은 스스로 무슨 짓을 하고 있는지 모르옵니다" (루가 23.34). 이것이야말로 "원수를 사랑하는" 사람의 모습입니다.

그러나 나는 이 성구의 배후에 그와같이 "원수를 사랑하는" 그리스도의 모습을 보고 그 모범을 본받아 그대로 실행하려고 결심해야 한다는 식으로 해석하고 싶지는 않습니다. 그렇게 해석하면 그리스도의 "몸"은 단지 2천년 전에 존재했던 것이 되어, 그저 멀리서 나에게 호소해 올 뿐입니다. 그러면 그리스도의 "몸"과 나의 "몸"은 둘로 갈라져 이원상대적인 것이 됩니다. 깊은 선 체험을 한 사람은 이런 신자를 철저하지 못한 그리스도인으로 단정할 것입니다.

만약 당신 생명을 버리시기까지 "원수를 사랑하신" 그리스도의 "다사로운 신심"이 내 "몸"에 육박해 와서 온 "몸"을 부추겨 똑같이 "원수를 사랑하는" 길로 몰아세우고 마침내 다사로운 생명이 넘쳐 원수를 사랑하게 하지 않는다면, 나는 진정한 그리스도인이라 할 수 없습니다. 그때 내 몸은 살아 있지만, 내 육체가 사는 것은 아닙니다. 그리스도의 "다사로운 신심"이 참으로 내 안에 살고 있다는 것을 깨닫지 않으면 안됩니다. 그때 비로소 나는 앞의 성구가 단순한 사랑의 훈계 말씀이 아니라 그리스도의 "다사로운 신심" 그 자체라고 말할 수 있을 것입니다. 이렇게 깨닫기 위해서는 물론 앞의 장에서 설명한 바와같이 대사일번, 정말 죽을 각오로 좌선에 몰두하여 자기자신을 완전히 잊어버리고 그 성구 자체가 되어버려야 합니다.

니찌렌 상인日蓮上人의 "체독"證讀에서 배우다

이제까지 나는 공안과 성서를 읽는 최선의 방법은 "몸"으로 읽는 것이라고 말해왔습니다. 그러나 좀더 진지하게 생각해 보면 모든 종교 전적典籍, 특히 세계적 대종교의 경전들은 다 "몸"으로 읽어야 하지 않을까? 실제로 위대한 종교가들과 성인들은 예외없이 그렇게 했다고 말할 수 있을 것입니다. 그중에서도 "몸"으로 읽어야 할 필요성을 절실히 깨닫고 자신이 직접 실현했을 뿐 아니라, 제자들에게도 그것을 자기 교설의 핵심으로 가르친 분이 니찌렌 상인(대사)이었습니다. 그것을 아주 간결하게 예시해 주고 있는 것이 「토굴감옥 서간」이라 일컬어지는 니찌렌 대사의 유명한 편지인데 그 내용은 짤막합니다. 니찌렌이 사도佐渡 섬으로 유배되려고 할 때 그의 제자 여러 사람이 체포되어 토굴감옥에 갇혔습니다. 그 가운데 그의 수제자 니찌로 오日朗도 끼어 있었는데, 이 편지는 바로 그에게 보낸 것이었습니다.

> 나 니찌렌은 내일 사도 섬으로 떠납니다. 이 추운 밤에 토굴감옥 속에 있는 당신을 생각하면 가슴이 미어집니다. 훌륭한 당신은 법화경法華經 일부까지 색심 이법色心二法(= 몸과 마음)으로 체득한 분이니, 당신의 일가 친척과 일체 중생을 능히 구할 수 있으리다. 다른 사람들은 법화경을 읽을 때 그 법어法語를 입으로는 외지만 마음으로 읽지는 않습니다. 또한 마음으로는 읽어도 몸으로 읽지는 않습니다. 색심 이법 몸과 마음이 함께 읽는 것이야말로 가장 고귀한 것이외다. 법화경에 이르기를 "법화경을 믿는 이들에게 하늘의 동자들이 와서 시중을 들 것이니, 불법佛法의 적들이 칼이나 작대기나 독으로 그들을 해치려 해도 결코 할 수 없으리라"고 했습니다. 그러니 우리에게 별다

른 일은 없을 것이외다. 감옥에서 나오게 되거든 즉시 나에게로 와주십시오. 당신이 나를 보고 싶듯이 나 또한 당신을 만나보고 싶은 마음 간절합니다. 삼가 몇 자 씁니다.

문영文永 8년(辛未, 1271) 10월 9일
니찌렌 (낙관)

지꾸고筑後님

 이 서간에는 애제자를 아끼는 니찌렌의 뜨거운 정이 넘치고 있습니다. 아마 니찌렌 자신이 몹시 차가운 감옥 속에서 추운 겨울밤을 보내야 했기 때문에, 같은 추위에 떨고 있는 제자의 신세를 측은하게 여겼을 것입니다. 그 제자도 그와 마찬가지로 법화경을 사람들에게 가르쳤다고 해서 법난法難(= 박해)을 당해 같은 감옥에서 혹독한 추위를 견디어내고 있었던 것입니다. 물론 남달리 정이 깊은 니찌렌이 이 서간에서 자신의 진정을 토로하고 있는 것은 사실이지만, 그것뿐이 아닙니다. 니찌렌은 사랑하는 제자로 하여금 "색독"色讀(= 體讀)이라는 종교적 의식에 눈뜨게 하여 그것을 누누히 설명하고 있는 것입니다. 법화경에 의하면, 법화경의 행자行者 — 헌신적으로 법화경을 읽는 사람 — 는 반드시 법난을 겪게 마련이지만, 그로 인해 결코 해를 입는 일은 없을 것이라고 합니다. 그러므로 참으로 법화경을 읽으려면, 단지 입으로 읽고 마음으로 이해하여 믿는 것만으로는 부족합니다. 거기에 그칠 것이 아니라 법난을 몸으로 체험하며 그 박해로 조금도 해를 입지 않는다는 것을 깨달아야 하고, 또한 법화경이 정법正法인 까닭을 체득하며 동시에 자기가 법화경의 선택된 행자로서 일체 중생을 구제할 사명을 부여받고 있다는 것을 확신하게 될 때 비로소 법화경을 참으로 읽었다고 할 수 있고, 이것이 바로 "몸으로 읽은 것"입니다. 니찌렌은 이 서간에서 그 "색독"을 자상하고도 절실하게 설명하고 있습니다.

 나는 니찌렌 스님의 이 서간을 읽을 때마다 깊은 감동에 사로잡힙니다. 그리고 나 자신 그리스도인으로서 미적지근하게 살고 있고 성서도 천박하게 읽고 있는 것을 반성하지 않을 수 없습니다. 예수께서는 자신의 십자가 수난을 예고하신 다음, 제자들에게 같은 길을 따라오도록 이렇게 가르치셨습니다.

누구든지 내 뒤를 따르려면 자기자신을 버리고 제 십자가를 지고 나를 따라야 합니다(마태 16.24).

니찌렌 스님이 법화경을 "몸으로 읽었듯이" 나는 그리스도인으로서 이 예수의 말씀을 과연 "몸으로 읽고" 있을까? 「토굴감옥 서간」은 언제나 나에게 이런 반성을 하게 하고, 성서를 몸으로 읽을 필요성을 끊임없이 가르쳐줍니다.

9. 새로운 성서 해석학을 향해

여러분의 몸은 … 성령의 성전입니다(1고린 6.19)

새로운 성서 해석학을 향해

내가 선에서 배운 가장 중요한 것은 성서를 심층적으로 읽는 방법입니다. 이미 앞에서 말한 바와같이, 나는 선 수행에 몰두하면서 여러 가지 공안을 투과함에 따라 이상하게도 공안을 하나하나 풀 때마다 성서를 더욱 깊이 읽을 수 있게 되었습니다. 아니, 성서가 나에게 그 깊은 의미를 밝혀 주게 되었다고 하는 것이 옳을 것 같습니다. 선 수행은 매우 엄한 것이고, 사실 여러 친구들이 나한테 "몹시 고되겠다"고 말하며 동정해 주기도 했습니다. 그러나 접심接心이 아무리 엄격하고 고되다 하더라도 거기에 참여하는 것이 나는 언제나 즐거웠습니다. 접심을 마치고 돌아오면 나의 그리스도교적 기도는 한결 높은 경지에 이르고 수도생활의 의무를 사무치도록 실감할 수 있습니다. 그리고 무엇보다도 중요한 것은 성서가 더욱더 깊은 의미를 나에게 열어보이는 사실입니다. 이렇게 귀중한 체험을 할 수 있기 때문에 접심을 할 때의 어려움 같은 것은 문제가 안됩니다.

성서가 이와같이 새로운 의미의 차원을 열어줌에 따라 성서를 새로이 영적으로 읽는 방법이 내 속에서 움트고 있습니다. 그것은 성서의 새로운 "해석학"이라 말할 수 있는 것으로서, 이제까지의 성서 해석학과는 본질적으로 다른 것입니다. 나는 나 자신의 경험을 성찰하고, 어째서 좌선과 공안에 의한 선 수행이 성서의 새로운 "해석학"을 낳게 되었는가를 설명해 볼까 합니다. 그러기 위해서는 먼저 공안을 푸는 것이 어떤 심리적 구조를 가지는지를 기술할 필요가 있겠습니다.

공안을 좌선 및 입실 참선과 떼어놓을 수 없음은 두말할 나위도 없습니다. 만약 좌선도 하지 않고 혹은 사승 앞에 나아가 자기 견해를 제시하지도 않고 공안을 해석한다면 아마 그것은 탁상공론이나 그림의 떡 같은 해석이 될 것이 십중팔구 틀림없습니다. 공안은 본래 사승이 제자를 수련시키는 방법의 일환이기 때문에 마땅히 좌선과 입실 참선(독참)을 통해 참구되어야 하는 것입니다.

공안은 제자를 견성見性으로 인도하고, 혹은 이미 견성에 도달한 이는 더 높은 경지에 이르도록 연마시키기 위해 사승이 제자에게 내리는 과제입니다. 그 첫째 목적은 제자의 회두환면回頭換面, 곧 인격 전체를 완전히 전환시키는 데 있습니다. 여기에 관해서는 앞에서 정화에 대해 논했을 때 상세히 말하였습니다. 공안의 둘째 목적은 사량思量의 영역에서 "비非사량의 사량"으로 비약하는 데 있습니다. 공안은 이성의 통상적인 활동으로는 풀 수 없습니다. 좌선을 함으로써 이성의 활동을 가라앉히고 고차적인 반야의 지혜에 도달할 때 비로소 공안을 이해할 수 있습니다. 따라서 공안은 처음에 언뜻 보면 모순투성이의 수수께끼와도 같습니다. 이 수수께끼에 맞부닥친 선 수행자는 번뇌를 버리고 이성의 통상적인 활동을 멈추고 자기자신에 대하여 죽어야 합니다. 이런 관점에서 보면 공안은 살인도의 역할을 하는 셈입니다. 그러나 공안은 본디 선의 선각자들이 자신의 선 체험을 표백한 것이므로, 반야의 지혜에 도달한 사람에게는 아주 명백한 진실을 표현해 줍니다. 거기서 동시에 자연스럽게 공안의 해답이 우러나오고, 그 다음에 참선(독참)에서 사승으로부터 그 견해의 올바름을 인정받을 때 공안은 수행자 자신의 체험이 참됨을 증명하는 "공부公府 안독案牘(= 공적인 문서)이 되는 것입니다. 공안은 원래 "성자聖者와 범인의 면목(본성)을 조감하는 선의 거울"입니다(中峰廣錄). 거기서 수행자는 자신의 견해가 단지 "한 개인의 억견臆見이 아니라 … 삼세 시방三世十方(모든 시대 모든 곳) 개사開士(보살)의 그것과 품성을 같이하는 최고의 진리"(同書)임을 알 수 있는 것입니다.

공안과 성서의 유사성

그런데 성서와 공안은 다음과 같은 점에서 구조상 비슷합니다. 첫째로, 성서 — 여기서는 신약성서 — 는 본래 스승이신 그리스도께서 당신 말씀을 듣는 이들을 제자로 삼아 당신과 같은 길을 걷게 하려는 메시지입니다. 이것은 공안도 바로 사승이 제자에게 주는 과제라는 점과 비슷합니다. 둘째로, 그리스도의 말씀은 "하느님 나라가 다가왔습니다. 회개하고 복음을 믿으시오"(마르 1.15)라는 실존 전환의 촉구입니다. 이것은 공안이 회두환면을 다그치는 물음이라는 점과 상응합니다. 셋째로, 공안이 비사량의 사량이라는 경지를 나타내는 것과 비슷하게, 하느님에 관해 말하는 성서의 메시지는 다름아니라 언제나 저 "이해할 수 없는 신비를 가리키고" 있는 것입니다. 넷째로, 불트만이 말하고 있듯이 성서의 메시지가 인간을 자기이해로 인도하는 것과 비슷하게 공안은 자기구명自己究明, 곧 본연의 자기를 깨닫도록 하는 것입니다. 끝으로, 공안이 좌선 및 독참과 분리될 수 없는 것과 똑같이, 성서의 올바른 해석을 위해서는 묵상, 영적 지도, 교회의 교도 등이 필요하다는 것을 가톨릭 교회는 초창기부터 강조해 왔습니다.

이렇게 생각하면 내가 선에서 성서의 새로운 "해석학"을 배웠다는 것이 별로 놀랍게 여겨지지는 않을 것입니다. 성서와 공안은 내용상 판이합니다만, 앞에서 말한 다섯 가지 점에서 구조상으로는 비슷하기 때문에, 공안을 푸는 방법을 성서 해석에 응용할 수 있을 뿐 아니라, 나는 그것이 가장 좋은 방법이라고 생각합니다. 예부터 그리스도인은 성서를 묵상함으로써 그 깊은 뜻을 깨쳐왔습니다. 앞에서 말한 대로 좌선에 의한 "몸"의 기도가 이제까지의 묵상보다 훨씬 나은 기도라는 것을 알고 종전의 묵상방법 대신에 좌선을 도입한다면 탁월한 성서 해석학이 생겨나는 것이 당연하다 하겠습니다. 성서의 메시지는 이성의 통상적인 작용으로는 이해할 수 없는 하느님의 신비를 설명하고 있습니다. 좌선과 독참을 통해 공안을 공부하면 이성을 초월하여 더 높은 차원의 지혜에 도달할 수 있기 때문에 공안 공부는 성서의 신비를 푸는 데 가장 좋은 길이라 할 수 있습니다. 사실 그리스도교는 초창기부터 상지上智(그리스어 *sophia*, 라틴어 *sapientia*)를 매우 중요시하고, 하느님에 관한 일과 성서의 메시지는 이 상지에 의해서만 참으로 이해될 수 있다고 확신되어 있습니다. 상지란 이성을 초월한 지혜로서, 하느님으로부터 주어지는 것입니다.

이제 성서를 읽는 새로운 방법을 구체적으로 설명해 보겠습니다. 나는 앞에서 "접심 수련을 마치고 돌아오면 성서가 더 깊은 의미를 나에게 드러내보인다"고 썼습니다. 이것은 내가 체험한 것을 그대로 말한 것이지만, 바로 이 체험에서 나는 성서를 읽는 새로운 방법을 생각해 낸 것입니다. 좌선을 할 때는 일심불란一心不亂의 경지가 됩니다. 이 삼매경을 유지하면서 성서의 한 글귀 혹은 한 구절을 읽습니다. 그리고 조용히 깊은 묵상에 잠깁니다. 그러면 성구의 깊은 의미가 마치 샘물처럼 내 안에 솟아나옵니다. 그것은 참으로 상쾌한 경험이라 할 수 있습니다. 선의 공안을 돌연 깨치어 가가대소呵呵大笑하는 경험에 비길 수 있을 것입니다.

사실 성서를 이렇게 읽는 것은 공안을 풀 때의 방법과 똑같습니다. 좌선에서는 완전히 삼매경에 이르러야 공안을 공부할 수 있습니다. 마음이 집중·통일되어 있지 않을 때는 아무리 공안을 공부해도 풀 수 없습니다. 오히려 공안에 관해 머릿속으로 이것저것 추리하다가 결국 삼매경을 어지러뜨릴 뿐입니다. 공안을 생각해 내도 삼매경이 흐트러지지 않을 만큼 되어야 비로소 참으로 공안 공부를 할 수 있는 것입니다. 그래서 좌선을 시작하기 전에 공안을 잘 연구하고 그 요점을 정확히 기억해야 합니다. 그와 마찬가지로 성서를 읽을 때도 묵상하려는 성구를 고찰하고 익혀두는 것이 중요함은 말할 나위도 없습니다. 그 다음에 좌선으로 삼매경에 들어가 성구를 떠올려도 마음이 흐트러지지 않고 그 경지에 그대로 머무를 수 있게 되어야 이를테면 그 성구와 하나가 될 수 있는 것입니다.

나는 이런 방법으로 성서를 다시 읽고 있습니다만, 어느 구절이나 이제까지 상상도 하지 못했던 참으로 깊은 의미를 간직하고 있는 사실을 차차 깨닫게 되었습니다.

우리의 몸은 성령의 거처

이번에는 성서 가운데 한 대목만을 골라 설명해 보겠습니다. 그것은 바울로 사도의 다음 말씀입니다.

여러분의 "몸"은 … 성령의 성전입니다(1고린 6,19).

성서에서 "몸"은 많은 경우 인간 전체를 가리키기 위해 사용되고 있습니다. 그리스 사람들처럼 몸을 영혼과 분리하여, 영혼은 존귀하고 몸은 천한 것이라고는 생각하지 않습니다. 오히려 "몸"은 인간의 존엄성을 나타내고 있습니다. 바울로의 말씀은 가장 적절한 예입니다. 이제까지 그리스도인들 중에는 바울로의 이 말씀을 정신론적으로 해석해 온 사람들이 많았습니다. 영혼 또는 마음 안에만 하느님이 머무르시고 몸은 그 겉껍질에 지나지 않는다고 생각하는 것입니다. 그러나 성서에서 말하는 "몸"은 살아 있는 인간 전체를 가리키며, 앞에서 현상학적으로 기술한 "몸"에 가장 가까운 표현이라 할 수 있습니다. 하느님의 은혜는 마음에만 주어지는 것이 아니라, 인간 전체인 "몸"에 베풀어지는 것입니다. 바울로에 의하면 하느님의 은혜뿐 아니라 하느님 자신이 "몸" 안에 계십니다. 앞장에서 나는 "몸"의 철저한 정화에 관해 말했지만 이런 기도나 정화의 신학적 근거는 이 바울로의 사상에 있습니다(바울로의 사상은 그리스도의 말씀에 의거하고 있기 때문에 결국 그리스도의 사상이라 할 수 있습니다). 성령은 하느님의 영으로서 만물을 영적으로 변화시키고 인간을 신성하게 만듭니다. 더구나 바울로에 의하면 이 성령이 우리 안에 계시면서 성부이신 하느님을 향해 "압바, 아버지"라 외치며 기도하고 있다는 것입니다. 압바란 아람어로서 우리말의 "아버지"에 해당합니다. 우리의 "몸"이 "성령의 성전"이라는 사실에는 이렇게 깊은 뜻이 있습니다. 그러니까 그리스도교적 기도란 인간이 하느님에게 말씀을 드리는 것이 아니라, 성령이신 하느님이 성부이신 하느님에게 말씀하시는 것이며, 우리는 이 대화에 동참하여 하나가 되는 것입니다.

바울로의 말씀에 주의하기 바랍니다. 바울로는 "여러분의 '몸'은 성령의 성전입니다"라고 단정하고 있지, "성령의 성전이 되도록 하라"고 명령하고 있는 것은 아닙니다. 우리가 의식하건 말건 그리스도인의 "몸"은 존재론적으로 "성령의 성전"이며, 바울로는 이 엄연한 현실을 지적하고 있는 것입니다. 다만 이 현실은 우리 내면에 깊이 묻혀서 원죄의 뿌리와 공생하고 있을 따름입니다. 그래서 보통 때는 이 현실이 잊혀져 모르고 지냅니다. 그러니까 이 현실을 "몸" 전체로 파악하고 있는 사람은 극히 드물 수밖에 없습니다.

이 숨겨진 현실에 눈뜨려면 어떻게 해야 할까? 두 가지 일이 요구됩니다. 첫째는 원죄의 뿌리를 제거하는 일이고, 둘째는 우리 내면에 깊이 묻혀 있는 것을 파내는 일입니다. 첫째 단계는 정화 혹은 해탈이요, 둘째 단계는 반야의 지혜 — 앞에서 말한 대로 그리스도교에서는 상지上智, sophia 혹은 sapientia라 부르는 지혜 — 를 깨치는 경지입니다. 본서의 제1부에서는 좌선과 공안 참구를 통해 얼마나 철저히 정화될 수 있는가를 설명했습니다. 따라서 좌선이 반야의 지혜에 이르는 최선의 길이라는 것은 여기서 다시 설명할 필요는 없겠습니다. 나 자신의 빈약한 경험에 비추어보더라도, 좌선을 함으로써 "내 몸은 성령의 성전"이라는 현실을 쉽게 깨달을 수 있다고 나는 말할 수 있습니다. 그 이유를 설명해 보겠습니다.

조신調身·조식調息·조심調心에 의해 "몸"이 정화되면 존재론적으로 "성령의 성전"이 작동하기 시작합니다. 성령 자신이 작용하여 욕정의 불을 끄고 원죄의 뿌리를 뽑아 "몸"을 자신의 합당한 거처로 만드는 것입니다. 그때 "성령의 성전"은 깊은 잠에서 깨어납니다. 거기에 상지가 작용하여 자신이 "성령의 성전"이라는 것을 깨닫게 됩니다. 이 깨달음은 일종의 영적 깨침이며, 결코 이성의 반성작용은 아닙니다. 오히려 니시다西田 철학의 용어를 빌려 "몸" 전체의 "행위적 직관"이라고 부르는 것이 낫겠습니다. "몸" 안에서 활동하는 성령과 하나가 됨으로써 바로 그 활동 한가운데서 직관하는 것입니다.

상상해 보십시오! 어떤 그리스도인이 억제하기 어려운 내적 충동의 부추김으로 좌선에 몰두한다. 수개월의 고된 수행 끝에 어느 순간, 바울로가 말한 "여러분의 '몸'은 성령의 성전"이라는 놀라운 현실에 눈뜬다. 그리고 기도란 자기가 인간의 말로써 하느님에게 말씀드리는 것이 아니라, 내 안에서 하느님 자신이 당신의 말씀으로 이야기를 하고 계시다는 현실을 깨닫는다. "몸" 전체로써 이 현실에 몰입하여 하나가 되고, 그것이 바로 나의 기도요, 나의 마음에서 우러나온 것이며, 그러기에 참된 기도라는 것을 깨달았을 때의 그 기쁨은 얼마나 벅찬 것일까!

제3부

영성수련과 접심接心

1. 대사일번大死一番 절후소생絶後蘇生

> 백척간두에서 한 걸음 더 나가라
> 밀알이 땅에 떨어져 … 죽으면 많은 열매를 맺습니다(요한 12.24)

『영성수련』의 기원

가톨릭 교회의 수도자는 매년 만 8일간의 피정(묵상회)에 참여하지만, 생애에 한두 번은 한 달 동안의 큰 피정을 합니다. 이 한 달 동안의 큰 피정은 로욜라의 성 이냐시오가 엮은 『영성수련』*Spiritual Exercises*에 준한 수행입니다. 이 저작은 이냐시오가 자신의 영적 체험을 기초로 해서 초안을 만들고, 거기에 따라 사람들을 지도하는 가운데 수정 또는 보완을 할 필요를 느끼고, 마침내 한 권의 책으로 정리하게 된 것입니다. 이 책을 이해하는 데 도움이 되도록 저자 이냐시오의 약력을 소개하고 책의 성립 배경을 간략하게 묘사해 보겠습니다.

이냐시오는 1491년 스페인 바스코 지방의 귀족 로욜라 가家의 막내둥이로 출생하였습니다(지금도 로욜라 성은 남아 있습니다). 장성하자 출중한 기사騎士로서 까스띨랴 왕을 섬겼습니다. 그는 무예를 닦고 기사 정신을 기르면서 인간적으로 성숙합니다. 동시에 한편으로는 유흥과 노름, 여성과의 로맨스에 빠지기도 합니다. 서른 살 때 숫적으로 우세한 프랑스군이 공격해 와 그는 빰쁠로나 성城에서 적을 맞아 싸우게 되었습니다. 전세가 불리해져 모두 항복하려고 했을 때 그는 성주를 설득하여 전투를 계속케 하고 그 자신 진두에서 용감무쌍하게 싸웠습니다. 그러나 며칠 후 그는 다리에 적의 포탄을 맞아 상처를 입고, 성은 항복하고 말았습니다. 프랑스군은 그의 기사다운 용맹성에 감복하여 부상한 그를 로욜라 성까지 호송해 되돌려 보냈습니다. 이냐시오는 긴 요양생활을 하는 동안 심심풀이로 그리스도의 전기와 성인전들을 읽고 마침내 회심합니다. 그리고 스페인 중동부 지방에 있는 만레사로 가서, 마을에서 떨어진 외딴 동굴에 집거하여 육식을 끊고 사람들의 자선에 의존하는 생활을 시작합니다. 매일 여섯 시간 내지 일곱 시간씩 무릎을 꿇고 기도하는 가운데 드디어 하느님의 은총으로 자주 깊은 신비 체험을 합니다. 그것을 노트에 기록해 두었는데 이것이 후에 『영성수련』이라는 소책자로 정리되기에 이릅니다. 이냐시오가 하느님으로부터 받은 영적 체험 가운데서도 까르도네르 강변에서의 내적 관조는 유명합니다. 그는 이때의 체험을 만년에 다음과 같이 이야기하고 있습니다.

> 언젠가 나는 만레사에서 1.5km 가량 떨어진 곳에 있는 성 바울로 성당으로 갔다. 길은 강변을 따라 나 있다. 경건한 생각에 잠겨 걸어가다가 도중 어느 곳에서 주저앉아 아래쪽으로 흘러가는 강물을 보았다. 그렇게 앉아 있노라니 내 이성의 눈이 열리기 시작했다. 그러나 이때 내가 본 것은 현시顯示가 아니었고, 다만 나는 신앙과 학문에 관계되는 영적인 사정을 많이 이해할 수 있었던 것이다. 이 체험으로 나는 밝은 빛을 받아, 모든 것이 새로워지는 느낌이었다.
> 이때 내가 깨달은 것은 너무 많아 그것을 다 상세히 설명할 수는 없다. 그러나 내 이성이 조명을 받아 크게 계발된 것은 확실하다. 예순두 살이 된 오늘에 이르기까지 내 일생을 통해 하느님께서 나에게 가르쳐주신 모든 것과 또 내가 스스로 배운 모든 것을 하나로 합친다 하더라도, 그 순간에 한 번 받은 조명에는 멀리 미치지 못한다.

이 체험은 일종의 깨달음이라 할 수 있습니다. 그가 어떤 대상을 본 것은 아니라는 점에 유의해야 합니다. "현시가 아니었다"는 말은 그런 뜻입니다. "이성의 눈이 열린다"는 것은 완전히 새로운 "비춤"(조명)입니다.

후에 이냐시오는 만레사의 체험과 『영성수련』 초고를 기초로 해서 다른 사람들을 지도했습니다. 그리고 파리에서 수학하던 중 동료 일곱 사람과 함께 수도생활을 시작했습니다. 이냐시오는 이 모임을 발전시켜 뒷날 예수회를 창립하여 가톨릭 교회의 역사에 커다란 변혁을 가져왔습니다.

자애심自愛心을 끊다 — 첫째 유사점

앞에서 간략하게 설명한 배경에서 미루어 짐작할 수 있듯이 『영성수련』에는 이냐시오의 숭고한 기사적 정신이 맥맥히 흐르고 있습니다. 그것은 선의 접심에서 볼 수 있는 준엄하고 철저한 정신과 매우 흡사합니다. 나는 『영성수련』의 정신을 익히고 있었기 때문에, 처음으로 접심에 참여했을 때 그 엄격함을 기이하게 느끼지 않았을 뿐 아니라 오히려 친밀감을 느낄 정도였습니다. 앞의 약력에서 알 수 있듯이 『영성수련』은 이냐시오의 깊은 종교 체험에서 생겨나, 묵상자(피정자)를 같은 체험의 경지로 이끌 수 있도록 꾸며진 것입니다. 이 점에서 그 수련은 선의 접심과 같습니다. 접심도 조사祖師 스님들의 종교 체험에서 생겨나 오랜 세월 동안 다듬고 가꾸어져 온 것입니다. 수행자는 접심을 통해 조사 스님들과 같은 종교 체험을 할 수 있도록 인도됩니다.

『영성수련』의 서론에 다음과 같은 말이 있습니다. "산책하고 걷고 뛰는 것이 육체의 수련인 것처럼, 영혼을 준비하고 정리하는 온갖 방법이 곧 영성의 수련이다." 그러니까 자기반성, 묵상, 미사 참례, 아침기도, 저녁기도, 영적 지도(선의 독참에 해당함), 작업, 고행 등 모든 방법이 동원되기 때문에 영성의 수련이라는 것입니다. 이냐시오는 기도하고 묵상할 때의 몸가짐에 관해 자세한 규정을 만들지 않고, "무릎을 꿇거나 엎드리거나 반듯이 눕거나 앉거나 서거나 언제든지 자기가 소망하는 것을 추구하는 마음가짐"(Ex. 76)이 중요하다고 말하고 있습니다. 그리고 이냐시오는 두 가지 주의사항을 덧붙이고 있는데 이것은 좌선에도 그대로 적용될 수 있습니다. 첫째는 묵상하는 동안 자세를 바꾸지 않는 일이요, 둘째는 "자기가 바라는 것을 발견하면, 앞으로 더 나아가려고 조급하게 굴지 말고 스스로 만족하기까지 거기에 머물러 조용히 묵상하는 일"입니다. 움직이지 않고 안정된 자세를 유지하는 데는 좌선이 가장 안성맞춤이고, 또한 어느 한 점에 마음을 머물게 하는 데도 좌선보다 더 뛰어난 방법은 없습니다. 앞에서도 좌선이 그리스도교적 기도에 큰 공헌을 할 수 있는 이유를 설명했지만, 이제 그것이 이냐시오의 영성수련 규정에도 어울린다는 것을 알 수 있습니다.

이냐시오는 영성수련을 시작하려는 이에게 다음과 같은 마음가짐을 요구합니다. 곧, 자신의 의지와 자유를 송두리째 바치고, 의연한 정신과 고결한 마음으로 영성수련을 시작해야 한다는 것입니다. 이런 마음가짐을 단지 정신론으로 그치게 할 것이 아니라 영성수련중 구체적으로 실천에 옮길 것을 요구합니다. 다시 말해서 영성수련에 할당된 시간을 주의깊게 지키고 그 세부 규정도 충실히 실행해야 하는 것입니다. 예컨대 매일 다섯 시간씩 묵상을 하게 되어 있지만, 매회 꼬박 한 시간, 그 이하는 안되고 그 이상 묵상해야 합니다. 특히 피로를 느끼고 마음이 스산할 때는 한 시간씩 기도하기가 어렵지만, 이런 "유혹을 이기기 위해 언제나 한 시간이 좀 넘게 여분의 시간을 배당해야 한다"고 규정하고 있습니다. 이 규정은 역방향으로의 전환이라 불리는데, 어려운 상황에 처했을 때는 언제든지 그렇게 하도록 권고하고 있습니다. 예컨대 영성수련을 하는 이가 무엇에 집착하거나 옳지 않은 것으로 기울어지고 있으면, 그 이끌리는 것과 반대되는 것에 도달하려고 전력을 다해야 한다고 가르칩니다. 이런 훈계, 규정, 마음가짐을 그대로 선 수행에 적용해도 결코 어색하지는 않을 것입니다. 이와 비슷한 말들은 도오겐 선사의 저술 가운데서 두서너 가지 뽑아보겠습니다.

도道를 배우는 데 마음을 쓰고 자신의 집착을 방하放下하라.

우선 율의律儀의 계행戒行을 성실히 지키면 마음도 따르게 하여 스스로 고치게 되리라.

또 조사 스님들의 난행도難行道의 예를 들어 이렇게 말합니다.

> 옛 사람들은 팔을 끊고 손가락을 베었다. … 옛날 부처는 집을 버리고 나라를 포기했다. … 수월한 것을 찾는 자는 불도를 닦을 기량이 없음을 스스로 알라.
>
> 옛 조사 이르되 "백척 간두에서 진일보하라" 했다. 이는 백척 장대의 꼭대기에 올라 손발을 놓듯이 마음과 몸을 방하해야 한다는 뜻이다.

이냐시오도 마찬가지로 철저한 이탈을 가르치고 있습니다.

> 각자 자애심, 자기 의향, 이기심을 끊어버리는 그 정도에 비례해서 영적인 모든 일에 진보한다는 사실을 성찰해야 한다(Ex. 189).

이상 말한 대로 영성수련과 선의 접심 사이의 첫째 유사점은 수련을 시작할 때 요구되는 대용맹심과 이탈의 정신입니다.

정수靜修와 침묵 ― 둘째 유사점

제2의 유사점은 양쪽이 다 조용한 데 물러가 수행하며 침묵을 지키는 일입니다. 선의 접심은 보통 외딴 숲속의 선 도량에서 행해집니다. 그 절에서도 깊숙이 들어앉은 선당禪堂에서 수행승은 이레 동안 틀어박혀, 외부와의 접촉을 일체 끊고 좌선에 전념합니다. 엄격히 침묵을 지키며 내적으로도 마음을 고요하게 합니다(止靜). 가톨릭 교회의 피정도 외부와의 접촉을 끊고 격리된 수도원이나 명상의 집에서 행해집니다. 식사, 청소, 기타 모든 행동을 침묵 속에 합니다. 외적으로나 내적으로나 모든 것과 격리된 상황에서 기도에 몰두하는 것입니다. 이냐시오는 다음과 같은 주석을 하고 있습니다.

> 이렇게 격리될 때, 갖가지 속사俗事로 마음을 산란해지지 않게 하고, 하느님께 봉사하며 자기 영혼을 바르게 지키는 "한 가지 점에 마음을 집중하여",

오로지 자신이 열망하는 것을 추구하기 위해 자기 본성의 능력을 더욱 자유로이 이용할 수 있다(Ex. 20).

이 문장에서 특히 주의해야 할 것은 하느님에 대한 봉사와 자신의 구령이 이원론적으로 해석되고 있지 않다는 점입니다. 그 증거로, 만약 두 가지로 나누어 파악된다면 한 가지 점으로 집중할 수는 없는 것이고, 결국 앞의 말은 모순된 가르침이 되겠기 때문입니다. 불교 용어로 말하면 그 양자는 부즉불리不卽不離의 관계에 있는 것입니다.

큰 죽음(大死)과 큰 삶(大活)의 역동성 — 셋째 유사점

접심과 피정의 셋째 유사점은 큰 죽음과 큰 삶의 역동적인 생명원리입니다. 선의 "대사일번 절후소생"이라는 유명한 말이 이 역동성을 잘 나타내고 있습니다. 새삼 설명할 필요도 없이 접심은 처음부터 끝까지 이 원리로 일관합니다. 가톨릭의 영적 설교에도 비슷한 말이 있습니다.

밀알이 땅에 떨어져 죽지 않으면 그대로 남아 있을 뿐이지만 죽으면 많은 열매를 맺습니다. 목숨을 아끼는 사람은 잃을 것이요, 이 세상에서 목숨을 미워하는 사람은 영원한 생명에 이르도록 보전할 것입니다(요한 12,24-25).

영성수련의 전체 과정에서도 이 생명원리가 작용합니다. 영성수련은 네 주간으로 나뉘어 있는데, 그 하나하나를 검토하여 생명원리의 작용을 구체적으로 살펴봅시다.

영성수련의 첫째 주간

첫째 주간의 주요 목적은 개심改心입니다. 그러므로 선결 문제는 죄로부터의 개심이지만, 이것은 하느님의 생명을 살기 위해 요구되는 것입니다. 이를테면 죄에 죽음으로써 참되이 산다는 것이 첫째 주간의 주요 테마입니다. 이미 앞에서 선과 그리스도교에 있어서의 정화에 관해 거론할 때 말한 대로, 그리스도교에서의 정화와 선에서의 이탈은 아주 비슷합니다. 영성수련의 첫째 주간에 있어서도 상황은 다르지 않습니다. 다만 첫째 주간의 주제는 죄에 관한 묵상이기 때문에 이 점에서는 선의 접심과 다르다 하겠습니다. 그러나 자세히 살펴보면, 선에도 스즈끼 쇼오산 선사의 다음과 같은 말이 보여주듯이, 영성수련의 첫째 주간에 해당되는 과정이 있습니다.

> 삭발 수계 때 마음에 새겨 알아두어야 할 도리가 있다. 이 몸은 부정 예악不淨穢惡의 몸이요, 악업 번뇌의 몸이요, 우치 암둔愚癡暗鈍의 몸이요, 삼악 사취三惡四趣에 떨어질 몸이요, 사고 팔고四苦八苦를 당해야 할 몸이다. 그런데도 부처와 조사들은 이 세상에 나와 난행難行과 고행의 공로로 갖가지 마땅한 방편과 이루 헤아릴 수 없이 다양한 가르침을 우리에게 남겼다. 탁세 말대濁世末代의 우리에게 이르기까지 구하여 건지려는 그분들의 원력願力 참으로 고맙도다. (중략) 이제 불제자가 되는 것은 기쁨 중의 기쁨, 그보다 더 큰 일이 있으랴. 반드시 성불 득탈成佛得脫하리라는 대서원을 발하고 부처와 조사들의 가르침을 지켜야 한다(麓草分).
> (역주: 三惡四趣 = 地獄, 餓鬼界, 畜生界, 阿修羅界. 四苦八苦 = 삶의 고통, 노쇠의 고통, 질병의 고통, 죽음의 고통, 사랑을 이별하는 고통, 원망과 미움을 만나는 고통, 구하여도 얻지 못하는 고통, 五陰이 성하는 고통)

이 문장은 불교사상을 배경으로 기술되었지만 이와 비슷한 내용의 교설이 『영성수련』 안에도 있으며, 다만 그리스도교적 뉘앙스를 띠고 있을 뿐입니다.

> 자기 육체는 마침내 썩어 없어진다는 것, 추악하기 짝이 없다는 것을 생각하자. 자기자신을, 수많은 죄와 수많은 해악과 지독한 독이 비어져 나온 헌데나 종기처럼 생각하자(Ex. 58).

자기가 얼마나 자주 그 많은 죄를 범하고 영벌을 받아 마땅한 처지로 전락
했던가를 생각하라(Ex. 48).

그런 자기를 위해 "십자가에 달리신 주 그리스도를 눈앞에 그리면서 … 하
느님의 자비가 얼마나 컸던가를 되새기며 묵상하고, 자기에게 이제까지 생
명을 주어 살게 하신 데 감사드리고, 당신의 은총에 힘입어 앞으로 생활을
개선할 것을 결심하라"(Ex. 61).

자기는 지금까지 그리스도를 위해 무엇을 했는가? 지금 그리스도를 위해 무
엇을 하고 있는가? 또 그리스도를 위해 무엇을 하여야 할 것인가? 이렇게
스스로 물으며 자기 성찰을 하지 않으면 안된다(Ex. 53).

이 구절들에서도 앞서 인용한 스즈끼 쇼오산 선사의 글에 드러난 것과 같은 개념을 엿볼 수 있습니다. 즉, 악업으로 더러워진 몸, 종조宗祖들의 고행에 힘입은 구원, 거기에 대한 감사와 기쁨, 앞으로의 결의 등이 그렇습니다.

 이상의 고찰로 영성수련의 첫째 주간이 선의 접심과 매우 비슷하다는 것이 밝혀졌으리라 생각합니다.

2. 의연한 기사적 정신을 가지고

그리스도 왕국(『영성수련』 둘째 주간)
부처와 조사들의 행지도환行持道環(道元)

영성수련의 둘째 주간

앞에서 영성수련과 접심의 셋째 유사점인 큰 죽음(大死)과 큰 삶(大活)의 생명원리에 관해 말했습니다. "대사일번 절후소생"의 역동성은 가톨릭의 피정에서도 일관하고 있음을 살폈습니다. 그리고 영성수련 첫째 주간에 보이는 그런 유사점에 관해 설명을 마친 셈입니다. 이제 둘째 주간을 기점으로 해서 고찰을 계속해 볼까 합니다.

영성수련 둘째 주간이 시작될 때 수련자에게 주어지는 과제는 "그리스도 왕국"이라 불리는 중요한 관상觀想입니다. 이것은 둘째 주간 전체를 좌우하는 가장 긴요한 수행입니다. 여기서도 큰 죽음 큰 삶의 생명원리가 고동치고 있습니다. 그러나 첫째 주간과는 상당히 다른 양상으로 나타나기 때문에 언뜻 보아서는 그 원리가 작용하고 있는 것 같지 않습니다. 첫째 주간에서는 죄에 죽는 것이 중심 과제였으므로 큰 죽음이 전면에 부각되어 그 뒷면의 큰 삶을 찾기가 쉬웠을 것입니다. 그러나 "그리스도 왕국"에서는 피정자(묵상자)가 그리스도의 초대에 어떻게 응답하느냐가 문제입니다. "그리스도는 온 세상 모든 사람의 구원을 열망하시어 제자들을 모으시고 그들에게 '나와 함께 전인류의 구원을 위해 일하기를 바란다'고 말씀하신다. 그리스도의 제자인 당신은 이 뜨거운 소망에 어떻게 응답할 것인가?" 이것이 "그리스도 왕국" 관상의 요지입니다.

여기서 큰 죽음 큰 삶의 원리를 찾아보기는 쉽지 않습니다. 그뿐 아니라 너무도 그리스도교적이고 선과는 아주 이질적인 내용이기 때문에, 접심과 유사한 점을 찾기가 어려운 것 같습니다. 사실 이제까지 그리스도교 신학자들은 "그리스도 왕국"의 배경에 깔린 사상이야말로 선과 그리스도교의 근본적인 차이라고 발언해 왔습니다. 실제로 선 수행의 경험을 상당히 쌓은 신부들조차 그렇게 생각해 왔고 아직도 같은 생각을 품고 있는 신부들이 있습니다. 나 자신도 전에는 그렇게 생각하곤 했습니다. 그러나 최근 겨우 양자간에 큰 유사성이 있다는 것을 깨닫게 되었습니다. 그래서 이 장에서는 그 점에 대해 말하고자 합니다만, 우선 "그리스도 왕국"에 관한 관상의 개요를 살펴봅시다.

영성수련 둘째 주간의 수행으로 접어든 피정자는 이미 첫째 주간에 정화되어, 어느 정도 큰 죽음 큰 삶의 과정을 거쳐 재생했다고 말할 수 있습니다. 첫째 주간의 마지막 묵상에서는 "십자가에 못박히신 그리스도를 눈앞에 그리면서, 그분이 우리 죄 때문에 그런 참혹한 죽음을 당하셨다는 사실을 회상하고, 이제부터 자기가 그리스도를 위해 무엇을 하지 않으면 안되는가를 깊이 성찰하는" 것입니다. 마음속으로 깊이 이런 성찰을 하는 사람은 바울로가 다마스커스 성밖에서 회심한 순간 부르짖었듯이 "주님, 제가 어떻게 할까요?"(사도 22.10) 하고 말할 것이 틀림없습니다. 이런 경지에 도달한 피정자만이 "그리스도 왕국"의 관상에 몰입할 수 있습니다. "그리스도 왕국"에서는 이와 같은 마음 자세를 갖춘 사람에게 그리스도 친히 손짓하며 이렇게 말씀하십니다. "나는 온 세상 모든 사람의 구원을 열망하고 있다. 나를 따라 이 위대한 구원사업에 참여하려는 사람은 누구나 나와 함께 일을 하지 않으면 안된다. 나와 함께 수고하는 사람은 나와 함께 영광을 누리게 될 것이다"(Ex. 95). 의연한 기사적 정신, 올바른 판단력, 성실한 마음을 가진 사람은 그리스도의 초대에 응답하여 그 사업에 자신의 모든 것을 바칠 것입니다. 자기 몸을 바칠 뿐 아니라, 육적인 성향과 세속적 사랑을 초극하고 더 값지고 귀중한 것까지 봉헌할 것이 틀림없습니다. 이냐시오는 『영성수련』에 이상과 같이 쓰고 있습니다.

이냐시오의 기사적 정신

이상이 "그리스도 왕국"의 개요입니다. 거기에는 저자 이냐시오의 기사적 정신이 넘치고 있습니다. 충실한 종 이냐시오는 주 그리스도께 어느 누구보다도 위대한 봉헌을 하기를 열망합니다. 그리스도에 대한 사랑이 그를 몰아세워 자신의 못된 욕망과 싸우게 할 뿐 아니라, 더욱 큰 자기희생의 길로 나아가게 합니다. 바로 여기에 큰 죽음 큰 삶의 역동성이 숨겨진 형태로 고동치고 있습니다. 그리스도의 사랑으로 살게 되는 것이 곧 큰 삶이지만, 그것은 더욱 큰 죽음을 의미하기도 합니다. 좀더 정확히 말하면 자기봉헌이라는 큰 죽음에 의해서만 그리스도의 참된 사랑이 증거됩니다. 큰 죽음(자기봉헌)이 있어야만 큰 삶(그리스도의 사랑)이 현성現成됩니다. 그러나 큰 죽음 뒤에 큰 삶이 오는 것은 아닙니다. 자기봉헌이 곧 그리스도의 사랑이요, 큰 죽음이 곧 큰 삶입니다. 한걸음 더 나아가 그리스도의 사랑이란 주 그리스도에 대한 피정자의 사랑인 동시에 피정자에 대한 그리스도의 사랑이기도 합니다. 후자의 부추김으로 살아 움직이게 되어야 비로소 전자의 사랑이 생깁니다. 그러니까 피정자의 사랑이 곧 그리스도의 사랑입니다.

그러면 이런 "그리스도 왕국"에 대한 관상이 어떤 점에서 접심과 비슷할까? "그리스도 왕국"에서는 너무 그리스도교적 사랑과 또한 그리스도와의 인격적 관계를 강조하고 있기 때문에, 그 관상이 어떻게 선 수행과 유사한지 아마 독자는 의아스럽게 생각할 것입니다. 그러나 놀랍게도 유사점이 있습니다. 더구나 뜻밖에도 사승과 개인적으로 상량商量하는 입실 참선入室參禪(= 獨參)에서 찾아볼 수 있습니다. 나 자신이 유사점을 발견하게 된 경험을 말하겠습니다.

나도 참선을 하기 전에는 대부분의 사람들이 그렇듯이, 그리스도교의 독특한 특징은 인격적 통교이고, 이것이 선에는 없거나 혹은 적어도 선의 중심사상은 아니라고 생각했습니다. 그런데 내가 열심히 참선을 하게 된 후로 점차 깨닫게 된 것은, 선에서 사승(조실 스님)과 제자와의 관계가 가장 뛰어난 의미에서 인격적 통교라는 것이었습니다. 사실 선에서는 예부터 "사자 계합"師資契合이 매우 중요시되어 왔습니다. 내가 참선할 때 지도를 받은 사승은 언제나 우리에게 다음과 같이 이르곤 했습니다. 즉, 이분이야말로 진짜라고 여겨지는 선사를 만나면 자기 생명을 바쳐도 좋을 만큼 홀딱 반해서 끝까지 그 선사를 따르는 것, 이것이 선 수행의 중요한 관건이라고 말입니다. 이것은 그리스도 신자들이 "오직 한 분의 스승"이신 그리스도를 끝까지 따르는 것과 비슷하지 않습니까? 나는 참선 경험을 통해 이 양자가 구조상 같다는 것을 배웠습니다. 그러니 그리스도와 제자와의 관계를 인격적이라고 말할 수 있다면, 선의 사승과 제자와의 관계를 왜 인격적이라 부를 수 없겠습니까?

　여기서 오해를 피하기 위해 양자의 차이에 대해서도 언급해야 하겠습니다. "그리스도 왕국"에서는 신인神人 그리스도에 대한 신앙이 전제되어 있으므로, 그리스도와 그 제자의 관계는 선의 사승과 그 제자의 관계하고는 어떤 면에서는 다릅니다. 전자의 경우는 신인과 사람의 관계이지만, 후자는 사람과 사람의 관계입니다. 선에서 제자는 사승을 스승으로 존경합니다만, 사람과 사람의 관계로서 평등합니다. 더욱이 제자가 크게 깨치면 스승과 제자 둘 다 그대로 부처로서 평등합니다. 이에 반해 그리스도와 그 제자의 관계는 하느님과 사람, 사람과 사람의 이중구조입니다. 하느님과 사람 사이에는 창조자와 피조물이라는 주종主從관계가 성립됩니다. 그러나 사람인 그리스도와 그 제자의 관계는 선의 경우와 같다고 말할 수 있을 것입니다.

　나는 선에서의 인격적 관계를 깨닫기 시작하면서 동시에 공안과 성서의 유사성에도 점차 눈뜨게 되었습니다. 마침 그 무렵 다행스럽게도 우에다 간쇼오上田閑照 교수의 『선불교』禪佛敎(築摩書房, 1973)를 읽을 기회를 얻었는데, 이 책은 이 문제에 큰 빛을 던져주었고, 덕택에 나는 "그리스도 왕국"의 관상에서 선의 입실 참선과 비슷한 점을 발견할 수 있었던 것입니다.

입실 참선(독참) ─ 사람과 사람의 인격적 만남

　독참獨參이라 불리는 입실 참선은 사승과 제자의 인격적 통교를 구체적으로 전개하는 것입니다. 여기서 다루어지는 화두話頭가 선 문답禪問答(法去來 =

법거량)인데, 이 문답은 플라톤의 『대화편』對話篇에 나오는 서양식 대화와는 근본적으로 다릅니다. 후자의 경우 이성으로 인식되는 객관적 진리가 주제이니, 그 대화의 현장에 없는 제삼자도 그것을 읽으면 이해할 수 있습니다. 거기서는 사람과 사람의 직접 대면이 필요없을 뿐 아니라, 묻는 행위와 답하는 행위가 없어도 됩니다.

그러나 선 문답은 사람과 사람이 직접 대면하지 않으면 이루어질 수 없습니다. 사람의 묻는 행위와 답하는 행위가 있어야 비로소 그 문답이 현성되는 것입니다. 이 대화의 주제인 "진리"는 머리로 이해될 수 있는 것이 아니고, 사람과 사람의 역동적인 인격적 통교로 성립되는 "객관적 진리"입니다. 임제臨濟 선사가 말한 바 참된 인간(眞人)의 생명 작용으로 현성되는 진실이라 할 수 있습니다. 그러므로 선 문답에서는 방관적인 제삼자란 허용되지 않습니다. 그 화두에 직접 참여해야 비로소 주제를 파악할 수 있습니다. 그런 의미에서 선의 "진리"도 문답도 매우 인격적이라 할 수 있습니다.

그런데 "그리스도 왕국"의 관상에서도 제삼자적인 방관은 허용되지 않습니다. "주여, 제가 무엇을 해야 하겠습니까?"하고 적극적으로 책임을 떠맡고 나서는 사람만이 "참여"할 수 있습니다. 이때 그리스도와 제자의 대화는 그리스도의 묻는 행위와 거기에 응답하는 제자의 행위가 긴장과 상호 호응의 분위기에서 전개되는 인격적 통교입니다. "그리스도 왕국"은 이처럼 사람과 사람의 인격적 통교행위에 의해서만 실현됩니다. 속된 표현을 한다면, 제자가 그리스도께 완전히 반하여 당신을 위해 자기 목숨을 바칠 정도가 되어야 "그리스도 왕국"이 현성되는 것입니다. 이렇게 고찰하면 선 문답과 "그리스도 왕국" 관상 사이에 구조상의 유사점을 찾아내기는 쉬울 것입니다.

그러나 비슷한 점은 여기에 그치지 않습니다. 한걸음 더 나아가 양자가 궁극적으로 지향하는 점도 비슷하다고 할 수 있습니다. "그리스도 왕국" 관상 끝에 피정자는 그리스도께 자기를 봉헌하며 마음속으로부터 다음과 같이 맹세합니다.

만약 지존하신 주께서 저를 선택하시어 그런 처지에서 살아가도록 받아들이신다면, 온갖 모욕, 온갖 해악, 영육간의 온갖 가난을 견디어내며 주님을 본받는 것이 주님께 더 큰 봉사와 찬미가 되는 한, 그렇게 하는 것이 나의 소원이고 열망이며 또한 숙고한 끝의 결심이라는 것을 … 맹세합니다(Ex. 98).

이 서원에는 큰 죽음과 큰 삶이 힘차게 약동하고 있습니다. "주님을 본받겠다"는 결심은 가난해진 그리스도와 함께 가난해지고 모욕을 당하신 그리스도와 함께 모욕을 당하기를 바란다는 것입니다.

중생 제도의 서원과 행지도환行持道環

영성수련의 이런 서원에 상응하는 것을 선의 조실스님(師僧)과 참선자의 단독 문답(입실 참선)에서도 찾아볼 수 있을까? 문답 자체의 문구에는 확실히 거기에 상응하는 것이 나타나지 않습니다. 그러나 실제로 입실 참선을 한 사람은 암암리에 다음 사실을 체험했을 것입니다. 우선 입실하면 중생 제도衆生濟度의 서원으로 불타는 조실스님의 모습을 발견할 것입니다. 그리고 실내에서 물러나올 때는 "그렇다, 조실스님을 본받아 나도 이 길에 철저하리라"는 결의가 자신이 의식하건 말건 "뱃속"에서부터 샘솟을 것입니다. 이 결의가 깊어질수록 다음 사홍서원문四弘誓願文에 명시된 방향으로 나아갈 것이 틀림없습니다. 즉, "고통 세계의 중생들이 그 수가 퍽 많다 할지라도 다 건지려는 '중생 무변 서원도'衆生無邊誓願度, 번뇌가 끝이 없다 할지라도 다 끊으려는 '번뇌 무진 서원단' 煩惱無盡誓願斷, 법문이 한량없이 많지만 다 배우려는 '법문 무량 서원학' 法門無量誓願學, 가없는 불도를 이루어내려는 '불도 무상 서원성' 佛道無上誓願成"의 네 가지 서원입니다.

이 네 가지 서원 가운데 특히 마지막 서원에 유의해야 합니다. 거기에는 "그리스도 왕국"의 근본사상과 비슷한 점이 있기 때문입니다. 우선 도오겐 선사의 다음 말을 음미해 봅시다.

부처와 조사들의 대도大道에 반드시 최고의 행行이 있고 그것은 연면하여 끊어지는 일이 없다. 발심發心, 수행修行, 보리菩提(붓타 정각의 지혜), 열반涅槃 이렇게 이어져 조금도 틈이 없다. 이것이 행지도환行持道環, 곧 행은 지속되고 길은 여기저기 돌고 돌아 이어지고 있다는 것이다. (중략) 이 행行의 공덕이 우리를 보임保任하고 또한 다른 이들을 보임한다. 그 종지宗旨는 나의 지속하는 행이 그대로 온 천지에 그 공덕을 미치고 있다는 것이다. (중략) 말하자면, 제불 제조諸佛諸祖의 행지行持로 말미암아 우리들의 행지도 실현되고 우리들의 대도도 이루어지는 것이다(正法眼藏. 行持).

도오겐 선사에 의하면 불도란 부처와 조사들의 더할 나위 없는 행지行持(불도를 닦아 지님)가 연면히 이어져 그것이 오늘의 우리에게까지도 보임되어 우리의 행지도 견성케 하고, 한걸음 더 나아가 우리의 행지에 의해 부처의 대도가 온 세상에 알려지게 됨을 의미합니다. 여기서 이냐시오가 "그리스도 왕국"에서 가르치고 있는 내용과 비슷한 점을 알아내기는 어렵지 않습니다. "그리스도 왕국"은 그리스도의 십자가 수난과 부활에서 기원했습니다. 이 구원행위는 무한한 공덕을 낳아 온 세상 모든 인류에게 미치고 오늘의 우리까지도 "그리스도 왕국"으로 초대하고 있습니다. 우리가 몸과 마음을 다 바쳐 이 부르심에 응답하면 "그리스도 왕국"은 전세계에 미치게 되는 것입니다.

3. "어리석은 자"의 초논리 超論理

겸손의 세 단계와 세 부류의 사람들
조주감파 趙州勘婆(無門關, 三一)와 다이또 국사 大燈國師

세 부류 사람들의 심리

앞에서 영성수련 둘째 주간에서 제일 먼저 관상하게 되는 "그리스도 왕국"을 선과 대비하면서 설명했습니다. 이 묵상은 영성수련 둘째 주간의 기초인 동시에 그 전체의 원동력이기도 합니다. 그러므로 피정자는 "그리스도 왕국"의 근본 정신을 심중에 깊이 간직하고 그리스도의 육화 肉化와 탄생, 또한 그분의 생애를 차례로 묵상합니다. 그리고 마침내 영성수련의 중심 과제에 직면하게 됩니다. 그것은 삶의 행로를 선정하는 일입니다. 피정자가 자신의 사회적 신분이나 직업을 아직 결정하지 않았다면 자기 삶의 행로를 선정해야 합니다. 이미 결정했다면 행로 선정은 필요없지만, 그 선택한 길을 다시 한번 확인하고, 또한 더욱 확고부동한 정신으로 매진할 수 있도록 행로를 선정할 때와 같은 방식으로 묵상해야 합니다.

이 삶의 행로를 선정할 때 피정자는 특별히 세 가지 묵상을 해야 하는데, 그 묵상에는 선의 정신과 두드러지게 일치하는 점들이 있습니다. 여기서 세 가지 다 자세히 설명할 수는 없기 때문에, 그중 두 가지 "세 부류의 사람들"과 "겸손의 세 단계" 묵상에 대해서만 설명해 볼까 합니다. 이 가운데 전자는 사실 『영성수련』 초기의 원고에는 들어 있지 않았습니다. 그런데 이냐시오는 사람들에게 이 책자를 주어 지도하다 보니, 많은 이들이 예상치 않았던 일에 집착하여 영성을 함양하는 데 진보하지 못함을 발견하였습니다. 그래서 이런 사람들이 자신의 숨겨진 집착을 없애는 데 도움을 주려고 『영성수련』에 이 "세 부류의 사람들"에 관한 묵상을 첨가했던 것입니다. 그 묵상의 내용은 다음과 같습니다.

여기에 1천만원을 손에 넣은 세 부류의 사람들이 있습니다. 세 사람 다 자신의 구령을 열망할 뿐더러, 이 큰돈에 대한 집착이 구원의 장애가 되기 때문에 그 애착심을 없애려고 합니다. 첫째 부류의 사람은 애착심을 없애고 싶었지만, 임종할 때까지 아무런 조치도 취하지 않습니다. 둘째 부류의 사람은 번 돈은 그대로 지닌 채 애착심만 버리려고 합니다. 번 것을 버리는 것이 더 나은 길임을 알고 있으면서도 그렇게 하려는 결심을 하지 않는 것입니다. 첫째 부류와 둘째 부류의 사람들은 의지가 약하여 진지하게 수행하려는 생각이 없으므로, 그리스도교적 관점에서나 선의 관점에서나 아예 문제가 되지 않습니다. 이냐시오가 삶의 행로를 선정하려는 사람들에게 절대적으로 필요한 마음가짐으로서 요구하고 있는 것은 셋째 부류의 사람이 보여주는 태도입니다. 여기에는 선에서 "이원상대관을 초월한다"고 일컫는 입장이 그리스도교적으로 표현되어 뚜렷이 부각되고 있습니다. 이냐시오는 이 셋째 부류에 속하는 사람의 경지를 다음과 같이 묘사하고 있습니다.

> 셋째 부류의 사람은 애착affecto을 없애고자 한다. 손에 넣은 것을 그대로 지닐 것인가 지니지 말 것인가 하는 정의情意(affection)조차 품지 않을 정도로 애착을 끊으려고 한다. 그리고 오직 주님이신 하느님께서 감도하시는 대로, 또한 어떤 경우든 지존하신 하느님을 섬기고 찬양하는 데 더 낫게 여겨지는 대로 행동하기를 열망한다(Ex. 155).

보통 사람들의 생각에는 둘째 부류의 사람이 기왕 번 돈은 그대로 두고 애착심만을 없애려고 했으니, 그보다 더 완전한 셋째 부류의 사람은 번 돈을 내놓음으로써 애착심을 끊은 것이라고 여겨질 것입니다. 그러나 이냐시오의 생각은 그렇지 않습니다. 번 것을 내놓기만 해서는 아직 불완전합니다. 손에 넣은 것을 그대로 지닐 것인가 지니지 말 것인가 하고 이원상대적인 생각에 사로잡혀 있는 동안은 좋지 않습니다. 그런 생각을 초월할 때 비로소 참된 의미에서 애착심을 끊은 셈이 됩니다. 이것이 셋째 부류의 사람이 보여주는 소극적인 측면입니다.

주님이신 하느님 — 상대적인 것을 초월하신 분

 그러나 이 소극적인 측면과 불가분의 관계가 있는 적극적인 측면도 있습니다. 앞에서 인용한 이냐시오의 글 후반부의 "오직 주님이신 하느님께서 감도하시는 대로 행동하기를 열망한다"는 구절이 그렇습니다. 이 글에서 우리가 깨달아야 할 것은 "주님이신 하느님"은 관념적으로 파악될 수 없다는 사실입니다. 그러므로 이냐시오는 신에 관한 어떤 관념을 제기하고 있는 것이 아닙니다. 니시다 기따로西田幾多郎 선생의 용어를 빌려 말한다면 그것은 영적 사실이지, 그리스도인들이 상상하여 꾸며낸 주관적 사실이 아닙니다. 이냐시오의 자서전과 일기를 읽어보면, 그가 매우 냉정하고 온건하면서도 영적 실재에 깊이 통달했던 인물이라는 것을 아무도 의심하지 않을 것입니다. "주님이신 하느님"이란 니시다 철학의 절대무와 매우 흡사한 영적 현실이라고 생각한다면, 선 체험을 한 사람들은 다소 이해하기 쉬울 것입니다. 이 "주님이신 하느님"은 나의 맞은편에 있는 무엇이 아닙니다. 하느님은 상대적인 존재가 아니므로 이원상대적으로 파악될 수는 없습니다. 하느님은 "내재적으로 초월한다"고 말하면 어느 정도 진실에 접근할는지 모릅니다. 토마스 아퀴나스는 "하느님은 우리를 내포하면서 우리 안에 내재하신다"고 말하고, 아우구스티누스는 하느님의 친근성을 다음과 같이 표현합니다. "하느님은 내가 나 자신에게 가까운 것보다 더 가까이 계시다"고.

 토마스나 아우구스티누스가 이런 말로써 밝히고자 한 것은 내재적으로 초월하는 하느님의 영적 현실입니다. 하느님은 내가 나 자신의 중심인 것보다 더 심오하게 나의 중심이십니다. 그런 의미에서 하느님으로부터 발하는 것은 나 자신에게서 비롯하는 것보다도 더 깊은 나의 중심에서 나옵니다. 하느님으로부터 비롯하는 소망이나 계획은 나 자신에게서 나오는 소망이나 계획보다도 더 깊은 나의 중심에서 나옵니다. 이런 의미에서 하느님의 소망은 나의 보통 소망이 비롯한 나 자신보다 더 진실된 본연의 자기로부터 나온 소망이라 말할 수 있습니다. 이렇게 생각하면 앞에서 인용한 "오직 주님이신 하느님께서 감도하시는 대로 행동한다"는 글귀의 의미도 이해할 수 있을 것입니다. 하느님이 나 자신의 중심에 충동이나 소망을 불러일으키지만, 그 하느님도 충동이나 소망도 결코 나와 상대적인 관계에 있는 것은 아닙니다. 내가 모든 집착을 참으로 방하放下한다면, 나의 그 중심이 "나 자신보다도 나에게 더 가까운" 것으로 현전합니다. 선의 용어로 바꾸어 말하면 내가 대사일번의 경지에 이를수록 하느님과 나는 부즉불리요, 하느님의 소망은 나의 소망이고 나의 소망은 하느님의 소망이라 할 수 있습니다(그러나 큰 죽음으로 자기 방기를 하지 않으면 앞에서 말한 대로 하느님이 가까이 계심을 깨닫지 못하고, 그분을 멀리 떨어져 있는 분으로 생각하여 이원상대주의에 빠지고 맙니다).

이상 고찰한 바에 따라 셋째 부류에 속하는 사람들의 정신 구조에는 선과 매우 비슷한 점이 있다고 결론지을 수 있을 것입니다. 선문禪門에서 선사가 제자들을 접득接得할 때 가장 강조하는 것은 이원상대관으로부터의 이탈입니다. 거기서 이탈하지 않고서는 견성의 깨달음을 얻지 못할 뿐 아니라, 선의 최고 경지라 하는 십우도十牛圖의 제10 단계 입전수수入廛垂手와 같은 임운 자재任運自在의 유희 삼매遊戱三昧에 결코 이르지 못할 것입니다. 중생 제도를 해야 하느냐 안해도 되느냐 따위의 상대적 문제에 사로잡히지 않고 그저 마음 내키는 대로 행동해도 절로 법Dharma과 일치하는 자유로움 — 이것이 선정禪定에 들어선 달인의 경지입니다. 거기에는 이원상대주의라곤 그림자도 없습니다. 이 깨달음의 경지는 이냐시오가 "세 부류의 사람"에서 피정자에게 요구하고 있는 것과 아주 비슷합니다. 아우구스티누스가 "사랑하라. 그리고 그대가 원하는 대로 하라"고 말한 것도 같은 뜻이 아니겠습니까? 사랑으로 하느님과 하나가 되면, 이냐시오가 말한 대로 "오직 주님이신 하느님께서 감도하시는 대로 행동하기를 열망하게" 될 것입니다.

겸손의 세 단계 — "어리석은 자"의 길

영성수련의 피정자는 삶의 행로를 선정하는 준비로서 또 한 가지 중요한 수행을 해야 합니다. "겸손의 세 단계(유형)"가 그것입니다. 이냐시오는 이것을 관상(묵상)이라 부르지 않고 그저 하룻동안 여러 번 이 점에 관해 성찰하기를 바라고 있습니다. 그러니까 이것은 묵상 소재가 아닙니다. 오히려 선 수행자가 공안을 참구할 때처럼 하루종일 거기에 관해 숙고해야 하는 것입니다.

겸손의 첫째 단계는 "비록 이 세상 모든 피조물의 지배자로 받들어지거나 반대로 생명이 위험하게 될지라도 어기면 대죄가 되는 일은 하느님의 계명이건 사람의 계율이건 깨뜨리려는 생각조차 하지 않는" 태도입니다(Ex. 165). 선 수행에서 이에 상응하는 경우를 찾는다면, 다음과 같은 결의를 한 사람을 예로 들 수 있겠습니다. 즉, 현세 재물을 아무리 많이 축적하고 있다 할지라도, 혹은 설령 생명을 빼앗길 위험에 직면한다 할지라도 불도에 위배되는 일이나 부처와 조사들을 욕되게 하는 일은 절대로 하지 않기로 각오하고 있는 사람입니다. 이런 사람은 확실히 존경할 만합니다. 그러나 이냐시오는 그 이상의 마음가짐을 피정자에게 바랍니다. 이것이 겸손의 둘째 단계입니다. 즉, 어느 길을 택해도 똑같이 하느님께 봉사하고 구령받을 수 있는 경우, "가난보다 부귀를, 불명예보다 명예를, 단명보다 장수를 더 바라지도 않고 좋아하지도 않는" 경지입니다(Ex. 166).

우리는 가난과 부귀, 불명예와 명예, 단명과 장수 가운데 어느 쪽을 바라도 궁극 목적을 달성하는 데 특별한 차이가 없는 경우, 어떤 처신을 하기로 결정하겠습니까? 보통 사람은 가난, 불명예, 단명보다 부귀나 명예나 장수를 선택할 것입니다. 그렇게 하더라도 하느님께로 가는 데에는 장애가 되지 않을 것이고, 아마 이런 사람도 훌륭한 그리스도 신자라 할 수 있을 것입니다. 그럼에도 불구하고 이냐시오는 피정자에게 더 고차적인 것을 바랍니다. 그는 "가난보다 부귀를, 불명예보다 명예를, 단명보다 장수를 더 바라지도 않고 좋아하지도 않는" 경지를 요구하고 있습니다. 선에서는 이것을 가난과 부귀, 불명예와 명예, 단명과 장수의 이원상대관을 초월한 경지라고 말하니다. 이냐시오는 부귀와 명예와 장수로 기울어지기 쉬운 인간의 성향을 익히 알고 있었고, 따라서 가난과 부귀, 불명예와 명예, 단명과 장수의 이원상대주의에서 벗어나려면 어떻게 해야 하는지도 알고 있었습니다. 그래서 앞에 인용한 바와같이, 그러기 위한 구체적인 방책을 제시하고 있는 것입니다.

이런 겸손의 제2 단계에 도달한 사람은 매우 높은 차원으로 향상·진보했다고 말할 수 있습니다. 그 이상의 완전한 경지는 없는 것처럼 여겨집니다. 그런데 이냐시오는 자기 경험에 의거해서 피정자에게 그보다 더 높은 차원의 경지를 제시합니다. 이것이 겸손의 제3 단계입니다. 그것은 너무 그리스도교적이어서 언뜻 보아 선과 유사한 점은 전혀 없을 것 같지만, 깊이 참구해 보면 사실은 그렇지 않다는 것을 알 수 있습니다.

> 겸손의 셋째 단계는 가장 완벽하다. 즉, 이미 첫째 단계와 둘째 단계는 체득되었고 또한 어느 길을 택하든 똑같이 하느님께 찬미와 영광을 드리게 된다면, 주님이신 그리스도를 더욱 뒤따르며 더욱 닮기 위해 가난한 그리스도와 함께 자기도 부귀보다는 가난을 바라고 선택하며, 치욕을 당하신 그리스도와 함께 자기도 명예보다는 치욕을 바라고 선택하며, 또한 보잘것없고 어리석은 자로 간주된 그리스도를 위해 자기도 이 세상에서 지혜롭고 분별있는 자로 생각되기보다 보잘것없고 어리석은 자로 간주되기를 열망하는 것이다(Ex. 167).

이제 여기에 두 갈래 길이 있다고 가정해 봅시다. 그중 하나는 사회에서 위대한 학자로 존경받는 길이요, 또 하나는 세상 사람들에게 어리석은 자로 멸시받는 길입니다. 어느 길을 택해도 궁극 목적 — 하느님의 영광 — 에 도달할 수 있습니다. 합리적으로 생각하는 사람은 누구나 지식인의 길을 선택할 것입니다. 그 길을 겸손의 둘째 단계의 정신으로 살아가는 사람은 훌륭한 그리스도 신자가 될 뿐 아니라, 성인이 될 수도 있을 것입니다. 그런데 이냐시오는 피정자에게 더 숭고한 길을 제시합니다. 그것은 그리스도에게 홀딱 반해버린 사람만이 갈 수 있는 어리석은 길입니다. 그러니까 "주님이신 그리스도를 더욱 뒤따르며 더욱 닮기 위한" 길입니다. 그리스도를 너무 사랑하는 나머지 할 수 있는 데까지 그리스도와 비슷하게 되려고 생각하는 것입니다. 즉, "가난한 그리스도와 함께 자기도 가난하게 되고, 치욕을 당하신 그리스도와 함께 자기도 치욕을 당하고, 어리석은 자로 간주된 그리스도를 위해 자기도 어리석은 자로 간주되기를 열망하는" 것입니다.

"어리석은 자"의 초논리

겸손의 제3단계는 이성으로는 이해할 수 없는 길입니다. 거기에는 이성의 논리로써는 납득이 가지 않는 고차원의 무엇이 있기 때문입니다. 사랑의 논리 혹은 심정의 논리라고나 할까요. 아니 그 이상의 무엇입니다. 그것은 보통의 논리 같은 것이 통용되지 않는 무엇, 이를테면 자유로운 비약이라고나 할까요. 나는 앞에서 "그리스도에게 홀딱 반해 버린 사람"에 관해 말했지만, 이것은 열광적인 격정으로 그리스도를 사랑하는 사람을 가리켜 말한 것이 아닙니다. 오히려 나는 자제력이 있고 침착하며 자기 사랑을 자유로이 조정할 수 있는 사람을 말하고자 했습니다. 자신이 사랑에 완전히 몰입하고 있음을 충분히 자각하고 있는 사람, 또렷한 정신으로 삼매경이 될 수 있는 사람이야말로 참으로 사랑할 줄 아는 사람입니다. 선 체험을 한 사람은 이 사실을 곧 이해할 수 있을 것입니다. 조실스님과 그 제자 사이의 깊은 경애의 정을 상기하면 그 유사점이 쉽게 유추됩니다.

또 한 가지 주의를 환기시키고 싶은 점은 "그리스도와 함께"라는 말의 뜻입니다. 이 말은 치욕을 당하신 그리스도를 모범으로 추앙하며 당신을 본받아 자신도 치욕을 당하기를 바란다는 뜻이 아닙니다. 그것은 그리스도를 모방하는 것이지 "그리스도와 함께"하는 것은 아닙니다. 그리스도 신자에게 그리스도는 실제로 자기와 함께 현존하는 분입니다. 자기 생명은 그리스도의 생명으로 살고 있습니다. 우리는 모두 그리스도와 같은 삶을 살고 있습니다. 그러므로 이 생명이 부추기는 대로 산다면 그리스도와 똑같이 살려고 할 터이니, 가난하게 되신 그리스도와 함께 가난해지고, 치욕을 당하신 그리스도와 함께 치욕을 당하고 싶어하는 것은 당연합니다. 여기서 이성의 논리로는 이해할 수 없는 생명의 비약이 생기게 되는 것입니다. 아마 큰 죽음 곧 큰 삶이라는 생명의 역동성의 극치라 말할 수 있을 것 같습니다. 그것은 "어리석은 자"만이 이해할 수 있는 논리요, 상식으로는 종잡을 수 없는 초논리입니다.

어리석은 자 조주趙州의 모습

이 겸손의 셋째 단계와 비슷한 사례가 선에도 있을까? 물론 똑같은 형식은 찾지 못할 것이고, 말귀의 표현이나 외관상의 유사점을 찾아도 소용없습니다. 그러나 그 가장 깊은 정신 구조에 있어서는 어떨까요? 선의 최고 경지에 이와 유사한 점이 없을까요? 나는 한정된 선 수행을 하면서도 이미 겸손의 셋째 단계와 비슷한 예를 두 가지 발견했습니다. 그 하나는 동산洞山의 오위 법문五位法文 중 마지막 공안인 겸중도兼中到입니다. 『보경삼매』寶鏡三昧는 이 경지를 "숨어 다니면서 숙맥처럼 혹은 얼간이처럼 행동한다"고 했습니다. 여기에 이르면 이미 깨달음이나 미혹 같은 것이 문세기 되지 않습니다. 오위 법문의 제4위인 겸중지兼中至에서 벌써 이원상대관의 "양두兩頭를 절단한" 경지를 거쳤으니, 여기 제5위에서는 그 단계를 넘어, 마치 아둔한 코흘리개 아이처럼 무엇을 생각하는지 알 수 없는 멍청한 얼굴로 지향없이 거리를 돌아다니는 것과 같습니다. 하꾸인 선사는 이런 사람을 가리켜 "다른 바보 녀석들을 고용하여 눈(雪)을 날라오게 해서 그 눈으로 우물을 메우는 것과 같다"고 말하고 있습니다. 여기에 겸손의 셋째 단계와 일맥상통하는 점이 있지 않을까요?

또 하나의 유사점은 공안 "조주감파"趙州勘婆에 관한 다이또大燈 국사의 유명한 착어著語(견해, 주석)입니다.

모두 말하기를 그는 밝은 대낮에 길을 밝히기 위해 등불을 들고 간다(日下孤燈)고 한다. 저들은 그가 돈을 잃고도 오히려 죄를 덮어쓰고 있음(失錢遭罪)은 모른다.

먼저 공안 "조주감파"부터 생각해 봅시다(無門關, 第三一則). 조주의 제자인 한 중이 오대산五台山 가는 길가에 있는 찻집 노파에게 "오대산 가려면 어떻게 갑니까" 하고 물었습니다. 그 노파는 예사로운 할머니가 아닌 듯 "곧장 가시오" 하고 대답했습니다. 그 중이 네댓 걸음 걸어갔는데 노파가 뒤에서 "점잖은 스님, 어디로 가는 거요" 하고 빈정거렸습니다. 점잖아 보이지만 별수없이 다른 사람들과 같은 길을 간다는 야유입니다. 그 중은 이상히 여겨 후에 조주 화상에게 자초지종을 이야기하고, 이 노파가 어떤 인물이냐고 물었습니다. 그러자 조주는 "기다리게. 내가 가서 그대를 위해 그 할머니를 조사하여 감과勘過(잘못된 것을 바로잡음)하리라" 하고, 그 이튿날 가서 노파에게 역시 같은 질문을 하니 노파 또한 같은 답이라, 조주도 앞의 중과 똑같은 행동을 했습니다. 조주는 절로 돌아와서 중들을 모아놓고 "나는 저 중을 위해 직접 가서 오대산 할머니의 속을 꿰뚫어보았다"고 설법했습니다.

무엇을 배웠는지, 또 어떻게 노파의 속을 꿰뚫어보았는지, 거기에 대해서는 아무 말도 하지 않았습니다. 이 공안에서 바로 이 점을 참구해야 합니다. "옳다고도 하지 않고 그르다고도 하지 않은 점에 착안해야 한다"(飯田欓隱)는 것입니다.

노파가 먼저 "곧장 가시오" 했다가 뒤에 "점잖아 보이는 스님이지만 별수없이 다른 사람들과 같은 길을 가는군" 하고 빈정거리는 소리가 그 중의 마음에 걸렸던 모양입니다. "이 노파는 여느 할머니들과 다름없는가, 아니면 깨친 안목을 가지고 있는가. 어느 수준의 경지에 있을까" — 이 중이 이렇게 휘청거리는 것은 자신의 본래 면목을 단단히 붙잡지 못하고 있기 때문입니다. 본래 면목을 자각하여 확고히 파악하고 있었다면, 그 노파가 깨쳤든 깨치지 못했든 두 경우 다 "본연의 자기"가 비롯하는 원천인 "영원한 생명"의 현시라는 것을 알았을 것이니, 그의 마음이 동요할 까닭이 없습니다. 조주 스님은 틀림없이 제자의 이런 정신 상태를 꿰뚫어보았을 것입니다. 그러기에 수고스럽게 일부러 노파한테 가서 그와 똑같은 행동을 하고 돌아온 것입니다. 이 조주의 행동은 언뜻 보기에 얼간이처럼 생각됩니다.

더구나 제자와 똑같은 행동을 하였으니 이해할 수 없는 수수께끼라 해야 할 것입니다. 조주는 제자를 이 수수께끼의 올가미에 걸리게 하여 흔들어 대고 있는 셈입니다. 물론 그 노파도 같은 수법을 쓰고 있음은 두말할 나위도 없습니다.

다이또 국사大燈國師의 착어著語 — 실전조죄失錢遭罪

이 공안은 꽤 투과하기 어려운(難透) 공안 중 하나입니다. 보통으로 초관初關을 투과하고 많은 문답 상량商量을 거쳐 기관機關 및 언전言詮의 공안을 마친 수행자에게만 주어지는 것입니다. 법신法身 공안을 통해 자신의 본래면목을 확고히 파악하고, 기관 공안을 통해 그 활동을 충분히 이해하게 되고, 언전 공안으로 본연의 자기가 지닌 그 "생명의 풍광"(本地風光)을 표현할 수 있게 됩니다. 그런 수행자에게 이 난투의 공안을 줌으로써 그를 뒤흔들어, 깨달음과 미혹의 이원二元을 돌파하고 확고부동한 경지에 도달하도록 쪼칩니다. 그러기 위해서는 거듭거듭 자기의 본원으로 되돌아가지 않으면 안됩니다. 이 본원으로부터 깨달음만이 나오는 것이 아니라 미혹도 나오는 것이 보일 때까지 깊이 돌이켜 살펴보아야(回光返照) 합니다. 그때 비로소 미오迷悟 이원을 절단하는 무애 자재無碍自在의 최고 경지에 설 수 있게 됩니다. 이렇게 되면 상대방의 미오의 깊이도 말할 수 있습니다. 다시 말해서 조주와 같은 수준의 경지에 서게 되어, 조주의 얼간이처럼 보이는 행동도 이해할 수 있고, 그 공안도 절로 풀 수 있게 됩니다.

그러나 문제는 공안 "조주감파"에 대한 다이또 국사의 유명한 다음 착어입니다. "모두 말하기를 그는 밝은 대낮에 길을 밝히기 위해 등불을 들고 간다고 한다. 저들은 그가 돈을 잃고도 오히려 죄를 덮어쓰고 있음은 모른다." 수행자가 이 공안의 어려운 본칙本則을 각고 끝에 겨우 투과하면 숨 돌릴 사이도 없이 스승은 이 착어를 참구하도록 요구하며 호되게 족치는 것이 상례입니다. 이 착어는 다음과 같은 뜻입니다. "예로부터 모든 사람은 이 공안의 주인공 조주를 '해가 쨍쨍하게 내리쬐는 대낮에 길을 밝히기 위해 등불을 들고 다니는 얼간이'로 평해 왔다. 그러나 그들은 가장 중요한 점을 간과하고 있다. 그가 강도를 만나 모든 돈을 빼앗기고도 오히려 이제 범죄자로 고발당하고 있음을 그들은 모른다." 조주가 노구를 이끌고 일부러 오대산까지 찾아가서 바로 같은 소행을 한 근본 이유를 캐 보면, 물론 그가 중생 제도의 염원에서 그렇게 했다는 것을 알 수 있습니다. 다이또 국사는 이 조주의 모습에서 "강도를 만나 돈을 빼앗기고 오히려 죄를 덮어 쓰고서도" 태연한 보살을 본 것입니다. 이 조주의 "모습"은 눈이 번쩍 뜨일 만큼 상쾌하고 온정이 넘치고 있습니다. 이 착어와 관련해서 유명한 일화가 있습니다. 일본 선계禪界의 거봉 중의 거봉이라는 하꾸인 선사는 다이또 국사의 이 착어를 읽고 크게 감동하여 다음과 같은 말을 남기고 있습니다.

> 나는 다이또 국사의 이 착어를 일독하고 무의식중에 혀를 내둘렀다. 향을 준비하기엔 마음이 너무 급해 향을 피우지 않은 채 그 자리에서 멀리 교토京都를 향해서 머리를 조아려 아홉 번 절했다. 손가락을 튀기며 나의 잘못을 뉘우치고 이렇게 혼자말을 했다. "아, 다이또 국사 대화상이야말로 불도를 따르는 자들의 정수로다. 이제까지 이토록 위대한 선의 거장을 몰랐다는 것은 나의 큰 불찰이다. 운문雲門의 환생이라고 하더니 이 전언은 조금도 틀린 것이 아니다. 벽암록을 편집한 설두雪竇 화상은 그 착어가 교묘하여 유명하지만, 다이또 국사는 밝은 대낮의 등불(日下孤燈)이라는 말을 함으로써 그 설두를 훨씬 능가하고 있다. 이 착어는 참으로 놀라운 것이며 삼가 마음을 가다듬어 읽어야 한다. 나는 흐리멍덩한 눈에 한갓 여우나 너구리 같은 잔꾀밖에 없는 주제에 말을 비비꼬며 시시한 착어를 덧붙여왔으니 부끄러운 노릇이다."

다이또 국사는 조주 선사를 앙모하고 또 하꾸인 선사는 그 다이또 국사를 추앙하면서 선의 법등法燈을 더욱더 드높이면서 전등傳燈해 온 것은 참으로 장관이라 하지 않을 수 없습니다.

4. 십자가의 신비에 다가서다

마대사불안馬大師不安(碧巖錄, 三)
예수의 십자가(마르 15,16-37)

영성수련의 셋째 주간

이 장에서는 영성수련의 셋째 주간과 접심의 관계에 대해 고찰해 보도록 하겠습니다. 영성수련 셋째 주간의 주제는 그리스도의 수난입니다. 피정자는 그리스도께서 우리들의 죄 때문에 얼마나 큰 고초를 겪으셨는지, 또한 어떻게 적극적으로 십자가의 죽음을 받아들이셨는지를 관상합니다. 그리고 피정자는 그리스도께서 자기를 구원하시기 위해 십자가에 못박히셨듯이, 자기도 그리스도와 함께 매일매일 십자가의 고난을 감수하려고 결심하게 됩니다. 이것이 셋째 주간의 요점인데, 언뜻 보기에는 선과 아무런 관계도 없는 것처럼 생각됩니다.

그러나 나는 공안 "마대사불안"을 참구했을 때 그리스도의 십자가 신비에 관해 새로운 빛을 받았습니다. 이 경험에서 영성수련의 셋째 주간과 선 수행 사이에는 깊은 연관성이 있다는 것을 깨달았습니다. 그래서 나의 자그마한 체험을 기술함으로써 접심과 영성수련 셋째 주간의 관계를 밝혀볼까 합니다.

공안 "마대사불안"은 내가 초관을 투과하고 다시 일곱 개 내지 여덟 개의 공안을 참구한 뒤에 주어졌습니다. 지금 생각하면 별로 어려운 화두가 아니었는데, 당시의 나에게는 난투難透였습니다. 나는 이 공안을 참구하는 동안 스무 번 정도 입실入室(獨參)하였습니다. 투과하는 데 무척 고생했기 때문에 이 공안은 지금도 마음에 새롭습니다. 그때 체험한 느낌은 마음에 사무쳐 아마 평생 잊지 못할 것입니다.

馬大師不安, 院主問, 和尙近日尊候如何, 大師云, 日面佛月面佛(碧巖錄, 第三則).

마조도일馬祖道一 선사는 84명의 선지식善知識(불도를 깨친 덕망 높은 고승)을 배출했을 정도로 걸출한 선장禪匠이었습니다. 유명한 남전南泉이나 백장百丈도 그의 제자입니다. 이 마 대사가 중병에 걸려 위독할 때 원주院主(= 監寺)가 걱정하여 문병하러 와서 "스님, 용태는 어떻습니까?" 하고 물었습니다. 마 대사는 이렇게 대답했습니다. "일면불日面佛, 월면불月面佛."

공안 "마대사불안" 참구

이상이 공안 "마대사불안"의 전부입니다. 나는 이 공안을 받았을 때 어떤 "번뜩임"을 직관했습니다. 뒤에 알았지만, 실은 이 "번뜩임"이 옳은 견해였습니다. 그러나 나는 이 "번뜩임"을 직관한 순간 그것이 너무 단순한 것이어서 곧 제쳐놓았습니다. 만약 이 견해를 가지고 입실하여 제시했더라면 아마 이 공안을 단번에 투과했는지도 모릅니다. 그렇게 되었다면 이제부터 말하려는 귀중한 경험을 못했을 뿐 아니라, 이 공안을 참된 의미에서 "체득"하지도 못했을 것입니다. 그래서 많은 공안을 투과하기보다는 공안을 하나하나 "몸으로" 음미하며 참구하는 것이 더 중요하다는 사실을 뼈저리게 실감하고 있습니다.

그 "번뜩임"을 제쳐놓은 뒤 나는 이 공안에 정면으로 달려들었지만, 도무지 수수께끼로밖에 보이지 않았습니다. 그래서 이이다 도오인 스님의 「벽암록 제창록」碧巖錄提唱錄을 읽었습니다. 거기에는 일면불日面佛은 하루 낮과 밤의 수명을 의미하고, 월면불月面佛은 1만 8천 년의 수명을 의미한다고 씌어 있었습니다. 그러나 나는 여전히 그 논지를 파악할 수 없었습니다. 할 수 없이 나는 그저 열심히 좌선할 수밖에 없었습니다. 제일 먼저 머리에 떠오른 견해는 "하루 낮과 밤의 짧은 수명이나 1만 8천 년의 긴 수명이나 똑같은 것이다. 수명의 길고 짧음은 아무런 상관도 없다"는 것이었습니다. 이것은 머리로 짜낸 견해의 전형적 예입니다. 이런 견해를 가지고 입실하여 독참에 임할라치면 스승의 종이 울림과 동시에 당장 쫓겨나는 것이 당연합니다. 문맥의 의미와 내용을 머리로 이해하고 거기에 지적된 것 — 이 경우 수명의 장단 — 을 그저 개념상으로 초월하려고 하기 때문입니다. 비슷한 견해를 가지고 여러 번 입실하였지만 도무지 결말이 나지 않았습니다. 몇 번째인지 생각나지 않지만 독참에 임했을 때 큰스님은 다음 한마디만 하였습니다. "죽을 지경에 이른 병자가 그따위 말을 하겠는가?"

이 말은 나의 정수리를 후려쳤습니다. 그때까지 내딴은 공안과 하나가 되었다고 생각해 왔지만, 큰스님의 이 한마디는 내가 여태 머리로만 공안을 공부해 왔다는 것을 상기시켜 주었습니다.

그래서 나는 초심자의 자세로 돌아가 모든 것을 처음부터 다시 시작했습니다. 공안이란 본연의 자기, 그 본래 면목을 직접적直截的으로 표현합니다. 그렇다, 자기로 돌아가자, 내가 죽음에 직면했을 때는 어떻게 할 것인가? 그래, 바로 이 문제를 끝까지 추구해 보리라. 나는 이렇게 마음을 고쳐먹고 전력을 다해 좌선을 다시 시작했습니다. 그러다 보니 전신에 기운이 넘치고 나는 언제 죽어도 괜찮다는 생각이 들기 시작했습니다. 이런 경지에서 몇 차례 독참에 임했지만 사승은 전연 수긍하는 기색을 보이지 않았습니다. 나는 막다른 골목에 몰린 기분이었습니다. 빠져나가려야 빠져나갈 수 없으니 바둥거려 보아야 소용없고, 나는 어찌할 바를 몰랐습니다. 바로 그런 때 스승이 아주 간단하게 논평했습니다. "마조도일 선사 같은 이가 죽음에 직면하여 그런 말을 하겠는가."

생사를 초탈超脫하다

이 한마디는 나로 하여금 완전히 다른 방향으로 돌아서게(回頭換面) 했습니다. 나의 실존 전체가 별안간 방향전환을 했다고 말하는 것이 더 정확할는지 모릅니다. 나는 그때까지 이 공안을 나 자신에게 적용하여 참구하면서 생사의 이원성二元性에서 해탈하려고 꽤 노력하였습니다. 이것은 그 나름의 의의가 있고 또 거기에 상응하여 나 자신의 생사를 해탈했다고 생각합니다.

그러나 바로 여기에 매우 중대한 맹점이 숨겨져 있었습니다. "나의" 생사로부터의 해탈은 있었을는지 모르지만, 그것이 생사의 이원성 그 자체로부터의 해탈은 아니었기 때문입니다. 나는 마 대사의 그 짧은 언구 속에 보리심 菩提心이 넘치고 있음을 보지 못했고, 뜨겁게 불타는 큰 자비를 감지하지도 못했던 것입니다. 그러니 나 자신의 임종은 그다지 놀라지 않고 맞을 수 있다 하더라도 부모, 형제, 친구들의 죽음을 어떻게 받아들일 것인지는 의문입니다. 그런 나에게 큰스님은 마음의 전환을 촉구했던 것입니다. 마 대사가 죽음에 직면하여 어떤 말을 했는가? 자기자신으로부터 벗어나 마 대사와 하나가 되려고 힘써야 한다. 마 대사와 하나가 되어야 그가 말한 것을 깨칠 것이니 한번 해보게 — 이런 뜻의 말을 했던 것입니다. 마 대사는 남전南泉이나 백장百丈 등 선종사禪宗史에서 보기 드문 고승들을 배출한 거장이니만큼 그의 경지는 두드러지게 뛰어났을 것이 틀림없습니다. 나는 이 마 대사의 내심을 꿰뚫어보아야 합니다. 아니, 그 마 대사와 하나가 되어야 하는 것입니다. 만약 그렇게 되면 나의 생사에서 벗어나고 마 대사의 생사도 해탈할 뿐 아니라 생사의 이원성 자체를 초탈할 것이 분명합니다.

그래서 나는 혼신의 힘을 기울여 단좌端坐했습니다. 그러던 중 "저쪽에서" 나에게 찾아온 견해는 천만뜻밖에도 참으로 간단한 답이었습니다. 초심자가 이 답을 듣는다면 아마 깜짝 놀라는 동시에 선이란 그토록 시시한 것인가 하고 경멸할 것이 틀림없습니다. 그러나 참된 진리는 단순한 법입니다. 드높은 진리일수록 단순해집니다. 선에서도 그리스도교에서도 진리의 정상에 도달한 사람은 단순하고 소박하여 "어린이"와 같이 됩니다. 그러나 그 단순함 속에 무한히 풍부한 것이 숨겨져 있습니다.

이런저런 이유로 그 견해 자체는 여기서 밝히지 않는 것이 좋을 듯합니다. 그러나 뒤에 나의 십자가 "체험"을 서술할 작정이니, 그 견해가 떠오른 경위는 자세히 설명하겠습니다. 임종의 마 대사와 일체가 되려고 노력하기 시작하였을 때는 마 대사가 먼 존재로 느껴지고 그의 죽음도 나와는 상관없는 일로 생각되었습니다. 그러나 혼신의 힘을 기울여 계속 단좌하고 있

4. 십자가의 신비에 다가서다

으니 마 대사의 죽음이 다른 사람의 일이 아니라 나 자신의 일이라는 것을 감지하기 시작했습니다. 그래도 마음 한구석에는 "나 같은 보잘것없는 소인배가 마조 같은 위대한 인물과 정말 하나가 될 수는 없다"는 생각이 잠재해 있었습니다. 나의 무의식 속에 이런 생각이 숨어 있다는 것을 깨닫자 그것을 한칼에 잘라버리고 마음 한곳으로 모아 계속 단좌했습니다.

"팔식전중 일도양단"八識田中一刀兩斷이란 이런 것을 두고 말하는 것일까요? 나도 사라지고 마조도 사라지고, 마침내 생사를 초탈한 듯 여겨졌습니다. 왜냐하면 수월하게 공안의 견해가 떠올랐기 때문입니다. 기를 쓰거나 허세를 부리는 구석 없이 시원스러운 견해였습니다. 그것은 동시에 마 대사와 일체임을 자각한 경지이기도 합니다. 마 대사와 나 사이는 종이 한 장의 틈만큼도 떨어져 있지 않다는 것을 나는 알았습니다. 더구나 그것은 단순히 정신적인 자각만이 아니었습니다. "몸" 전체의 눈뜸이었습니다. 다시 말해서 단지 마 대사의 정신과 나의 정신이 동일함을 알았다는 것이 아니라, 온통 보리심으로 불타고 있는 마 대사의 "몸"이 나의 "몸"을 사로잡아 나의 "몸" 전체를 그 보리심으로 채우고, 마침내는 마 대사의 "몸"이 나의 "몸"에 생명을 주어 생사를 초탈케 했다고 할 수 있습니다.

생사 해탈의 세 단계

이제까지 공안 "마대사불안"에 관한 나 자신의 체험을 서술하였지만, 이 공안의 투과 과정에는 분명히 세 단계가 있다고 나는 생각했습니다. 우선 머리로 공안을 생각하는 단계, 그 다음에는 공안을 주체적으로 자기자신의 것으로 받아들여 "나의 생사"를 해탈하려고 노력하는 단계, 마지막으로 마 대사와 일체가 되어 생사의 이원성 그 자체를 직접 초월하는 단계입니다. 그리스도의 십자가를 이해하는 과정에도 이 세 단계와 비슷한 점이 있다고 생각합니다. 이에 관해서는 뒤에 말하겠습니다.

그런데 이 공안을 투과한 직후 나는 생각지도 않았던 놀라운 체험을 했습니다. 더구나 그것은 그리스도교의 가장 본질적인 핵심에 접한 체험이었습니다. 이 공안의 견해가 떠올랐을 때도 나는 중요한 경험을 했지만, 그 직후에 경험한 것에 비하면 대수롭지 않은 것으로 여겨집니다. 그날 밤 나는 깊은 정밀靜謐과 평온에 휩싸여 귀로에 올랐습니다. 공안을 투과한 후의 기분은 뭐라 형언할 수 없게 상쾌합니다. 특히 그날은 나로서 가장 힘들었던 공안을 풀었기 때문에 각별했습니다. 집에 도착하니 다른 신부님들은 이미 잠들고 수도원 전체가 정적 속에 잠겨 있었습니다. 그지없이 조용한 복도를 나는 천천히 걸었습니다. 바로 그때 그리스도의 십자가 신비가 완전히 새롭게 "트이며" 나에게 다가왔습니다. 그것은 내가 십자가에 관해 머릿속에 그리던 경건한 사념思念이 아니었습니다. 또한 그리스도께서 십자가상에 죽으실 때 보여주신 그 사랑에 내 영혼이 감동된 것도 아닙니다. 하물며 그리스도께서 환영 속에 나타나 십자가상에서 나에게 무슨 말씀을 하신 것은 더욱 아닙니다. 그것은 일종의 직관, 곧 그리스도교적 각성이라고 하면 다소 이해가 갈는지 모르겠습니다. 뒤에 생각해 보니 그것은 공안 "마대사불안"의 투과와 밀접히 연관된 경험이었습니다.

예수의 십자가

우선 예수께서 십자가형을 받게 되신 경위를 전하는 성서의 보고를 조용한 마음으로 들어봅시다.

> 군인들이 예수를 총독 관저인 궁전 뜰 안으로 끌고가서 온 부대를 불러모았다. 그리고는 자색 옷을 입히고 가시관을 엮어 씌우더니 "유대인 왕 만세!" 하며 굽실거렸다. 또 갈대로 머리를 치고 침을 뱉으며 무릎꿇어 절했다. 그렇게 놀리고 나서 자색 옷을 벗기고 겉옷을 입힌 다음 십자가형에 처하러 데리고 나갔다. … 그들은 예수를 "골고타"라는, 번역하면 "해골터"라는 곳으로 데려갔다. … 그들은 예수를 십자가에 못박고 그분 겉옷을 나누어 가졌는데 각자 차지할 몫을 놓고 주사위를 던졌다. 이윽고 그들이 예수를 십자가형에 처하니, 때는 오전 아홉시였다. 죄목 명패에는 "유대인들의 왕"이

라고 적혀 있었다. 예수와 함께 두 강도도 십자가형에 처했는데 하나는 오른편에, 하나는 왼편에 달았다. 지나가던 사람들이 머리를 흔들며 예수를 모독했다. "하하, 성전을 헐고 사흘 만에 세우겠다는 자야, 십자가에서 내려와 너 자신이나 구하려무나." 대제관들도 율사들과 어울려 놀렸다. "남들은 구했지만 자신은 구할 수 없나보구나. 이스라엘 왕 그리스도는 냉큼 십자가에서 내려와 보시지. 그러면 우리가 보고 믿을 터인데." 함께 십자가에 달린 자들도 그분을 모욕했다. …

　오후 세시에 예수께서 큰 소리로 "엘로이 엘로이 레마 사박타니?" 하고 부르짖으셨다. 번역하면 "나의 하느님, 나의 하느님, 어찌하여 나를 버리셨습니까?"라는 뜻이다. 곁에 있던 이 가운데 몇이 듣고 "저것 봐, 엘리야를 부르네" 하였다. … 예수께서 큰 소리를 지르며 숨지셨다(마르 15,16-37).

나는 이제까지 예수의 십자가에 관해 수백 번 묵상해 왔고, 나름대로 매일 자신의 십자가를 지려고 노력해 왔습니다. 돌이켜보면 내가 그런 생활을 시작한 지 28년이나 되었고, 더욱이 내가 예수회라는 수도회에 들어온 지도 벌써 25년이나 되었습니다. 예수회원이란 "예수와 같이 사는 사람"Jesuita라는 의미라고 입회 이래 배워왔고, 또 그것을 나는 언제나 깊이 명심하고 있습니다. 그래서 내 딴은 예수의 십자가에 관해서 알 만큼 알고 있다고 은근히 자부해 왔습니다. 그런데 이런 경험을 함으로써 그 자부심은 여지없이 분쇄되고 말았습니다. 이제까지 나의 십자가 이해가 얼마나 천박하고 그 지평이 얼마나 좁았는지 폭로되고 말았기 때문입니다. 그러기에 나는 앞에서 "그리스도의 십자가 신비가 완전히 새롭게 '트이며' 나에게 다가왔다"고 썼던 것입니다.

십자가 이해의 세 단계

　이제까지 나의 십자가 이해는 어떤 면에서 한정된 것이었을까? 그것을 쉽게 표현한다면 공안 "마대사불안"의 투과 과정에서의 제1 단계 및 제2

단계의 한정된 국면과 비슷하다고 말할 수 있을 것입니다.

우선 그리스도의 십자가를 마음에 그리며 그분의 고뇌와 고통을 생각하여 그분과 함께 슬퍼하고 함께 괴로움을 겪는 것이 십자가 묵상의 첫 단계입니다. 이 단계에도 여러 가지 양상이 있습니다. 때로는 슬픈 감정이 북받쳐 눈물까지 흘리기도 하고, 때로는 아무런 감동 없이 의지만으로 남은 생애를 그리스도와 함께 고난을 겪으며 살기로 결심하기도 하고, 혹은 자기를 위해 그토록 고난을 당하신 그리스도에 대한 감사의 정으로 마음이 가득차기도 합니다. 이와 같은 십자가 묵상은 그 나름대로 좋은 것이지만 영적 경험으로서는 아직 얕은 것입니다. 이런 묵상의 공통적인 특색은 작위적作爲的이라는 점입니다. 이런 마음 상태에서 일어나는 사념이나 감정이나 결의에는 의식적이건 무의식적이건 묵상하는 사람의 작의作意가 포함되어 있습니다. 더욱 나쁜 것은 십자가가 묵상의 대상으로 머물고 결코 주체적으로 이해되지 않고 있다는 점입니다. 하물며 그리스도의 십자가와 일체가 된다는 것은 생각도 할 수 없습니다.

십자가 묵상의 둘째 단계는 이냐시오의 말을 빌리면 "고난을 겪으시는 그리스도와 함께 고난을 겪고 비탄에 젖은 그리스도와 함께 비탄에 젖는 것입니다". 이 단계에서는 그리스도의 십자가를 주체적으로 이해하고 자신도 그 십자가에 동참하는 것이 주안점입니다. 여기서 십자가 이해는 사고나 개념에 의한 것이 아니고, 그리스도의 십자가에 실제로 동참함을 의미합니다. 이것은 첫째 단계와 비교하면 현격한 차이가 있습니다. 여기서는 십자가가 묵상의 대상이 아니라 묵상하는 사람 자신과 밀접히 연관된 현실입니다. 그러나 자신의 십자가와 그리스도의 십자가 사이에는 뭔가 일말의 차이가 있다는 느낌이 남아 있습니다.

공안 "마대사불안"을 투과하기 전의 나의 십자가 이해는 대체로 이상과 같은 수준이었다고 말할 수 있습니다. 투과 직후에 그런 경험을 함으로써 나는 그리스도의 십자가와 나의 십자가 사이에는 종이 한 장의 차이도 없다는 것을 알았습니다. 그리스도와 나 사이의 벽이 무너져내린 것입니다.

그것은 단지 그리스도의 정신과 나의 정신이 하나라는 뜻이 아닙니다. 십자가에 달려 계시는 그리스도와 지금 자신의 십자가를 짊어지고 있는 내가 일체라는 것, 바꾸어 말해서 십자가에 달려 계시는 그리스도의 "몸"과 나의 "몸"은 분리될 수 없다는 것입니다. 전인류를 구원하겠다는 비원悲願으로 충만한 그리스도의 십자가상의 "몸"이 나의 "몸"을 사로잡아 같은 비원으로 충만케 하고, 마침내 나의 "몸"은 그리스도의 십자가상의 "몸"으로부터 생명을 받게 되는 것입니다. 나의 "몸"이 삽니다. 그러나 내 육체가 사는 것이 아니라 그리스도의 "몸"이 산다고 할 수 있습니다. 이런 십자가 "경험"이 전술한 공안 "마대사불안"의 "경험"과 구조상으로 비슷함을 분간하기는 별로 어렵지 않을 것입니다. 따라서 영성수련 셋째 주간과 선의 접심이 비슷하다는 것도 어느 정도 이해할 수 있습니다. 공안 "마대사불안"의 "경험"이 없었더라면 확실히 나의 십자가 묵상은 이렇게 심화될 수 없었을 것입니다.

5. 발밑을 비추어 살피라 (照顧脚下)

식사에 관해서 지켜야 할 규칙 (Ex. 210)

암환주인 巖喚主人(無門關. 十二)

생명을 주는 지혜

『영성수련』 셋째 주간 끝에 "앞으로 식사에 관해 자기를 다스리는 데 지켜야 할 규칙"이라는 제목의 부록이 첨가되어 있습니다. 이 규칙은 각자가 자기 음식의 알맞은 분량을 발견할 수 있는 방법을 가르치고 있습니다. 이런 식사에 관한 규칙은 예절과 관계가 있고 영적 생활과는 무관한 일처럼 보입니다. 그래서 이 규칙을 읽은 사람은 대부분 음식의 절제에 관해 세밀하게 규정하고 있는 이냐시오란 인물을 도량이 좁고 까다로운 사람이라고 생각할지 모릅니다. 적어도 이 규칙의 참된 의미를 이해하는 사람은 드물 것입니다. 나 자신 이제까지 이 규정을 여러 번 읽었지만 거기서 배운 것은 별로 많지 않았습니다. 다시 말해서 나에게는 "무의미한" 규칙이었습니다. 그것은 『영성수련』이라는 책 안에 "글로 씌어진 규칙"이지 내 안에 "살아 있는 규칙"은 아니었습니다.

그런데 기이하게도 나는 선 수행을 시작하면서 점차 이 규칙의 의미를 알아보게 되었습니다. 그 직접적인 계기는 뒤에 말하는 대로 내가 사사師事하는 큰스님의 생생한 가르침에 있습니다. 그와 동시에 선 수행 자체가 나의 의식 상태를 변화시켜 이 규칙을 이해할 수 있는 참된 지혜를 나에게 주었기 때문이라고 생각됩니다. 실은 이 규칙도 머리를 써서 이성으로 이해될 수 있는 것은 아닙니다. 더구나 그런 이해와 기억에 의하여 그것을 일상생활에서 실천할 수 있는 것도 아닙니다. 오히려 수행을 통해 자신이

해탈하고, 이미 실제 상황에서 그 규칙이 생생하게 실행되고 있을 때만 그 의미가 이해될 수 있습니다. 이런 경우 당사자는 그 규칙을 읽지 않았으니 거기에 씌어진 사항들이 반성적으로 파악되고 있지는 않지만, 그는 이미 일상생활에서 그 지혜를 사용하고 있는 것입니다. 그러나 본인은 그것이 지혜라는 것을 모릅니다.

만약 이런 의식 수준에 도달한 사람이 이 규칙을 읽고 자기반성을 하여, 자신이 일상생활에서 활용하고 있는 지혜(안목)를 자각한다면 참으로 "산 눈"을 얻을 수 있습니다. 이 "눈"을 얻음으로써 일상생활에 새로운 생기를 불어넣을 수 있으며, 무엇보다도 중요한 것은 다른 사람들, 특히 같은 구도자들을 더 잘 인도할 수 있게 되는 일입니다. 이런 의미에서 이냐시오가 남긴 "앞으로 식사에 관해 자기를 다스리는 데 지켜야 할 규칙"을 검토하면, 선과 그리스도교를 비교 연구하는 데 유익할 뿐 아니라, 참된 도道를 구하며 수행히는 사람들에게 뜻있는 시사를 주지 않을까 생각합니다. 내 선 수행의 스승이 일상 강조하고 있듯이 정견正見이란 이와같이 눈뜬 지혜, 반성으로 자각의 수준에까지 도달한 "산 정견"이어야 합니다. 이런 자각 없이 이용되는 지혜는 아직 잠재적 지혜일 뿐 "자각적 지혜"는 아닙니다. 전자도 산 지혜이기는 하지만 후자의 수준에까지 이르기 전에는 참으로 "생명을 주는" 지혜라 할 수 없습니다.

발밑을 비추어 살피다

내가 이 규칙의 의미를 알게 된 직접적인 계기는 나의 스승이 자주 가르침을 내린 바 있는 선의 근본정신이 마련해 주었습니다. 유명한 선어禪語에 조고 각하照顧脚下라는 말이 있습니다. 스승은 이 말을 다음과 같이 설명해 주었습니다. "이 도량 입구에 '조고 각하'라고 쓴 글이 있지요. 그것은 벗어놓은 나막신이나 구두를 단지 가지런히 정돈해 놓는 것만을 의미하지는 않습니다. 나막신이나 구두를 마땅히 그래야 하는 방식대로 놓는 것, 이것이 바로 중생 제도의 행업입니다. '조고 각하'란 이렇게 자기가 하는 일을 조명하여 살피고, 어떻게 하면 사물이 바르게 정위定位되는가를 알아차려 그렇게 되도록 하는 것이야말로 중생 제도의 구체적 실천입니다."

또 언젠가 제창提唱(= 설법) 때 스승은 격렬한 어조로 이렇게 말했습니다. "이 제창에 앞서 도량의 화장실에 갔는데 변소의 물은 틀어놓은 그대로 흐르고 전등도 켜진 채였어. 이래서는 무엇 때문에 좌선을 하는지 모르겠어. 물도 전기도 부처의 생명이야. 무자無字 공안을 투과했다 할지라도 구체적인 물건들 안에서 부처의 생명을 알아보지 못한다면 아무런 소용도 없는 거야. 물을 소중히 여기고 마땅히 그래야 하는 방식대로 조심스레 사용해야 해. 바로 이것이 좌선을 하는 목적이야. 그렇게 할 수 없으면 좌선을 하지 않는 것이 낫지."

이상은 스승의 훈계 내용을 내 나름대로 정리해 본 것이고, 스승이 꼭 이와같이 말한 것은 아닙니다. 특히 스승이 이 훈계를 하셨을 때의 그 어조의 격렬함은 아무도 글로 옮길 수 없을 것입니다. 바로 이 어조는 중생 제도를 갈구하는 스승의 비원을 전하고 있습니다. 그 소리를 직접 "몸으로" 들은 우리는 평생 잊지 못할 것입니다.

그러면 큰스님의 이런 가르침과 이냐시오의 식사에 관한 규칙은 어떤 연관이 있을까? 물이나 전기 혹은 신발을 음식으로 바꾸면 같은 이야기가 되지 않겠습니까? 빵이나 물, 성찬이나 술을 마땅히 그래야 하는 대로 바르게 보고 그 원칙에 따라 먹고 마셔야 한다는 것이 이냐시오가 이 규칙으로 가르치고 있는 요체입니다. 그렇다면 식사에 관해 자세하게 거론하는 것이 소심한 사람의 잔걱정이 아니라, 보살의 관심사요 중생 제도에 관계되는 중요한 문제라는 것을 이해할 수 있을 것입니다. 이냐시오 같은 참된 영적 안목을 갖춘 사람만이 이런 규칙을 쓸 수 있다고 생각합니다.

그런데 이냐시오가 왜 이 규칙을 영성수련 셋째 주간 끝에 배열했느냐 하는 문제는 이제까지 많은 연구가들 사이에 분분한 토론을 불러일으켜 왔습니다. 「공식 지침서」에 의하면 이냐시오는 특별한 이유가 있어서 이 규칙을 셋째 주간 끝에 둔 것이 아니고, 다른 대목에 적당한 자리가 없었기 때문이라고 합니다. 어떤 사람들은 이 설에 만족하지 않고 셋째 주간에 예수의 "최후의 만찬"을 묵상하기 때문에 이 규칙을 거기에 배열했다고 합니다. 또 어떤 사람들은 이 규칙이 절제를 다루고 있기 때문에 예수의 수난을 묵상하는 셋째 주간이 가장 적절한 자리라고 합니다. 이 설을 따르는 사람들은 이냐시오 생전의 시대적 배경도 고려해야 한다고 주장합니다. 당시 영성수련에 참여한 사람들은 대부분 지식계급과 상류계급에 속해 있는 인사들로서 일상 맛있고 좋은 음식을 먹고 있었기 때문에 식사의 절제를 가르칠 필요가 있었다는 것입니다. 그러나 이냐시오는 이런 사람들을 위해서만 『영성수련』을 집필한 것은 아닙니다. 어떤 점에서 이상의 이유들은 이냐시오의 본뜻에 접근하지 못한 피상적 견해로 여겨집니다. 내 생각에 이 규칙이 셋째 주간 끝에 배열된 데는 더 깊은 이유가 있을 것 같습니다.

이냐시오가 생각한 본격적 영성수련은 한 달 동안의 수행입니다. 그뿐 아니라 이 수련을 하려는 사람은 꿋꿋한 지조와 뛰어난 자질을 갖추어야 한다고 생각했습니다. 이런 사람이 영성수련을 시작하여 앞에서 말한 대로 첫째 주간에 철저한 회심의 정화 과정을 거치면, 둘째 주간에는 그리스도의 부르심에 전신전력으로 응답하며 "더 값지고 중요한 봉헌"을 하려는 결심을 하게 됩니다. 그리고 셋째 주간에는 "고난을 겪으시는 그리스도와 함께 고난을 겪고 비탄에 젖은 그리스도와 함께 비탄에 젖으려는" 결의로 불타, 이미 상당히 높은 수준의 경지에 도달하게 됩니다. 이냐시오는 틀림없이 이 수준의 피정자들에게 상기한 식사 규칙을 주고 있습니다. 그런데 이냐시오는 이런 사람들에게 단지 절제를 역설하려고 했을까요? 만약 그렇다면 그는 사람을 보는 안목이 없었던 셈이 됩니다. 「이냐시오 언행록」 — 그가 죽은 후 그의 제자들이 편집한 *Monumento Ignatiana* — 에 의하면 그만큼 제자들의 성격, 자질, 경계(심경) 등을 꿰뚫어보고 적절히 지도한 사람도 그리스도교계에 별로 없었습니다.

식사는 사활死活의 현장이다

  그러면 훌륭한 영적 지도자는 이런 높은 경지에 도달한 피정자에게 어떤 지침을 줄까? 피정자는 일주일 후에 한 달 동안의 영성수련을 마치고 일상생활로 되돌아가게 될 것입니다. 그때 그는 영성수련에서 배운 것을 나날의 실제 생활에서 실천해 나가야 합니다. 여기서 그가 부닥치게 되는 문제는 현실세계에 어떻게 대처하느냐 하는 점이고, 그 가장 구체적인 경우가 식사입니다. 식사는 영성수련에서 배운 지혜를 실제로 활용함에 있어서 제일 먼저 만나는 현장일 뿐 아니라, 현실세계와 인간의 접촉관계에서 중심적 위치를 차지하고 있습니다. 사람이 음식을 자기 신체 안에 섭취할 때 그 음식을 살리고 죽이는 것, 또한 그런 과정에 의해 자기 몸을 죽이고 살리는 것도 먹고 마신다는 그 평범한 행위 여하에 달려 있습니다. 그것은 주체와 객체의 교차점일 뿐 아니라 양자의 조화와 불화의 분기점이기도 합니다. 아니, 피비린내나는 사활死活의 현장이요 전쟁의 전선이라고 부르는 것이 현실에 더 가까울 것입니다. 식사에 관해 "보는 눈", 곧 안목을 가지는 것이 바로 그 승부의 열쇠를 쥐게 되는 것입니다. 만약 이런 "안목"을 가진다면 식사를 조절하고 음식과 자기 몸을 살릴 뿐 아니라, 현실세계와 접촉하는 다른 경우에도 성공적으로 대처할 가능성이 많아집니다. 그런 의미에서 식사에 관한 "안목"은 피정자의 일상생활에서 중추적 역할을 할 것이 틀림없습니다.

  더구나 앞에서 말한 바와같이 이 식사에 관한 규칙은 머리로 이해할 수 있는 것이 아니라, 그것을 읽는 사람이 이미 초탈하여 실제 상황에서 그 규칙대로 살고 있을 때만 참으로 그 본뜻을 파악할 수 있습니다. 그렇다면 영성수련의 셋째 주간까지 수행한 피정자야말로 이 규칙을 읽기에 가장 적합한 사람이 아닐까요? 어쨌든 그것을 읽고 이해할 수 있는 사람은 오직 그와 같은 수행을 거친 사람뿐이라고 해도 지나친 말은 아닙니다. 이 규칙을 이런 식으로 고찰하면 이냐시오가 왜 그것을 셋째 주간 끝에 배열하였는가 하는 문제도 해결되리라 생각합니다.

이냐시오의 이 규칙은 여덟 가지로 나뉘어 있습니다. 지면관계상 여기서 그 규칙을 다 설명할 수는 없고, 그중 흥미있는 몇 가지 점에 대해서만 자세히 언급하겠습니다. 특히 우리의 중심 테마인 "보는 눈"(안목)에 초점을 맞출까 합니다.

첫째, 둘째, 셋째 규칙에서는 빵과 술과 부식물에 관해서 절제la abstinencia를 가르치고 있습니다. 절제로 번역한 스페인어는 보통으로 단식을 의미하지만 문맥상 여기서는 그런 뜻이 아닐 것입니다. 그보다 이 경우는 음식 들기를 참거나 조절하는 능력, 즉 절제 또는 자제를 의미한다고 생각합니다. 첫째 규칙에서는 빵에 관해 말하는데, 다른 음식물에 비해 빵에 대한 식욕은 억제할 수 없을 정도로 난잡하게desordenar 동하지는 않으니 별로 "절제"는 필요없다고 합니다. 둘째 규칙에서는 술을 다루면서, 빵에 비해 술의 경우에는 "한결 적절한"más cómmoda 절제가 필요하다고 말합니다. 이냐시오는 적절한 절제의 정도가 사람에 따라 다르다는 것을 알고 있었습니다. 그런 까닭에 이어서 다음과 같이 말했던 것입니다. "그러므로por lo tanto 어떤 것이 자기에게 유익하며 따라서 받아들일 것인가, 또 어떤 것이 자기에게 해로우며 따라서 피해야 할 것인가를 신중히 고려하지 않으면 안된다mucho mirar."

절제와 "보는 눈"

우리의 개인적 경험에서 알 수 있듯이 술을 마심에 있어서 적절히 절제하기란 대단히 어렵습니다. 이냐시오는 여기서 금욕주의자나 엄격한 도덕주의자처럼 금주를 설교하고 있는 것이 아닙니다. 오히려 적당한 양의 술을 마시는 문제를 제기하고 있는 것입니다. 좀더 정확히 말하면 자신에게 알맞는 주량이 어느 정도인가를 스스로 알아내는 것이 문제입니다. 이냐시오는 일부러 "신중히 고려하지 않으면 안된다"고 말합니다. "고려한다"는 말은 스페인어의 mirar를 번역한 것입니다. 이 말은 시선을 모아 자세히 보다, 주시하다, 주의를 기울이다, 잘 생각하다 등의 뜻을 가지고 있습니다. 이냐시오가 이 말로써 표현하고자 한 것은 주의깊이 살피고 자신의 적당한 주량을 알아내는 "눈"이라고 생각합니다. 여기서 주목해야 할 것은 이 "눈"과 "절제"의 관계입니다. 술을 삼가거나 혹은 내키면 알맞게 마실 수 있는 능력, 즉 "절제력"을 갖추고 있다면 그런 "눈"을 지니는 것도 그리 어렵지 않을 것입니다. 사실 술의 경우 한결 많은 "절제"(자제)가 필요할 뿐 아니라 "보는 눈"(안목)을 잘 이용하는 것도 매우 중요합니다. 그렇지 않으면 식욕이 "난잡해지기"desordenar 쉽습니다. 이 "난잡해진다"는 것은 "고르게 하다"ordenar의 반대말로서 사물들 사이의 적절한 조화를 유지하지 못함을 의미합니다. 앞에서 인용한 큰스님의 말을 따르면 술을 마땅히 그래야 하듯 제대로 이용하지 않는 것이 "난잡해지는" 것이요, 술을 마땅히 그래야 하듯 제대로 이용하는 것이 "고르게 하는" 것입니다.

가장 흥미를 끄는 것은 넷째 규칙입니다. 거기에는 이렇게 쓰여 있습니다. "병이 나지 않을 정도로 평소에 취하던 쾌적한 양lo conviniente의 음식을 점점 줄여갈수록 그만큼 음식을 먹고 마시는 데 지켜야 할 중용中庸(el medio)에 더 빨리 도달하게 될 것이다(alcanzará)." 흔히 지적되고 있듯이 물질적으로 풍요한 시대에 살고 있는 우리는 대체로 지나치게 많이 먹는 경향이 있습니다. 이냐시오의 시대도 마찬가지였습니다. "쾌적한 양"이란 부지불식간에 과식하게 되는 음식을 가리키고 있습니다. 이냐시오는 피정자가 자신의 과식을 스스로 깨닫도록 촉구하고 있습니다. 기분좋게 만족을 느낄 때까지 내키는 대로 먹지 말기를 권하고 자기 안에 숨겨진 식욕의 "난잡성"을 바로잡으며 음식에 그 본연의 모습을 갖추게 함으로써 자신을 고르게 다스려야 한다고 말합니다. 그 "쾌적한 양"을 점점 줄여갈수록 그만큼 더 빨리 중용(참된 적량)에 "도달할" 수 있다는 것입니다. 이 "도달한다"는 말이 중요합니다. 원문의 alcanzar는 닿다, 이르다, 따라잡다, 마침내 손에 넣다, 터득하다, 보이다, 들리다 등의 뜻입니다. 더구나 여기서 미래형이 사용된 것도 의미심장합니다. 둘째 규칙에서 포도주에 관해 "무엇이 유익하고 무엇이 해로운지 신중히 고려하지 않으면 안된다"고 말한 것과는 아주 대조적입니다. 둘째 규칙에서는 피정자 자신이 적극적으로 노력할 것을 요구하고 있지만, 이 넷째 규칙에서는 "쾌적한 양"을 점점 줄여간다면, 다시 말해서 그만큼 "절제하는" 마음가짐이 있다면 절로 "터득하게" 된다는 것입니다. 그런 까닭에 alcanzar란 말을 쓰고 그것도 미래형으로 표현했으리라 생각됩니다. 그러니까 여기서는 "절제"와 "보는 눈"이 한결 밀접하게 연계되어 있습니다. 이것은 선문禪門에서 가장 중요시하는 "정견"과 똑같은 것으로 여겨집니다. 술을 마실 것인가 마시지 말 것인가의 이원상대적 입장을 초월한 무無의 경지에서 절로 올바르게 "보는 눈"이 생기는 것입니다. 앞에서 말한 내 스승의 가르침에도 같은 뜻이 깔려 있다고 생각합니다.

정견正見의 현성現成

선의 "정견"과 이냐시오의 "중용 도달(터득)"은 더욱 중요한 점에서 비슷합니다. 이냐시오는 "더 빨리 도달하게 되는" 이유를 두 가지 들고 있는데, 그 서술에서 유사점을 찾아볼 수 있습니다. "첫째로, 피정자는 이렇게 노력하고 스스로 준비함으로써 내적 지시와 위안과 신적 영감을 더 자주 느끼게 될 것이며(sentriá) 그로 말미암아 자기에게 합당한 중용이 보이게 될 것이다(para mostrarsele). 둘째로 만약 피정자가 이러한 '절제'를 하다가 영성수련을 하기에는 건강과 기력이 모자람을 알아채면 자기 체력을 유지하는 데 더욱 알맞은 양을 쉽게 판단할 수 있을 것이다(fácilmente vendrá a juzgar)."

이냐시오는 이 문장에서 "위로부터" 그리고 "아래로부터" 양쪽에서 중용에 도달하는 "터득"의 현성現成을 묘사하고 있습니다. 먼저 위로부터의 비춤에 따라 "중용이 모습을 드러내어 눈에 보이게 됩니다"(mostrarsele란 말에는 이런 의미가 있습니다). 여기서도 보려고 노력하는 것이 아니라 절로 보이게 된다고 말하고 있습니다. 물론 그렇게 보이게 되기까지는 "절제"에 의한 준비가 전제되어 있습니다. 선의 용어를 빌려 말하면 대사일번大死一番 대활현성大活現成의 소식이라 할 수 있습니다. 큰 죽음이 있으면 큰 삶이 있고 그 광채로부터 "정견"이 산출되는 것입니다.

또 한편 이냐시오는 "아래로부터"의 조명도 무시하지 않습니다. 그는 실제로 음식을 줄여가서 영성수련을 하기에 어려울 만큼 체력과 기력을 상실하게 되는 구체적 양상(差別相)을 거론합니다. 사람은 이 구체적 양상을 봄으로써 "참으로 알맞은 양"(適量)을 판단할 수 있게 됩니다. 여기서도 그는 노력해서 판단하는 것이 아니라 절로 판단할 수 있게 된다고 말합니다. 이냐시오는 이렇게 위와 아래 두 가지 각도에서 문제를 고찰하고 있지만, 실은 동전의 안팎 같은 한 사건의 양면을 이야기하고 있습니다. 양쪽 다 중용 곧 적량을 절로 알게 된다면서 "터득"의 현성을 말하고 있는 것입니다. "터득"은 머리를 써서 이성적으로 얻어지는 것이 아니라 큰 죽음과 큰 삶에서 나오는 것입니다. 아니 이 "터득"의 현성은 큰 삶의 일면이라고 말할 수도 있습니다.

선의 용어를 빌리면 아마 "위로부터"의 관점은 동산 오위의 제1위인 정중편正中偏에 상응하고 "아래로부터"의 관점은 제2위인 편중정偏中正에 상응할 것입니다. 두 양상이 본질적으로는 한 사건이며, 이것이 곧 제3위인 정중래正中來라 할 수 있습니다.

이것을 좀더 자세히 설명하겠습니다. 정중편이란 자신의 본래 면목인 절대무를 꿰뚫어보는 입장에서 모든 현상을 바라보는 경지입니다. 한편 이냐시오의 규칙에서 "위로부터"의 관점이란 어떤 한계도 초월하는 신적 근원에 접하여 그 빛 안에서 구체적 음식을 보는 것입니다. 그렇다면 양자간에는 상응하는 점이 있을 것 같습니다. 또한 편중정이란 현세의 모든 사물과 사건을 그 자체 일상一相 평등한 것으로 보는 경지입니다. 한편 이냐시오의 규칙에 따라 "아래로부터"의 관점이란 실제로 음식의 양을 줄여갈 때 체력과 기력이 유지되는지 그 구체적 양상을 보아 "참으로 알맞은 양"을 판단하는 것입니다. 이 양자간에는 구조적인 유사점이 있는 것 같습니다. 그 다음 정중래의 정正은 모든 구체적 사물이 있는 그대로 본래 면목이라는 뜻이며, 거기서 튀어나오는 것이 바로 정중래입니다. 한편 이냐시오의 규칙에서 위와 아래 두 각도의 양상이 본디 하나이며 바로 거기서 "참으로 알맞은 양'의 판단이 절로 나오게 됩니다. 이것은 선의 오위 중 정중래와 구조상 비슷합니다. 이냐시오가 넷째 규칙에서 말하고 있는 것이 이 정중래와 똑같다고는 할 수 없지만, 본질적 구조에서는 매우 비슷하다고 말할 수 있을 것 같습니다. 독자 여러분이 이 점을 더 깊이 참구해 주기 바랍니다.

자기자신을 다스림

또 하나의 흥미로운 점은 이냐시오가 일곱째 규칙에서 말하고 있는 내용입니다. 그는 자기를 잃고 "먹는 음식에만 마음이 사로잡히지 않도록, 또한 식욕이 당기는 대로 성급히 먹지 않도록 조심하지 않으면 안된다"고 가르치고, 이어서 "먹는 태도에 있어서나 먹는 분량에 있어서나 스스로 자기자신을 다스리는 주인이 되는" 것이 중요하다고 말합니다. "자기자신을 다스리는 주인"이란 말은 무문관無門關에 나오는 "암환주인"嚴喚主人을 상기시킵니다.

瑞巖彦 和尚이 每日自喚主人公하여 復自應諾하고, 乃云하되 惺惺著하라, 喏하다. 他時異日에 莫受人瞞하라. 喏喏하다(無門關, 第十二則).

서암언瑞巖彦 스님은 9세기 사람으로서 유명한 암두巖頭 화상의 제자입니다. 이분은 매일 스스로 "주인공"(주인장)이라 부르고는 자신이 "예" 하고 대답하면서 수행을 했습니다. 또 "성성착하라" — 성惺은 깨닫는다는 뜻이지만 여기서는 눈뜬다는 말. 착著은 명확히 나타난다는 뜻. 그러니까 "똑똑히 눈뜨고 있으라!" — 고 말하고는 "예" 하고, "금후 남에게 속지 말라"고 말하고는 "예, 예" 하고 힘차게 대답하곤 했다는 것입니다.

여기서 문제의 초점은 스스로 자기에게 훈계하여 윤리적 생활을 하는 데 있는 것은 아닙니다. 그러니까 여기서 주인공이란 도덕적 행위를 하는 주체를 가리키는 것이 아닙니다. 더구나 그것은 환경의 노예가 되고 있는 자아도 아닙니다. 이 공안의 주인공은 선에서 말하는 "부모미생이전父母未生以前의 본래 면목"을 가리킵니다. 좀더 쉽게 말하면 부처의 생명입니다. 직접 부처의 생명에서 삶의 힘을 얻고 스스로 자기자신을 다스리는 주인이 되는 것, 이것이 이 공안의 초점입니다. 그러나 단지 주위 환경에 좌우되지 않는 정도로는 아직 불충분합니다. 주위 환경을 자기 마음대로 이용하는 것 역시 충분치 않습니다. 오히려 주위 환경도 바로 부처의 생명이라는 것을 깨닫고 그 생명을 현실적으로 생동케 하는 것이 진정한 "주인공"이 되는 길이라 할 수 있습니다.

 이 공안의 주인공 서암언 스님은 단지 기계적으로 "주인장" 하고 부르고는 거기에 또 자신이 "예"라고 대답하고 있는 것이 아닙니다. 그는 예컨대 집에 들어갈 때 신발을 가지런히 정돈한다든가, 세수할 때 물을 조심스레 사용한다든가, 식사할 때 알맞은 양을 먹는다든가, 모든 일에 참된 의미에서의 주인공이 되었던 것입니다. 임제臨濟가 "어디서나 주인이 되면 어디에 있든 참이니라"隨處爲主 立所皆眞(무엇을 하든 그것과 일체가 됨을 뜻한다)고 말한 것도 바로 이런 뜻입니다. 이냐시오가 "앞으로 식사에 관해 자기를 다스리는 데 지켜야 할 규칙"에서 말한 것도 기실 앞에서 설명한 공안 "암환주인"의 뜻하는 바와 별로 다르지 않을 것 같습니다.

5. 발밑을 비추어 살피라 195

6. 십자가 곧 부활

남전참묘南泉斬猫(無門關, 十四)
예수의 십자가와 부활

영성수련의 넷째 주간

이번에는 영성수련 넷째 주간과 선의 접심과의 유사점을 탐구해 볼까 합니다. 이 넷째 주간의 주제는 그리스도의 부활입니다. 신약성서가 전하는 바에 의하면 그리스도께서는 십자가상에서 숨을 거두신 후 사흘 만에 다시 살아나시어 제자들에게 자주 나타나셨습니다. 피정자는 이 역사적 사건을 묵상하며 "그리스도의 큰 영광과 기쁨"에 동참하는 것입니다. 이제까지 누차 말한 바와같이 피정자는 셋째 주간까지 영성수련으로 그리스도와 자기가 같은 하느님의 생명에 힘입어 살고 있음을 알았으니, 그리스도 부활의 영광과 기쁨에 동참한다는 것은 바로 자기도 같은 부활의 생명에 힘입어 살고 있음을 자각하는 것입니다. 이런 자각을 해야 비로소 그리스도 신자는 그리스도와 같이, 부활의 생명력이 이끄는 대로 자유롭고 활달하게 다른 사람들을 위해 자신의 생명을 불태우며 살 수 있게 될 것입니다. 이것이 넷째 주간의 개요입니다. 언뜻 보면 선의 접심과 아무런 관계도 없는 것 같습니다.

그런데 기묘하게도 나는 부활사상과 아무런 상관도 없는 선을 배움으로써 그리스도의 부활에 관해 더 깊은 깨달음을 얻을 수 있었습니다. 나의 이 체험을 소개하면 독자는 영성수련 넷째 주간과 접심이 어떤 점에서 비슷한가를 통찰할 수 있을 것입니다.

나는 선에서 십자가와 부활을 이해하는 데 도움이 되는 두 가지를 배웠습니다. 그 하나는 살인도는 동시에 활인검이라는 것과, 또 하나는 도오겐 선사가 말한 "진시방계시개진실인체"眞十方界是箇眞實人體(온 우주가 사람의 眞體)의 의미입니다. 이 두 가지는 그리스도의 부활을 깊이 깨닫는 데 큰 빛을 던져 주었습니다. 지면관계상 첫째 체험만 이야기해 보겠습니다.

유명한 공안 "남전참묘"南泉斬猫를 참구하고 있을 때였습니다. 그때까지 나는 이미 여러 가지 공안을 공부했습니다. 그 공안들을 통해 대사일번의 선 정신을 배우고 살인도를 어느 정도 터득했고. 또한 대활현성을 몸으로 직접 체험하고 활인검이 무엇인가도 얼마큼 오득悟得하고 있었습니다. 그러나 공안 "남전참묘"를 참구하기 전인 그때 나에게는 중요한 것이 결여되어 있었습니다. 그 결함이 무엇인지 당시의 나로서는 알 수 없게 숨겨져 있었음은 말할 나위도 없습니다.

남전南泉의 "처절한" 모습

이 "남전참묘"는 하꾸인 선사가 만든 공안체계에 따르면 기관機關에 속합니다. 기관 공안을 참구하는 수행자는 이미 몇 가지 법신法身 공안을 투과하고, 부모미생이전父母未生以前의 본래 면목을 충분히 꿰뚫어보았을 것입니다. 그러나 그 자체만으로는 절대무의 평등세계에 안주하여 자칫하면 그릇된 평등으로 퇴보하기 쉽습니다. 그러므로 기관 공안을 참구함으로써 일상의 차별세계로 튀어나와 활동의 자유를 터득하지 않으면 안됩니다. 그렇게 함으로써 수행자는 임기응변의 활작략活作略을 체득하고 활발발지活潑潑地의 전체 작용을 배우게 됩니다. 그러면 "남전참묘"에서는 어떤 활기에 넘친 전체 작용을 익혀야 할까요?

> 南泉和尙이 因 東西兩堂에 爭猫兒하여 泉乃提起云하되 大衆아 道得하면 卽救요 道不得하면 卽斬也리라. 衆無對하니 泉이 遂斬之러니 晩趙州外歸어늘 泉擧似州한대 州가 乃脫履安頭上하고 而出하니 泉云하되 子가 若在런들 卽救得猫兒라 하다(無門關, 第十四則).
>
> 〔역: 남전 스님이 어느 때 동당 서당간에 고양이새끼 한 마리로 시비가 벌

어졌기 때문에 고양이새끼 목을 움켜잡아 들어올리고 도득하면(대구對句가 맞으면) 살리고 도불득하면(대구가 맞지 않으면) 죽이리라 하니 대중의 한 사람도 대꾸가 없었다. 스님은 드디어 이를 잘랐다. 밤늦게 조주가 외출에서 돌아왔기에 스님은 조주에게 거사하니(낮에 있었던 일을 말하여) 조주는 아무 말 없이 신발을 벗어 머리 위에 이고 나갔다. 스님은 만약 네가 있었더라면 고양이새끼는 죽지 않았을 것을 — 하였다.]

실내室內(독참)에서는 이 공안을 두 부분으로 나누어서 봅니다. 먼저 "남전이 드디어 이를 자르다"까지를 보는 것입니다. 남전 스님의 문하에는 많은 운수雲水(= 수행승)가 모여들어 동서 양당에 나뉘어 수행하고 있었습니다. 언젠가 고양이 한 마리를 에워싸고 동서 양당의 운수들간에 싸움이 벌어졌습니다. 인간은 이 세상 어디서나 마찬가지여서 사물을 이원상대적으로 보는 한 언제나 싸움이 그치지 않습니다. 그런 의미에서 이 공안은 오늘날도 우리에게 생생한 현실적 문제가 되는 것입니다. 사실 이 공안은 일상생활의 구체적인 상황에서 이원상대적 관점을 끊어버리는 데 매우 중요한 역할을 할 수 있습니다.

이 운수들의 다툼을 본 남전 스님은 절호의 기회라고 생각했을 것이 틀림없습니다. 스님은 번개같이 고양이의 목을 움켜잡고 운수들의 눈앞에 내밀며 어려운 물음을 던졌습니다. "자, 뭐라 산 말(活句)을 한마디 해보아라. 그 말이 맞으면 이 고양이를 살리고 맞지 않으면 한칼에 양단해 버리겠다. 자 말해, 어서 말해보아라." 이 어려운 물음에 아무도 대답을 못했습니다. 잠시 무거운 침묵이 사위를 내리눌렀습니다. 남전 스님은 드디어 고양이를 일도 양단했습니다.

나는 이 공안을 참구했을 때 무엇보다도 남전 스님의 "처절한 모습"에 압도되었습니다. 고양이를 죽이는 것이 살생이라고 느꼈기 때문이 아닙니다. 혹은 잔인해 보여서 무섭다고 생각한 것도 아닙니다. 그보다 고양이뿐 아니라 "부처를 만나면 부처를 죽이고 조사를 만나면 조사를 죽이며" 어떠한 것도 용서치 않는 남전 스님의 처절한 선기禪機에 질렸던 것입니다. 더구나 그것은 동서 양당으로 갈라져 서로 다투는 인간 족속에 대한 피눈물 나는 호소였습니다. 이원상대적 관점을 벗어나지 않으면 구원이란 있을 수 없으니, 남전 스님의 이 참묘斬猫는 중생 제도의 비원을 나타낸 활구活句이기도 합니다.

그러나 이 남전의 "처절한 모습"이 내 마음을 압도하기까지는 상당히 고된 수행을 해야 했습니다. 무문 화상이 가르치고 있듯이 "묘오요궁심로절" 妙悟要窮心路絶 — 깨달으려면 모든 지혜와 분별을 끊어버려야 하기 때문입니다. 남전의 참된 면목을 이해하기는 그리 쉽지 않습니다.

「벽암록」의 "남전참묘아" 南泉斬猫兒(第六三則) 수시垂示에서 원오圜悟 스님이 말하고 있는 바와같이 남전의 경지는 "의로불도" 意路不到 사고思考로는 도달하지 못하고, "언전불급" 言詮不及 언어로는 미치지 못하는 드높은 경지라 말하지 않을 수 없습니다. 나는 대사일번의 각오로 의로불도의 이 남전의 "모습"에 몸으로 부딪쳐 참구했습니다. 대사일번 절후소생이란 이런 경우를 두고 말하는 것일까요? 아주 맑고 고요한 내 마음에 남전의 "처절한 모습"이 확 덮쳐왔습니다. 그와 동시에 이 의로불도의 사람 — 남전과 나 자신 — 에게는 자기와 고양이의 구별이 없어지고, 거기에 응답도 못하고 멍청하게 서 있는 운수들도 나 자신과 무관하지 않다는 것을 스스로 깨달았습니다. 남전은 고양이를 잘랐을 뿐 아니라 자기자신도 그리고 운수들도 일도 양단 했던 것입니다. 그것을 안 순간 이 공안의 답은 아주 쉽게 튀어나왔습니다. 남전과 하나가 되어 내가 완전히 고양이가 되고, 나도 잘리어 죽었음을 몸으로 깨달았으니, 그 체득한 것을 몸으로 보여주면 그것이 이 공안에 대한 옳은 답이 될 것은 당연합니다.

아버지이신 하느님의 "처절함"

내가 이 공안의 전반을 투과한 뒤 기묘하게도 그리스도의 십자가 신비에 관한 새로운 이해의 빛을 받았습니다. 앞에서 영성수련 셋째 주간과 접심의 유사점을 이야기했을 때 나는 이미 공안 "마대사불안"에서 새로운 "트임"을 얻어 십자가 신비에 접근했다고 기술했습니다. 이 "트임"은 나로선 대단히 중요한 체험이었습니다. 이 십자가 이해에 그 이상의 새로운 빛이 있을 것 같지 않았습니다.

그러나 곰곰이 생각해 보면 그리스도의 십자가는 무한한 신비를 담고 있으니, 나의 하찮은 체험으로 그것을 남김없이 통찰할 수 없음은 너무나 명백합니다. 내가 이해한 것이란 이 무한한 신비에 비하면 차라리 무지라 해야 할 것입니다. 사실 내가 "마대사불안"에서 배운 것은 십자가의 전체 실상의 아주 적은 부분에 지나지 않습니다. 그러니 "남전참묘"가 거기에 새로운 빛을 던져주었다고 해도 놀라운 일은 아닙니다. 나는 앞으로도 계속하여 공안을 공부하면서 이 무한한 십자가 신비에 더 가까이 접근해 갈 생각으로 있습니다.

공안 "남전참묘"가 나의 십자가 이해에 던져준 새로운 조명이란 아버지이신 하느님과 십자가와의 관계였습니다. 내가 "마대사불안"에서 얻은 통찰의 빛은 "지금 십자가를 지고 있는 나 자신과 십자가에 달리신 그리스도가 하나"라는 깨달음이었습니다. 한편 이 "남전참묘"의 참구에서 내가 배운 것은 당신의 사랑하는 외아들 예수를 십자가에 못박으신 성부의 "처절한 모습"이었습니다.

그리스도교의 교리에 의하면 인류는 원죄로 말미암아 그 본원인 하느님을 등져 떨어져나오고 자신과 하느님 사이에 인간 편에서는 넘을 수 없는 벽을 만들고 말았습니다. 이 벽이야말로 모든 이원상대적 분리의 근원입니다. 육신과 마음의 대립, 이성과 욕정의 상충, 사람과 사람의 단절, 민족과 민족의 투쟁, 국가간의 전쟁 등 모든 불협화의 원인은 궁극적으로 하느님과 인간의 이 절연에 있습니다. 이 궁지에서 벗어나는 길은 오직 한 가지밖에 없습니다. 그것은 하느님과 인간 사이의 벽을 타파하고 하나가 되는 것입니다. 선의 용어를 빌려 표현하면 신즉인神卽人, 인즉신人卽神이라 할 수 있습니다. 바로 이것이 그리스도 육화의 목적이었습니다. 그리스도는 신이면서 인간이요 동시에 인간이면서 신이기도 합니다. 그분 안에서 "신즉인, 인즉신"이란 말은 완전한 형태로 실현된 것입니다. 그러기에 전인류의 구원은 그리스도 안에서 원칙적으로 성취되었다고 말할 수 있습니다.

그러나 성부께서는 이 실재가 꽃피고 열매맺기를 원하시어, 당신의 사랑하는 외아들이 십자가상에 죽음으로써 전인류의 죄를 속량하기를 바라셨습니다. 아버지이신 하느님의 이러한 인류 구원의 비원悲願은 생각할수록 "처절하다"고 말하지 않을 수 없습니다. 가장 사랑하시는 외아들을 죽이기까지 한 그 비원은 참으로 비극적 신비입니다. 그러나 나는 공안 "남전참묘"를 참구함으로써 성부의 그 "처절한 사랑"을 어느 정도 감득할 수 있었다고 생각합니다. 남전은 고양이를 에워싸고 동서 양당으로 나뉘어 다투는 수행자들을 보았을 때 인간 번뇌의 뿌리가 얼마나 깊은지 직관하였음에 틀림없습니다. 이 이원론적 대립의 근원을 일도 양단하지 않는 한 구원이 없을 것은 명백합니다. 남전의 처절한 행위는 바로 "부처를 만나면 부처를 죽이고 조사를 만나면 조사를 죽이는" 그 처절함이라 할 수 있습니다. 남전의 경우 고양이 한 마리를 잘랐을 뿐이지만, 아버지이신 하느님은 당신의 사랑하는 아들을 죽이셨던 것입니다. 그것도 십자가형으로 참혹하게 죽이셨습니다. 이 세상에서 이보다 더 처참하고 장렬한 사건이 있었던가요? 그러나 이 비극적 사건에 아버지이신 하느님의 "처절한 자비"가 찬연히 빛나고 있음을 간과해서는 안됩니다.

나는 참선을 하기 전에도 성부의 이 "비원"을 나름대로 웬만큼 이해하고 있었습니다. 그것은 내가 가장 좋아한 묵상 주제이기도 했습니다. 그러나 그 이해는 성부의 사랑에 매료된, 다분히 감상적인 이해였습니다. 게다가 왜 사랑의 하느님께서 그토록 끔찍한 일을 하셨는지 나에게는 여전히 수수께끼로 남아 있었습니다. 이 수수께끼를 풀기 위해서는 분명히 모든 지혜와 분별을 끊어버릴 필요가 있었습니다(要窮心路絶). 성부의 이 "처절한 자비"는 사고로는 도달할 수 없는(意路不到) 신비요, 언어로는 미치지 못하는(言詮不及) 현의玄義이기 때문입니다.

감정에 치우쳐 하느님의 사랑에 눈물짓는다고 해서 이 수수께끼를 풀 수 있는 것은 아닙니다. 모든 감정과 보통의 인간적 사고를 끊어버리고 자신과 그리스도의 차별 없이 성부와 하나가 될 때 비로소 깨달을 수 있는 것입니다. 나는 좌선을 통해 사고로는 도달할 수 없는 그곳에 접근하였습니다. 그러던 중 어느 순간엔가 맑고 고요한 내 마음에 성부의 "처절한 모습"이 확 덮쳐왔습니다. 인류의 죄가 뿌리깊음을 알고 계신 성부께서는 당신 아들을 죽임으로써 당신과 사람 사이의 저 벽을 가장 효과적으로 타파하셨다는 것도 깨닫게 되었습니다. 그러니까 성부께서는 성자를 죽였을 뿐 아니라 전인류를 죽이고 다시 소생시켜 새로운 생명으로 살게 하셨던 것입니다. 다시 말해서 죄인을 죽이고 하느님의 생명으로 사는 새로운 인간을 창조하신 것입니다.

스승과 제자가 훌륭히 호흡을 맞추다

공안 "남전참묘"의 전반부에 관한 이야기는 여기서 그만하고 후반부를 참구해 봅시다. 남전 스님이 고양이를 자른 날 제자인 조주는 외출했다가 저녁에야 돌아왔습니다. 남전 스님은 낮에 있었던 일을 조주에게 이야기해 주고 "만약 자네가 그 자리에 있었더라면 어떻게 했겠나?" 하고 물었습니다. 그러자 조주는 아무 말 없이 짚신을 벗어서는 그것을 머리에 얹고 방에서 나가버렸습니다.

조주의 이런 행동은 언뜻 보면 매우 기괴하게 생각됩니다. 발에 걸치는 신발을 가장 소중한 머리 위에 얹었으니 말입니다. 이 동작이 기괴하게 보이는 것은 발이나 신발은 더럽고 머리나 모자는 소중하다고 생각하기 때문입니다. 고양이는 하등동물이고 인간은 만물의 영장이라고 생각하는 사람에게는 조주의 행동이 이해할 수 없는 당돌한 소행으로 여겨질 것입니다. 그러나 발과 머리, 신발과 모자, 고양이와 인간에 대한 이원상대적 관점을 초월해서 만물은 부처의 생명을 상징한다고 보면 어떻게 될까? 조주는 스승 남전과 똑같이 모든 이원상대적 관점을 초월하여 "사고로는 도달할 수 없는" 경지에 이르렀으니, 자기와 고양이의 차별, 청탁淸濁의 대립을 뛰어넘어 영원한 생명에 입각해서 모든 것을 보았음에 틀림없습니다. 그러기에 그는 짚신도 머리에 얹으면 가장 어울리고 또한 고양이의 생명도 자신의 생명과 똑같다는 것을 깨달았을 것입니다.

나는 이 공안의 후반부를 비교적 쉽게 투과하였습니다. 그리고 스승으로부터 찰처拶處(공안을 참으로 깨쳤는지 시험하는 질문)로서 은산隱山의 착어著語 "이 늙은 도둑"을 받았습니다. 나는 이 찰처에 약간 애를 먹었지만 그것을 돌파하고 선의 철저한 부정否定을 배웠습니다. 그리고 마지막 독참 때 사승은 이 공안 전체를 풀이하면서 전반부는 살인도요 후반부는 활인검이라는 것, 동시에 살인도는 바로 활인검이라는 것을 가르쳐주었습니다. 나는 사승의 이 가르침을 즉석에서 이해하지는 못했지만 거기에 매우 심오한 무엇이 깃들어 있다는 예감이 들었습니다. 이 예감에 이끌리어 나는 살인도 즉 활인검이라고 한 사승의 말을 묵상하면서 선 체험의 묘미를 어느 정도 체험할 수 있었습니다. 그 묘미는 살인도와 활인검이 역동적으로 하나라는 데 있습니다.

그런데 중요한 것은 살인도와 활인검을 즉卽으로써 결합시키는 것이 무엇이냐 하는 점입니다. 그것은 논리학적 상즉相卽도 아니요 이성적 사고의 산물도 아닙니다. 그보다 이 즉卽(바로 이것)을 성립시키는 것은 인간 전체의 역동적인 전환 그 자체입니다. 그것은 바로 "한번 죽었다가 다시 살아난"(大死一番, 絶後蘇生) 사람을 가리킵니다. 좀더 구체적으로 이 공안에 적용해서 말한다면 남전과 조주 바로 그 사람이라 할 수 있습니다.

남전의 애제자 조주는 스승 남전의 의중을 완전히 파악하고 "짚신을 머리에 얹는"(草鞋戴頭) 행위로써 살인도 즉 활인검의 후반부를 표출했던 것입니다. 남전이 고양이를 벤 것은 전반부의 살인도를 전면에 드러낸 것이지만, 그는 이 행위로 후반부의 활인검도 이미 알려주었던 것입니다. 그런데 눈이 먼 제자들은 그것을 알아볼 수 없었습니다. 그러나 역시 조주는 달랐습니다. 그는 "짚신을 벗어서는 그것을 머리에 얹고 방을 나갔던 것입니다". 그는 이 기괴한 행동으로, 스승 남전이 무의식중에 알려준 활인검을 전면에 내세워 뚜렷이 드러낸 것입니다. 그로 말미암아 살인도 즉 활인검이라는 영적 사실이 원만하게 성취되었습니다. 스승 남전과 애제자 조주가 호흡을 맞추어 이 영적 사실을 훌륭히 부각시키고 있는 모습은 참으로 놀라운 것입니다.

나는 공안 "남전참묘"를 참구하기 전에는 살인도와 활인검을 따로 분리해서 이해했습니다. 그런데 이 공안을 투과함으로써 양자가 역동적으로 동일하다(卽)는 것을 깨달았습니다. 그 결과 나는 그리스도의 부활 신비를 새로운 각도에서 이해할 수 있었습니다.

십자가 곧 부활

그리스도의 부활은 십자가상의 죽음과 불가분의 관계가 있습니다. 그것을 가장 뚜렷이 밝혀주는 대목은 그분이 수난 직전에 하느님 아버지께 기도하신 말씀입니다. "아버지, 때가 왔습니다. 아들을 영광스럽게 하소서. 그래서 아들이 아버지를 영광스럽게 하도록 하소서"(요한 17.1). 이 기도에 의하면 십자가로 말미암아 성부의 영광이 드러나는 동시에 성부께서는 성자의 영광도 드러내고자 하신다는 것을 그리스도 자신이 확신하고 있었음을 알 수 있습니다. 예수의 다음 말씀에도 같은 뜻이 표명되어 있습니다. "인자가 영광스럽게 될 때가 왔습니다. 진실히 진실히 말하거니와, 밀알이 땅에 떨어져 죽지 않으면 그대로 남아 있을 뿐이지만 죽으면 많은 열매를 맺습니다"(요한 12.23-24).

그리스도의 눈에는 십자가상의 죽음이 영광과 직결되어 있었습니다. 영적인 눈으로 보면 대사大死와 대활大活의 경우와 똑같이 죽음과 부활은 즉卽으로 직결되어야 한다는 데 의문의 여지가 없습니다. 만약 그리스도께서 이 점을 명확히 알고 계시지 않았다면 십자가형을 앞두고 "영광을 받을 때가 왔다"고 말씀하실 수 없었을 것입니다. 십자가 즉 부활, 부활 즉 십자가, 십자가는 바로 부활이요, 부활은 바로 십자가입니다. 이 양자를 즉卽으로써 연결시키는 것은 신학의 논리도 아니고 감정적인 추리로 꾸며낸 환상도 아닙니다. 이 즉을 성립시킨 것은 성부와 성자의 구원 성업聖業 그 자체입니다. 십자가 즉 부활의 즉卽은 "십자가에 달리어 죽으셨다가 다시 살아나신" 신인 그리스도 자신입니다.

사랑받는 성자 예수는 아버지이신 하느님의 의중을 완전히 헤아리고 성부와 하나가 되어 인류 구원의 성업을 완수하였음에 틀림없습니다. 앞에서 말한 바와같이 성부께서는 인류의 구원을 위해 사랑하는 외아들이 십자가 상에 죽기를 바라셨을 만큼 "처절한 사랑"을 드러내 보이셨습니다. 그리스도는 이 "처절한 사랑"에 자신을 내맡기고 성부와 하나가 되어 십자가 곧 부활의 "처절한 신비"를 구현하였습니다. 남전과 조주가 하나가 되어 살인도 즉 활인검의 역동적인 영성을 훌륭히 부각시켰듯이, 여기서는 아버지이신 하느님과 성자 그리스도가 하나가 되어 십자가 즉 부활이라는 영적 현실을 행동으로 현성시키고 있습니다.

우리는 이 영적 현실을 깨닫지 못하고 있기 때문에 십자가상의 죽음을 끔찍하고 혐오스러운 것으로 생각합니다. 이에 반해 부활은 기쁘고 소망스러운 것으로 여겨집니다. 그래서 십자가와 부활이 바로 연결되는 것으로 보이지는 않습니다. 이것이 선에서 가장 꺼리는 이원상대관입니다. 이 이원상대적 입장에 머물러 있는 한 십자가 곧 부활이라는 신비는 전혀 이해되지 않은 채 남아 있게 마련입니다. 삶과 죽음, 십자가와 부활을 분리해서 보는 이원상대관을 초월하여 세상 만물이 하느님의 생명을 나타낸다고 보는 경지에 도달해야 비로소 그 완전히 새로운 현실을 깨닫게 될 것입니다.

도오겐 선사는 "생사生死 그 자체가 부처의 생명"이라고 도파道破하였습니다. 마찬가지로 십자가-부활 그 자체가 하느님의 생명이라고 말할 수 있지 않을까? 하느님의 생명은 그리스도의 십자가에도 부활에도 약동하며 양자를 즉으로써 직결시키고 있습니다.

그러나 십자가 곧 부활이라는 신비를 깨달으려면 우리도 그리스도와 함께 십자가를 지지 않으면 안됩니다. 하느님의 약동하는 생명에 그리스도와 함께 자신을 내맡길 때 비로소 십자가 곧 부활이라는 진실을 직접 체험하며 체득할 수 있습니다. 그외에 이 진실을 깨닫는 길은 없습니다.

만약 십자가 곧 부활이라는 진실을 깨달을 수 있다면, 하느님의 생명이 부추기고 이끄는 대로 자유롭고 활달하게 전인류를 위해 우리의 생명을 불태우며 살아갈 수 있습니다. 고난도 죽음도 다 하느님의 생명입니다. 따라서 고난과 죽음, 그밖에 인생의 모든 불행이 동시에 부활 — 하느님의 생명으로의 재생 — 이라는 것은 설명할 필요도 없습니다. 이 진실을 깨닫고 하느님의 약동하는 생명과 하나가 되어 사는 사람은 참으로 보람찬 생애를 보낼 수 있을 것입니다.